Dario Fo
Elisabetta
Isabella, drei Karavellen und ein Scharlatan
Rotbuch 316

Dario Fo

Elisabetta
Deutsch von Renate Chotjewitz-Häfner
und Peter O. Chotjewitz

Isabella, drei Karavellen und ein Scharlatan
Deutsch von Peter O. Chotjewitz

Zwei Stücke und eine historische
Nachbemerkung von Peter O. Chotjewitz

Rotbuch Verlag Berlin

Originaltitel:
Quasi per caso una donna: Elisabetta
Aufführungsrechte für den deutschsprachigen Raum beim
Verlag der Autoren, Frankfurt am Main

Isabella, tre caravelle e un cacciaballe
Aufführungsrechte für den deutschsprachigen Raum beim
Verlag Autorenagentur, Frankfurt am Main

1. Auflage
© 1986 dieser Ausgabe Rotbuch Verlag, Berlin
Satz und Druck: Wagner GmbH, Nördlingen
Umschlag von Barbara Hanke, Berlin
Alle Rechte vorbehalten. Printed in Germany
ISBN 3 88022 316 5

Inhalt

Elisabetta 7

Isabella, drei Karavellen und ein Scharlatan 105

Historische Nachbemerkung 200
von Peter O. Chotjewitz

Elisabetta*

Das Stück spielt zu Anfang des 17. Jahrhunderts im Palast der englischen Königin Elisabeth I. kurz vor ihrem Tod.

Die Übersetzung folgt dem endgültigen Manuskript aus dem Mai 1985.
Textänderungen nur mit ausdrücklicher Zustimmung der Übersetzer.
Die Rolle »das Mensch« ist mit einem Mann zu besetzen. Die sprachliche Fassung der Rolle ist ein Vorschlag der Übersetzer, der entsprechend der dialektalen Möglichkeiten des Schauspielers variiert werden kann.
Die Shakespeare-Zitate sind keine wörtlichen Übernahmen.
Die Lieder vor und nach dem ersten Akt werden im elisabethanischen Stil zur Laute gesungen. Der Schlußgesang ist gregorianisch.
Die Übersetzer danken Herrn Erwin Walk, Bad Hersfeld, für seine Mitarbeit an der Rolle des Mensch (im Anhang S. 89–104).

Personen:
Elisabeth I. von England
Martha, ihre Gouvernante
Das Mensch
Lord Haggerton, Elisabeths Polizeichef
Thomas, Jüngling
katholischer Priester, Meuchelmörder
Bertrand Sliking, Chef der Palastwache
zwei Männer der Palastwache

Bild: Elisabeths Schlafzimmer

Pause nach dem ersten Akt

*Uraufführung: 6. Dezember 1984 in Riccione

Erster Akt

Bühne offen, dunkel. Man erkennt ein Bett im Stil der italienischen Renaissance (ein Schrankbett mit Türen, die Luftdurchlässe haben), ein großes Holzpferd mit Fell bespannt (rechts im Hintergrund) und eine Kleiderpuppe in der Mitte. Lied Nr. 1 Anhang S. 87/88. Elisabeth betritt die Bühne. Sie hat einige Blätter Papier in der Hand.

ELISABETH He! Wo habt ihr euch alle versteckt ...? Martha! Fangt nicht an ... (*Sie stößt gegen die Kleiderpuppe.*) ... Was ist das denn? ... Martha, wieso habt ihr die Vorhänge zugezogen? (*Sie zieht mit einer Stange den Vorhang vor einem der Fenster zurück. Ein Lichtstrahl fällt auf die Kleiderpuppe, darüber hängt ein dunkles Kleid im elisabethanischen Stil. Elisabeth schreit.*) Aaaah! Verdammte Stuart! Ich hab keine Angst mehr vor dir! ... (*Hinter dem Wandvorhang bewegt sich etwas. Sie geht mit einem Dolch darauf los.*) Und vor dir erst recht nicht! Ich stech' dich ab, du Bankert! (*Sie stößt den Dolch in den Wandteppich.*)

MARTHA Hilfe! Hör auf! Elisabeth!

ELISABETH Wer bist du? Komm raus, oder ich bring dich um!

MARTHA (*kommt hervor*) Ich bin's, Martha ... Was fällt dir ein?

ELISABETH Martha? Was machst du da drin? Spionierst du mir nach?

MARTHA Was redest du da? Ich habe dich schreien gehört ... Was war los? (*Martha zieht den Wandteppich zurück. Das Seitenlicht fällt auf die Kleiderpuppe. Elisabeth schreit abermals und schlägt mit dem Papier gegen das Kleid. Die Blätter fallen ihr aus der Hand.*)

ELISABETH Da, da ... Sie ist es, Maria, ohne Kopf!

MARTHA Aber nein, Liebes, das ist nur ihr Kleid ...

ELISABETH Wer hat das hierher gehängt?

MARTHA Du hast selber befohlen, es aus seinem Schrank zu

holen ... Du wolltest es verschenken ... An irgendwen.

ELISABETH Langsam. Ich habe lediglich angeordnet, man solle es raushängen ... zum Lüften, sonst gar nichts ...

MARTHA Dann war es einfach ein Mißverständnis.

ELISABETH Von wegen einfach! Man hat es mit Absicht auf die Puppe gehängt ... ohne Kopf ... damit mich der Schlag trifft! Wer hat diesen reizenden Einfall gehabt? Bring ihn mir her!

MARTHA Gut ... Ich kümmere mich sofort darum ... Ich lasse das gesamte Personal antreten, damit alle erfahren, daß die Königin noch immer vom Geist der Maria von Schottland besessen ist.

ELISABETH Ich bin überhaupt nicht besessen ... Ich pfeife auf diese schottische Hure!

MARTHA Dann benimm dich auch so. Beruhige dich und geh wieder zu Bett. *(Martha macht Anstalten, die Türen des Bettes zu öffnen.)*

ELISABETH Laß das. Die Tür bleibt zu.

MARTHA *(halblaut)* Wieso? Hast du Besuch? Daß der noch nicht aufgewacht ist bei dem Krach.

ELISABETH Er ist nicht aufgewacht, weil keiner da ist ...

MARTHA Dann kann ich ja aufmachen.

ELISABETH Ich habe heute Nacht keinen mitgebracht, aber vielleicht ist der von vor drei Tagen noch drin.

MARTHA Du liebe Güte! Du bist heute früh wieder einmal ungenießbar. Da, schau nur, mit deinem Gewedel hast du die ganzen Blätter verstreut ... *(Sie sammelt das Papier auf.)*

ELISABETH Gib her. Gib her.

MARTHA Was ist das für Zeugs?

ELISABETH Das frage ich dich. Wer ist dieser Kerl? Schreibt er diese Gemeinheiten von sich aus, oder ist er einfach nicht ganz bei Trost? Woher hat er überhaupt seine Informationen? Ich habe die ganze Nacht kein Auge zugemacht und versucht, dahinterzukommen.

MARTHA Elisabeth, jetzt hör endlich auf. Ich versteh' überhaupt nichts mehr. Von wem sprichst du?

ELISABETH Shakespeare, wer ist das?

MARTHA Shakespeare? Schon wieder der? Was hat er dir diesmal getan?

ELISABETH Seit über einem Monat sage ich dir, du sollst dich darum kümmern. Jede Seite, die er schreibt, will ich lesen. Wie viele von diesen Gemeinheiten er schon aufgeführt hat ... Wer seine Bücher druckt.

MARTHA *(zeigt auf die Blätter)* Was zerbrichst du dir den Kopf über diese Schauerdramen, wo du genug wirkliche Tragödien am Hals hast? Entschuldige, aber jetzt leidest du wirklich unter Zwangsvorstellungen.

ELISABETH Gewiß doch, Elisabeth ist verbohrt. Aber da schau ... Wirf einen Blick hinein und sag selbst, ob dieser Heinrich IV. und erst recht dieser Richard III. nicht ein billiger Abklatsch sind ... meines Lebens, meiner Art zu regieren.

MARTHA Aber das ist doch alles längst Geschichte, nicht seine Erfindung.

ELISABETH Natürlich hat es keinen Sinn, sich darüber aufzuregen, daß er aus meinem Leben eine Geschichte macht. Aber ich hab' was dagegen, daß er sie auf die Bühne bringt, noch dazu mit eindeutigen Anspielungen.

MARTHA Du bist eben auch die Königin der Phantasiebilder.

ELISABETH So, Phantasiebilder? Und dieser Hamlet, ist das nicht mein Portrait, zum Verwechseln ähnlich? Sag nicht nein!

MARTHA Hamlet, dein Portrait?

ELISABETH Ja, und schau mich nicht so entgeistert an. Hast du's gelesen?

MARTHA Nein, aber ich kenne die Handlung so ungefähr.

ELISABETH Dann lies es! Aber aufmerksam. Es sind ganze Sätze von mir drin ... meine Flüche, meine Verzweiflungsausbrüche ... die ich hier in diesem Zimmer gesprochen habe. Woher weiß er das, dieser Shakespeare? Wer ist der Spion in diesem Haus?

MARTHA Hör zu, wenn du mich meinen solltest ... dann sag's gleich. Ich schnür' mein Bündel, wenn du willst sofort.

ELISABETH Nein, Martha, nicht du ... Du hast nicht genug Phantasie für eine solche Intrige.
MARTHA Danke. Nun ja, wenn du dir angewöhnen könntest, etwas weniger laut zu brüllen, so daß nicht alle Welt dich hören kann ... die Wachen im Gang, die herumschleichenden Sekretäre, die Speichellecker vom Dienst und irgendwelche Jünglinge, die sich zufällig in dein Bett kuscheln ... *(Sie zeigt auf die geschlossenen Türen des Bettkastens.)*
ELISABETH Bist du wohl still? Gehörst du jetzt auch schon zu den Lästermäulern?
MARTHA Was für Lästermäuler? Du vergißt, daß ich jeden Morgen dein Bett mache. Wenn du wirklich herauskriegen willst, wer hinter diesen Theaterstücken steckt, warum fragst du nicht deinen Polizeichef ...
ELISABETH Haggerton? Wo steckt er?
MARTHA Draußen auf dem Gang. Er wartet schon seit dem Morgengrauen. Wenn du erlaubst, lasse ich ihn reinkommen.
ELISABETH Reinkommen? Damit er sieht, was für ein Ungeheuer ich bin nach dem Aufstehen? Niemals! Dieser Spitzel braucht mich nur zu sehen, und morgen weiß ganz London, wie scheußlich ich aussehe.
MARTHA Wie du willst. Dann muß er warten, bis du dich restauriert hast. Ich sage ihm, er kann heute nachmittag wiederkommen, in vier Stunden etwa.
ELISABETH *(gereizt, ironisch)* Ha, ha ... wie geistreich. Er soll reinkommen. Aber erst bring mir etwas, wohinter ich mich verstecken kann. Oder nein, geh nur, ich weiß schon, was ich mache ... Ich zieh einfach das Pferd nach vorne ... *(Sie zieht das Pferd nach vorne, so daß es die Bühne praktisch in zwei Hälften teilt und verbirgt sich dahinter. Martha zieht einen weiteren Fenstervorhang auf, so daß es im Zimmer nun taghell ist, und öffnet dann die linke Tür oben auf der Balustrade.)*
MARTHA Bitte, Sir Haggerton, tretet ein ... Ihre Majestät erwartet euch. *(Haggerton tritt ein.)*
HAGGERTON Danke. Guten Morgen, Hoheit ... *(Er schaut sich um.)* Wo ist sie?
ELISABETH Hier hinter ... hinter dem Pferd. Aber ich ma-

che Euch darauf aufmerksam, Haggerton, falls Ihr versuchen solltet, mit Eurer Stirn über die Brustlinie des Tieres zu kommen, um zu schielen, schieße ich Euch eine Kugel in Euer spitzelmäßiges Auge. *(Sie richtet eine kleine Damenpistole an der Brust des Pferdes vorbei.)* Was habt Ihr mir zu berichten?

HAGGERTON Majestät, ich bin untröstlich, ich weiß, daß ich Euren Zorn erregt habe.

ELISABETH Zorn ist gar nichts dagegen, Haggerton. Ich bin außer mir. Erstens, weil ich bisher keinen Bericht von Euch habe über dieses Vieh, das auf mich vom Ufer aus geschossen hat, während ich im Boot saß. Ich weiß nicht, ob es ein Ire war, ein Puritaner, ein Papist, oder einfach nur ein Sonntagsjäger, der mich für eine Wildente gehalten hat ... *(Martha holt eine große Schüssel und Tücher und wäscht Elisabeth die Füße.)* Zweitens weil ich endlich erfahren möchte, nach welchen merkwürdigen Kriterien Ihr die Texte beurteilt, die man Euch vorlegt, wenn Ihr eine Theateraufführung genehmigen sollt. Und Ihr wollt der Chef vom Intelligence Service sein? Vom Idiotenservice!

HAGGERTON Hoheit, ich bin bereit, jede Beleidigung zu ertragen. Erlaubt mir jedoch, Euch zu versichern, daß der fragliche Meuchelmörder bereits gefaßt wurde und gestanden hat.

ELISABETH Gestanden? Freiwillig?

HAGGERTON Ja, mit einer brennenden Fackel unter den Fußsohlen ...

ELISABETH Was?! Gebraucht ihr immer noch diese gemeinen, kriminellen Methoden ...?

HAGGERTON Aber Hoheit, seit Erschaffung der Welt ist jede Polizei gezwungen, wenn sie ein Geständnis erhalten will ...

ELISABETH Gezwungen? Ein Blödsinn! Habt Ihr immer noch nicht begriffen? Wir sind nicht mehr der barbarische, unmenschliche Staat meines Vaters, der sogar den Plan hatte, Verhöre mit Folterungen als öffentliche Spektakel aufzuführen! Wir leben heute in einem freien und menschlichen Staat, wo ich die Pflicht habe, mich zu schämen und Euch zu beschimpfen ... und wo ich Euch sogar vor Gericht stellen muß, wenn ich Euch dabei erwische! Ihr habt die Pflicht, unbeirrt weiterzufoltern, aber Ihr dürft nicht kommen und es mir erzählen!

HAGGERTON Es wird nicht wieder vorkommen. Ihr habt recht, Hoheit. Es steht jedenfalls fest, daß die Sache nichts mit dem Grafen von Essex zu tun hat.

ELISABETH Das sagt Ihr nur, um mich zu trösten, nicht wahr, Haggerton?

HAGGERTON Nein, Hoheit. Es handelt sich wirklich um einen Fanatiker. Einen verrückten Einzeltäter.

ELISABETH Einzeltäter? Ich denke, sie waren zu zweit?

HAGGERTON Ja, zwei verrückte Einzeltäter.

ELISABETH Wie schön ... Demnächst kommt raus, daß sie zu dritt waren ... zu viert ... Eine Bande von verrückten Einzeltätern. Was seid Ihr doch einfallslos und erbärmlich. Immer wenn Ihr Angst habt, man könnte die Auftraggeber für eine Schweinerei erfahren, fangt Ihr die Leier von den verrückten Einzeltätern an.

HAGGERTON Vielleicht habt Ihr recht, Hoheit, wir sind einfallslos. Aber ich versichere Euch, der Graf von Essex hat mit diesem Fall nichts zu tun.

ELISABETH Nicht mit diesem. Aber mit anderen Fällen sehr wohl, nicht wahr? Redet schon.

HAGGERTON Ja, ich fürchte, er ist dabei, sich in eine abenteuerliche Sache einzulassen.

ELISABETH Ach ja? Und Ihr, Haggerton, und alle meine Ratgeber, reibt euch wahrscheinlich die Hände, nicht wahr?

HAGGERTON Ich bitte euch, Hoheit ... Tatsache ist, daß der Graf sich von einem Haufen Wirrköpfe mißbrauchen läßt. Sie versuchen ihn zu überreden, einen regelrechten Volksaufstand anzuzetteln, sogar mit Unterstützung von Invasionstruppen.

ELISABETH Invasionstruppen? Von wem? Woher?

HAGGERTON Sie versuchen, Euren Vetter mit hineinzuziehen, den König von Schottland.

ELISABETH Jakob?

HAGGERTON Ja. Er soll mit seinen Truppen eingreifen, sobald die Revolte losgeht, und sie unterstützen.

ELISABETH Nein, nein. So niederträchtig können sie nicht sein ... Diese abgefickten Ratten!

MARTHA Elisabeth, ich bitte, du bist nicht nur die Königin, sondern auch eine Dame. *(Sie bringt Schüssel und Tücher hinaus.)*

ELISABETH Ja, und außerdem der Papst einer Religion! Du wirst exkommuniziert! Hinaus mit dir! *(Zu Haggerton)* Ausgeschlossen! Alles Lügen! Beweise, ich will Beweise! *(Martha tritt wieder ein.)*

HAGGERTON Da, bitte. *(Er entnimmt seiner Mappe einige Blätter und reicht sie ihr, wobei er weiterhin seitlich neben dem Pferd bleibt.)* Briefe des Grafen Essex, von seiner eigenen Hand.

ELISABETH Gebt her ... *(Der Polizeichef geht einen Schritt vor.)* und bleibt, wo Ihr seid! *(Sie überfliegt die Briefe und liest dann laut vor.)* »Ihr müßt unverzüglich eingreifen. Eine derart günstige Situation kommt nicht so bald wieder. Das Land ist aufgebracht und davon überzeugt, daß die Königin ein willenloses Werkzeug ihrer Ratgeber ist, die England mit ihrer schändlichen Politik ruinieren!« *(Sie lacht.)* Nein, absolut nicht. Es ist nicht einmal seine Handschrift ... eine billige Fälschung ...

HAGGERTON Nicht möglich. Der Überbringer ist einer unserer Leute und hat bestätigt, den Brief aus seiner Hand erhalten zu haben.

ELISABETH Ich sagte Fälschung! Oder wollt Ihr vielleicht meine Worte in Zweifel ziehen, Haggerton, und einem gekauften Verräter glauben? ... Der vielleicht gar nicht Euer Spiel spielt, sondern das meines Vetters Jakob?

HAGGERTON Aber nicht doch! Ganz sicher, ich meine ... ich lasse das noch einmal überprüfen.

ELISABETH Sehr schön! Überprüft, verhört, am besten verhaften und das Kronzeugengesetz anwenden.

HAGGERTON Welches Kronzeugengesetz?

ELISABETH Das von meinem Bruder Eduard natürlich. Erst versetzt man den Gefangenen in Angst und Schrecken, indem man ihm die Werkzeuge zeigt. Dann verspricht man ihm plötzlich die Freiheit, auch Geld, wenn er aussagt ... Und siehe da, augenblicklich fängt er an, so viele Leute zu belasten, daß ihr ihm sagen müßt: »Schluß jetzt!« ... Sonst quellen die Gefängnisse über!

HAGGERTON Gewiß doch ... Majestät erhalten unverzüglich meinen Bericht.

ELISABETH Gut so, Haggerton, macht hin ... An die Arbeit!

HAGGERTON Unverzüglich! *(Er verabschiedet sich.)* Majestät ... untertänigster Diener. *(Zu Martha)* Lady Pynghik. *(Er geht ab und läßt seine Dokumentenmappe auf einem Stuhl liegen.)*

MARTHA *(schiebt das Pferd zurück)* Verzeih mir, Elisabeth, ich habe heimlich einen Blick auf die Briefe geworfen. Deine Sicherheit verblüfft mich etwas. Hast du wirklich keine Zweifel?

ELISABETH Keine Zweifel, Martha. Die Briefe sind authentisch. Nur Essex persönlich kann sie geschrieben haben.

MARTHA *(kreischt aufgeregt)* Ach so! Und jetzt?

ELISABETH Was ist, was ist? Was soll ich denn machen? Ihn zum Tode verurteilen? Ich liebe ihn eben, diesen Unglücksmenschen. Du hast selber vorhin gesagt, es ist meine Schuld. Es ist ihm zu Kopfe gestiegen, daß ihn die Königin liebt.

MARTHA Meinetwegen, nimm ihn in Schutz und errette ihn ... deinen Herzbuben ... Aber paß auf, daß er nicht zu viele Trümpfe kriegt oder sogar den Joker ... Dann lach ich aber! *(Sie geht hinaus und holt ein Tablett mit Teekanne und Tassen.)*

ELISABETH Den Joker? Du dumme Gans, du kapierst gar nichts! Den Joker hat Robert von Essex längst auf der Hand gehabt. Ich war der Joker! Aber der Dummkopf hat mich falsch ausgespielt ... abgeworfen hat er mich, als wäre ich Piksieben. Und jetzt hat er sich mit einem Haufen von Dummköpfen umgeben, die Sir Haggerton und Lord Cecil mit ihren Spitzeln und Provokateuren infiltriert haben. Und mein armer kleiner Säckel merkt es nicht einmal! Was sich dieser Tölpel nur einbildet, dieser wildgewordene Halbirre! Heute nacht hat er einen Schlag gelandet.

MARTHA Wer? Essex und seine Leute?

ELISABETH Ja, mit fünfzig Mann haben sie das alte Zeughaus überfallen, und Haggerton hat nicht das Geringste davon gesagt. Zum Glück habe ich mir eine zweite Geheimpolizei zugelegt und seine mit meinen Leuten unterwandert. Sie haben mir eine Menge Waffen abgestaubt, mit einer raffiniert ausgetüftelten List: Musketen, Schwerter, Hellebarden und sogar acht Feldschlangen. Und das, wo ich so verrückt bin auf Feldschlangen.

MARTHA Zum Schießen!

ELISABETH Das gefällt dir? Schau an ... Erst spielt sie die Spröde, und dann hält sie zu meinem Herzbuben.

MARTHA Moment mal ... Ich habe nur seinen Mut bewundert und seine Intelligenz.

ELISABETH Wessen Intelligenz? Sprichst du von Essex? Das war bestimmt nicht seine Idee! Dem sein Kopf ist so gähnend leer, wenn der eine Idee hätte, würde sie sterben vor Einsamkeit. Du vergißt Haggerton und seine eingeschleusten Agenten. Der Überfall auf die Waffenkammer wurde hier in meinem Palast ausgeheckt, von meinen Leuten. Da, trink deinen Tee!

MARTHA Genau. Haggerton muß gewußt haben, daß Essex das Zeughaus ausräumen wollte.

ELISABETH Natürlich. Er hat sie in aller Ruhe gewähren lassen. Wenn du einen abzocken willst, läßt du ihn erst mal drei Runden gewinnen. Cecil, mein geliebter Ratgeber ... Bacon ... Leslyl, und so fort, fast sämtliche Lords der Krone, wollen mich bestrafen. Sie verzeihen mir nie, wie ich den Jungen mit Ehrungen und Pfründen überhäuft habe ... Wenn ich nur daran denke, was für eine Frechheit dieser Giftzwerg sich erlaubt hat. Vor versammelter Mannschaft im Parlament hat er mich angeschrien: »Eines schönen Tages wird euer Robert von Essex Euch einen Sattel auflegen, wie einem jungen Rind!«

MARTHA Wer hat das gewagt? Von welchem Zwerg sprichst du?

ELISABETH Von Lord Cecil, aber ich habe ihn angespuckt. ZÄSCH! Direkt aufs Auge ...
Und das war kein Zufallstreffer! Drei Monate lang habe

ich trainiert, aus drei Meter Entfernung eine Kerze auszuspucken. Angespuckt hab' ich ihn im Beisein von vier Kron-Lords ... Anschließend hab' ich sie allesamt mit Fußtritten hinausbefördert ... und geflucht wie eine Marketenderin.

MARTHA Dafür lassen sie dich jetzt bezahlen ... Kein Wunder. *(Sie nimmt das Tablett und will hinausgehen.)*

ELISABETH Sie werden mir den Kopf meines geliebten Essex auf einem silbernen Teller servieren, als wäre er Johannes der Täufer. O, mein Robert! Wenn ich wenigstens mit ihm sprechen könnte, dieser Simpel!

MARTHA Ich habe mit ihm gesprochen.

ELISABETH Du? Wann?

MARTHA Vor drei Tagen. Ich bin zu ihm gegangen. Aber damit das klar ist, ich habe es nur dir zuliebe getan. Du hattest die ganze Nacht über geweint ... nach ihm gerufen ...

ELISABETH Los, erzähl schon ... wieso hat er dich überhaupt empfangen?

MARTHA Ich habe ihm etwas vorgelogen.

ELISABETH Was hast du gesagt?

MARTHA Erst versprich mir, dich nicht aufzuregen. Ja?

ELISABETH Abgemacht. Königliches Ehrenwort. Jetzt erzähl schon.

MARTHA Ich habe ihm gesagt, du würdest mich schikken.

ELISABETH *(schreit und gibt dem Tablett einen Tritt)* Du gemeines Luder! Du dreckiges ...

MARTHA *(ebenfalls sehr laut)* Hehe! Du hattest versprochen ... königliches Ehrenwort.

ELISABETH Ich scheiß' auf mein königliches Ehrenwort ... ich brech' dir sämtliche ...!

MARTHA Elisabeth, beruhige dich doch! Er hat mir nicht geglaubt ... Er ist noch böse vom letzten Mal ... Er sagt, du hättest ihn in aller Öffentlichkeit beleidigt. Darf man fragen, was du Böses gesagt hast?

ELISABETH Ausgehaltener Strichjunge ...

MARTHA Strichjunge? Bist du verrückt geworden?

ELISABETH Ja, aber er hat mich beleidigt. Er hat mir mit

einem ausgesprochen dreckigen Lächeln gesagt: Du bist eine alte Schabracke, ... verblüht und verschrumpelt. Was sagst du dazu?

MARTHA Das war nicht nett.

ELISABETH Aber ich habe mich revanchiert. Ich habe mir den Ohrring zurückgeholt, den ich ihm geschenkt hatte.

MARTHA Recht so!

ELISABETH Ich hab ihm einfach das Ohrläppchen abgebissen.

MARTHA Ich glaube, das war etwas übertrieben ...

ELISABETH Ich hab es ihm ja zurückgegeben, sein Ohrläppchen.

MARTHA Gottlob. Jedenfalls ... Wie ich versucht habe, ihn zu warnen, vor den eingeschleusten Provokateuren in seiner Bande ... Ich glaube, du hörst mir gar nicht zu.

ELISABETH Doch, doch, sprich weiter ...

MARTHA Was liest du?

ELISABETH Die Sachen aus Haggertons Mappe ... die er vergessen hat. Aber vielleicht hat er sie auch absichtlich liegengelassen. Es sind Abschriften der Briefe von ausländischen Gesandten an ihre Regierungen.

MARTHA Eijeijei! Er macht ihre Briefe auf?

ELISABETH Natürlich, der ist doch Intelligence Service. Der kann Briefe auflecken. Einmal lecken ... Brief auf ... abschreiben und wieder zukleben ... Da schau einer an ... Die schreiben alle über mich. Hör mal zu, wie der Gesandte von Venedig mich einschätzt: »Die Königin von England wirft fortgesetzt mit griechischen und lateinischen Zitaten um sich. Vor allem liebt sie es, laut und aufdringlich zu lachen ... *(Sie probiert einige Lacher aus.)* Sie erzählt derart schmutzige Witze, daß sogar eine Puffmutter rot werden würde ... Häufig flucht sie ... Von einem italienischen Clown hat sie sich ohrenbetäubende Maulfürze beibringen lassen, mit denen sie ihre Lords bedenkt, die in Ungnade gefallen sind ... Ich selber habe gesehen, wie sie einen von ihnen sogar angespuckt hat ...« *(Sie lacht amüsiert.)* So, so, der war also auch dabei.

MARTHA Mir scheint, du bist inzwischen eine internationale Berühmtheit ...

ELISABETH »Beim Tanzen hüpft sie wie eine Wilde ... und transpiriert so stark, daß sie beim Walzer um sich spritzt wie ein nasser Köter ...«

MARTHA Ja, wenn du erregt bist, könnte man dich auch zum Blumengießen benutzen.

ELISABETH Oh! Dem portugiesischen Botschafter bin ich wirklich sympathisch ... Hör zu, wie er mich beschreibt: »Eine hölzerne Puppe, eine blutleere Marionette ... behängt mit Firlefanz und Schmuckstücken ... in einem spitzenbesetzten Umhang, aus dem ein wachsbleiches Köpfchen herausragt ...« Stinkender Spitzbube, elender katholischer Scheißkerl! Da, noch was: »Elisabeth verbreitet Furcht und Schrecken, sogar wenn sie lacht.« Wenn der mir das nächste Mal begegnet, lache ich eine halbe Stunde lang. Lies du weiter, es langweilt mich ...

MARTHA Man sagt über sie: »Zu weiblich, um ein Mann zu sein ... und für eine Frau nicht weiblich genug.«

ELISABETH Verstehst du? Ich bin eine Kreuzung! König Elisabeth!

MARTHA »Wie jeder Fürst, der auf sich hält, liebt sie Beerdigungen. Während der Messe seufzt sie in den höchsten Tönen lauter als der Chor. Am gleichen Abend erscheint sie auf einem Fest, an ihren Essex geschmiegt, und wedelt mit dem Hintern wie ein läufiges Maultier.«

ELISABETH Nein, gib her, das hast du erfunden ... »Wie ein läufiges Maultier«, doppelt unterstrichen. »Anschließend verkündet sie, sie habe ihrem Liebhaber den Titel ›Admiral‹ verliehen für Verdienste auf dem Schlachtfeld ihres Bettes.« Du, das läßt mich völlig kalt ... Diese Art von Ironie berührt mich doch überhaupt nicht. *(Sie stößt einen entsetzlichen Schrei aus und wirft alles durcheinander; Stühle, Hocker, Lesepult; gibt dem Pferd einen Tritt; schießt auf die Kleiderpuppe; beruhigt sich aber wieder)* Ha ha, läufiges Maultier! Verdammter Portugiese!

MARTHA Du übertreibst, Elisabeth. Dieser Mensch erlaubt

sich lediglich die gleichen Dinge zu schreiben, die du selber sagst, und zwar mit erheblich deftigeren Ausdrücken.

ELISABETH Aber ich liebe ihn und kann mir das leisten! *(Plötzlich ganz ruhig. Schaut sich erstaunt um)* Wer hat diese Unordnung hier angerichtet? Ich sterbe vor Sehnsucht nach diesem süßen Grobian, und er hat kein Wort, keine Zeile für mich übrig. Ständig höre ich in meinem Kopf seine Stimme und habe seine Augen vor Augen ...

MARTHA Komm zu dir, Elisabeth, es geht schon wieder vorbei ...

ELISABETH Aber ich will gar nicht, daß es vorbeigeht! Ich mag es. Ich könnte vor Leidenschaft sterben. *(Faßt sich an die Brust)* Oh, mein Gott ...!

MARTHA Was ist dir, Liebes? Fühlst du dich unwohl? Ist es das Herz? Da, setz dich!

ELISABETH Nein, es ist die Pistole ... Ich hatte sie hier ins Unterkleid reingesteckt ... und jetzt ist sie runtergerutscht. *(Winselnd)* Der Hahn geht los ...

MARTHA Aber sie ist doch gar nicht geladen ... Du hast vorhin abgedrückt.

ELISABETH Doch. Sie hat zwei Läufe ... Der eine ist noch geladen ... Und der Hahn ist gespannt ... Mamma! Ich erschieße mich!

MARTHA Ganz ruhig, ganz ruhig ... Ich schnür' dir das Korsett auf. Stell dich hin, steig hier auf den Hocker ... Wo steckt sie jetzt?

ELISABETH Ich glaube, hier über dem Magen ... *(Sie steigt mit Marthas Hilfe auf einen Schemel.)* Warum muß ich so hoch hinaufsteigen, um zu sterben? *(Martha lockert das Korsett.)*

MARTHA Da, jetzt ist es locker ... Wir schieben die Pistole langsam unter der Achselhöhle nach hinten auf den Rücken ... Wart einen Augenblick. Ich hole jemand zu Hilfe ... *(Sie läuft die Treppe hinauf und ruft.)* Wache!

ELISABETH Bist du wahnsinnig geworden? In diesem aufgelösten Zustand darf mich niemand sehen!

MARTHA Du hast die Wahl, Liebling. Entweder du riskierst einen indiskreten Blick oder eine Kugel in den Bauch.

ELISABETH Eine Wahrsagerin hat mir geweissagt, ich würde Ärger mit einem Hahn kriegen, aber wie konnte ich ahnen, daß sie den Hahn meiner Pistole meint?
(Martha ist zur Tür der Balustrade gelaufen und kommt mit zwei Wachsoldaten zurück.)

MARTHA Aber vorsichtig! Der Schuß kann gleich losgehen ... Wir müssen die Pistole auf den Rücken gleiten lassen.

ELISABETH Gleich zwei? Warum rufst du nicht die ganze Palastwache?!

MARTHA Los, faßt mit an ... Hier ... fühlt ihr die Pistole?

ELISABETH *(betrachtet interessiert einen der Wächter, einen hübschen jungen Mann)* Nicht übel, oder? Aber ja doch ... gebraucht eure Finger ... betätschelt mich nur ... fummelt ... Aber wehe euch, wenn sie losgeht ... Ich bringe euch um, wenn ich überleben sollte.

MARTHA Elisabeth, sei brav ... *(Ausruf)* Mist!

ELISABETH Sie ist runtergerutscht ... Ich wußte es ... Jetzt ist sie unten am Bauch ...

MARTHA Um so besser ... Kommt, wir schieben sie nach hinten ...

ELISABETH He, ihr! Macht langsam ... Das sind zufällig meine Pobacken ... Oh, Gott, wie das kitzelt ... Ihr könntet mir wenigstens ein paar zärtliche Worte zuflüstern, ihr Rüpel!

MARTHA Sie bewegt sich schon ... Wir haben sie gleich. *(Ein Schuß löst sich.)*

ELISABETH *(langer Schrei)* Aaaah! Ich bin getroffen! Ich habe ein Eigenattentat verübt! Es blutet ... Ich spüre, wie mir das Blut die Beine herunterläuft ... Mein Gott, ich sterbe! Ich will meinen Essex! Sofort! Robert! Robbi, Rubin, du mein Rotschwänzchen!

MARTHA *(Zur Wache)* Geht raus, rasch!

ELISABETH Oh, Martha, ich habe mich selbst in den Hintern geschossen ... Was für ein unrühmliches Ende für eine Königin. Ich flehe dich an. Sag, du wärst es gewesen. Man wird dich köpfen, aber die Katholiken werden dich heiligsprechen. Die heilige Martha vom Hinternschuß!

MARTHA Wo denn? Los, mach schon, heb den Rock hoch. Ich sehe kein Blut ...

ELISABETH Kein Blut?

MARTHA Nein, da ist ein Loch, im Kleid.

ELISABETH Dann ist der Schuß wahrscheinlich daneben gegangen ... und ich habe mich vollgepinkelt. Ist das peinlich ... Die Wache, die mich abtastet ... Die Pistole, die auf mich schießt ... Alles voller Pipi ... Und Essex liebt mich nicht mehr ... Ich will ihn sehen, Martha ... Bring ihn mir her, Martha, um jeden Preis. Ah, mir ist schlecht ... Sag ihm, er kriegt das Monopol für die Südweine wieder.

MARTHA Ja, ja, Liebes ... Ich gehe schon ... Ich hole ihn dir ... Aber erst muß ich dich waschen ... *(Elisabeth steht immer noch auf dem Hocker. Martha holt eine Schüssel mit einem dreifüßigen Untersatz und ein Handtuch.)*

ELISABETH Laß nur, ich mach' das alleine ... Geh lieber und such ihn ... Aber sag ihm ja nicht, daß ich nach ihm verlangt habe. *(Sie steigt herunter.)*

MARTHA Und was soll ich ihm sagen?

ELISABETH Sag ihm, es ginge mir schlecht ... Ich läge im Sterben ... Ja, im Sterben ... Ich hätte auf mich geschossen. Aber sag nichts von Pipi ... bloß nicht ... *(Martha will gehen.)* Halt, Martha. Ich kann nicht zulassen, daß er mich so sieht. Ich hab mich vorhin im großen Spiegel gesehen! Ich bin schrecklich! Wo ist mein kleiner Spiegel? Vielleicht sehe ich jetzt besser aus. *(Sie betrachtet sich.)* Immer noch nicht! Martha, warum bin ich so alt geworden, in den letzten 35 Jahren?! *(Sie steckt sich hastig einige Blätter in den Mund und kaut nervös.)* Ich glaub', ich bringe mich um ... Sag, Martha, warum werden nicht nur die armen Leute alt. Ach, das Leben ist grausam.

MARTHA Vor allem spuckst du erst einmal die ekligen Blätter wieder aus ...

ELISABETH Aber das brauche ich ... das gibt mir Kraft.

MARTHA Ja, schwachsinnig wird man davon ... Und du verfärbst dir die Zähne, daß sie Aussehen wie verfault ... Los spuck' aus! *(Sie hält ihr einen Spucknapf hin.)* Vor allem riechst du aus dem Mund wie ein giftiger Drache!

ELISABETH Oh, ja ... ich hab auch schon eine Haut wie ein Drache ... schau nur, die Ringe unter den Augen ... Wenn der heilige Georg mich sieht, bringt er mich um.

MARTHA Du müßtest dich halt etwas straffen lassen. Ein paar Packungen, die alles wieder zusammenziehen ... eine belebende Bürstenmassage ...

ELISABETH Kommst du mir schon wieder mit dieser Megäre? ... Wie heißt sie doch gleich?

MARTHA *(tut so, als wüßte sie nicht gleich Bescheid)* Das Mensch? ... Ja, die. Das ist die einzige, die dir helfen kann.

ELISABETH In die Scheiße wird sie mir helfen. Daraus macht sie doch ihre wunderwirkenden Packungen, diese Megäre.

MARTHA Jetzt red' keinen Unsinn, Elisabeth ... Sie macht sie aus Moor und Torf, organisches Material, das sich zersetzt ...

ELISABETH Eben. Die wissenschaftliche Definition für Scheiße. Sie packt mich in Scheiße, daß ich stinke wie ein Kadaver ... Sie verjüngt dich etwas, aber dafür stinkst du, daß du nicht mehr aus dem Haus kannst, weil alles in Ohnmacht fällt. Und dann, um die Gesichtshaut zu straffen, zieht sie einem die Haare so stramm nach hinten, daß einem die Augen aus dem Schädel quellen ... und sich der gesamte Hofstaat erschreckt: »Was hat die Königin heute nur ... sieht aus wie ein Totenschädel.« Ein junger Totenschädel. Und wenn ich mir die Massagen vorstelle ... mit ihren Riesenpranken, wie sie mich zwackt und walgt und knetet ... Und wozu das alles? Für wen ... Nein, nein, ich hab keine Lust.

MARTHA Ich hab schon verstanden, du magst nicht. Recht hast du ... Eine solche Tortur, und für wen? Wir machen einfach gar nichts.

ELISABETH Ja, wir machen einfach gar nichts. Hol mir sofort dieses Mensch herbei!
MARTHA Ja, aber ...
ELISABETH Beweg dich, worauf wartest du noch?
MARTHA Du überlegst es dir auch nicht wieder, wie letzte Woche? So daß ich sie wieder wegschicken muß?
ELISABETH Nein, ich will es.
MARTHA *(zeigt auf die Pfütze auf dem Fußboden)* Ich will das nur eben wegwischen ...
ELISABETH Nicht nötig ... Himmelherrgott! Das ist heiliges Pipi, ich bin Papst!! Lauf, lauf.
MARTHA Gut, dann mache ich es später weg ... Ich hole sie herein ...
ELISABETH Wen holst du rein?
MARTHA Das Mensch ... Sie wartet draußen.
ELISABETH Was? Schon da? Wie das denn?
MARTHA Das war meine Idee. Ich hab sie rufen lassen.
ELISABETH Nein, warte noch einen Moment ... Ich hab Angst ... sie wird mir bestimmt weh tun ...
MARTHA Wenn du bedenkst, was ein Huhn leiden muß, um ein gewöhnliches Ei rauszudrücken ... Und du mußt eine völlig neue Königin zur Welt bringen. *(Sie geht zur Tür auf der Balustrade und ruft hinaus.)* Heda! Das Mensch soll reinkommen!

(Eine übergroße, derbe Frau tritt ein. Sie trägt eine weiße Maske, die Ähnlichkeit mit der Maske des venezianischen Domino hat und die die obere Gesichtshälfte bedeckt. Ihre Kleidung ist einfach und bäuerlich.)

MENSCH Maxima domina te exelle nobis ...[1]*
ELISABETH Halt, stehengeblieben! Was soll die Maske?
MENSCH Die brauche ich nur, um mein schreckliches Aussehen zu bedecken, das ich unter der Maske verberge.[2]

---

* Auf der Bühne wird der Text des ›Mensch‹ (ital. donazza) in einem sehr derben Dialekt gesprochen. Für die Buchausgabe haben wir zur Leseerleichterung eine hochdeutsche Fassung gewählt. Diese Numerierung, wie alle folgenden, dient zum Auffinden der entsprechenden Dialektpassage in den Anmerkungen im Anhang S. 89-104.

ELISABETH Weg damit ... Ich mag keine Späße ... Ich will jedem ins Gesicht schauen ...
MARTHA Was stört dich die Maske? Die trägt sie doch auch, damit du keinen Ärger bekommst. Du weißt, das Mensch hier hat keinen guten Ruf. Wenn sich herumspricht, daß du ihre Dienste beanspruchst, um dich herzurichten ... eine halbe Hexe ...
ELISABETH Ich sagte: Weg mit der Maske!
MENSCH Ich hoffe nur, Ihr erschreckt nicht, Mylady. *(Sie setzt ihre Maske ab.)*[3]
ELISABETH Dieu, sauve mois! Qu'elle est horrible!
MARTHA Je t'avais prevenue.
MENSCH Vergeblich sprecht ihr Französisch, vortrefflichste Mylady, ich verstehe es gut. Ich deucht Euch ein greusliches Wesen? Nun gut, ich bin es und auch nicht sonderlich zierlich. Doch nun kränkt mich nicht länger, meine süße Königin, und fürchtet Euch nicht. Eine gute Kreatur bin ich und hier, um Euch stattlichen Vorteil zu bringen.[4]
ELISABETH Das will ich hoffen ... *(Zu Martha)* Wie redet diese Verrückte?
MARTHA Was weiß ich. Irgendein Mischmasch aus Kauderwelsch und Dialekt. *(Das Mensch holt aus der Seitentür links unten ein rundes, aufklappbares, frauenhohes Laufställchen auf Rädern herein und zwei Fußsockel.)*
ELISABETH Und wozu braucht sie dieses Fahrzeug?
MENSCH Man nennt dies ein Gänseställchen oder Stolziergehege und lernt darin auf Pantinen zu gehen, ohne zu Boden zu stürzen.[5]
ELISABETH Auf Pantinen?
MARTHA *(bringt die Fußsockel herbei)* Da schau, das sind sie, Holzschuhe mit Sohlen, drei Fuß hoch.
ELISABETH Sag lieber Stelzen.
MENSCH Die Kurtisanen von Venedig tragen sie an den Füßen, um größer zu wirken.[6]
ELISABETH Hörst du, Martha, was für eine Karriere. Von der Königin zum Freudenmädchen.
MENSCH Aber Mylady, diese Damen verdienen nicht einmal schlecht.[7]
ELISABETH Ich habe es nicht nötig, größer zu wirken.

MENSCH Wenn es dir lieber ist, Königin, daß deine Kleider soweit herabhängen, daß der Arsch auf dem Boden schleift ...[8]

ELISABETH He, was sind das für Ausdrücke? Du kriegst einen Fußtritt und fliegst raus!

MENSCH Beruhige dich, Herrlichkeit. *(Sie rutscht etwas aus.)* Holla, was ist hier so rutschig? Was ist das für eine Pfütze? Irre ich mich, oder ist das ...[9] *(Sie bückt sich, taucht einen Finger in die Feuchtigkeit und riecht daran.)*

ELISABETH Das war ... das Pferd da.

MENSCH Es? Alle Wetter! Ein Holzpferd, das strunzen kann?[10]

ELISABETH Es ist ein königliches Pferd.

MENSCH Ach so.[11]

MARTHA Jetzt komm, Elisabeth, tu, was sie sagt ... steh auf.

MENSCH Vorwärts, du Prächtige, steig auf ... Hinein in das Gatter! So, brav, ich helf dir da rein. Kommt, helft mir, Frau Martha.[12] *(Die beiden binden ihr die Sockel unter die Füße und jonglieren sie in den Laufstall.)*

MARTHA Mit Vergnügen.

ELISABETH *(steht schwankend auf den Fußsockeln im Laufstall)* Huch, ist das ein Gefühl.

MENSCH Ola, da, schau nur, was eine überragende Königin. Welch ein Wunder an Größe![13]

MARTHA Gewiß, so verschlankt wirkt sie ganz anders.

ELISABETH In meinem Alter im Laufstall!

MENSCH Magst du einen Schnuller, Königin?[14]

ELISABETH Sagt, wirk ich nicht ein bißchen komisch, so hoch aufgeschossen? Ich bin fast größer als mein Pferd.

MENSCH Ja, aber willst du dich mit diesem Pisser vergleichen?[15]

ELISABETH Und dann in diesem Käfig.

MARTHA Bald kannst du alleine laufen.

ELISABETH Hoffentlich. Sobald ich den portugiesischen Botschafter sehe, springe ich auf ihn drauf. Auf den mit dem läufigen Maultier. Aus dem mache ich einen Fußabtreter!

MENSCH Laufen, immer schön laufen, mein süßes Spätzchen ... ich rühr derweil schon mal die Salbe zum Einreiben an.[16]
ELISABETH *(weinerlich)* Mir ist schlecht.
MENSCH Rasch, einen Hocker![17] *(Sie läuft hinaus und kehrt sofort mit einem Hocker zurück.)*
MARTHA *(steht Elisabeth bei)* Auf, auf, immer schön den Kopf hochhalten ... und mach keinen Buckel.
ELISABETH Ja, aber wenn mein Essex kommt und ich ihn um einen Kuß bitte ... küßt er mich noch auf den Bauchnabel. Hört zu, ich muß mich ein bißchen ausruhen. Darf ich raus aus diesem Käfig?
MENSCH *(Mensch und Martha helfen der Königin aus dem Laufstall und geleiten sie zu dem Hocker)* Komm, süße Königin, ich helfe dir beim Hinsetzen.[18]
MARTHA So, entspann dich erst mal ... Ich hole dir deine Laute, und dann spielst du ein bißchen.
ELISABETH Nein, ich mag nicht. Ich möchte lesen ... gib mir die Blätter da.
MARTHA Schon wieder die Briefe der ausländischen Botschafter? Willst du unbedingt, daß dir die Galle überläuft?
ELISABETH Nein, nicht die, den Hamlet. *(Das Mensch beginnt Elisabeth einzucremen.)*
MENSCH Ah, den Hamlet! Den kenn ich! Den hab ich mir angeschaut. »Geh in ein Kloster, Ophelia! Denn heiratest du, so wird dein Mann ein unaussprechlicher Hahnrei! In ein Kloster! Geh!« *(Sie lacht unmäßig, und die beiden Frauen erschrecken.)*[19]
ELISABETH Nimm nicht soviel von diesem Alaun ... Es spannt schon überall ... *(Sie blättert in dem Manuskript.)*
MARTHA Wonach suchst du?
ELISABETH Ich suche den Beweis dafür, daß dieser Schmierenkomödiant mich nicht nur verhöhnen will, sondern der Kopf der Verschwörung von Essex ist.
MARTHA Ach ja? Dann wäre der Hamlet also eine Schmähschrift?
ELISABETH Martha, hör auf, dich über mich lustig zu machen, als wäre ich dämlich oder hätte Hormonstörun-

gen. Das Stück ist ein teuflischer Anschlag gegen meine Person und meine Politik.

MARTHA Hör zu, Elisabeth ... zufällig war ich vor ein paar Tagen im *Globe* in einer der Aufführungen. Ich versichere dir, ich habe absolut keinen Angriff bemerkt.

ELISABETH Du hast wirklich keinen Verdacht geschöpft? *(Sie zitiert.)* »Die Kröte am Grunde des Brunnens sieht den Eimer im Lichtkreis hoch oben und glaubt, es wäre die Sonne!«

MARTHA Was redest du da?

ELISABETH Der Satz stammt von Shakespeare.

MENSCH Das sagt er? »Die Kröte im Brunnen glaubt, der Hintern des Eimers wäre die Sonne«? Wundervoll.[20]

MARTHA Kusch! Alles, was ich begriffen habe, ist, daß er von einer Kröte redet. Sonst nichts.

ELISABETH Ausgerechnet Hamlet sagt das.

MENSCH Ich kann mir denken, was er meint. Es ist alles umgedreht, wie im Spiegel.[21]

MARTHA Schweig still, du!

ELISABETH Nein, nein ... Es hat recht ... Es ist wirklich alles seitenverkehrt wie im Spiegel! Perfekt!

MENSCH Hörst du's? Dickschädel! Selber Kusch![22]

MARTHA Was erlaubst du dir?

MENSCH Stell lieber die Gässelstelzel richtig hin! Was habt Ihr nur für komische Diener, Königin![23]

ELISABETH Kurz gesagt, dieser Schlaukopf von einem Shakespeare verschleiert ... Himmel, mich juckt's am ganzen Körper ... entsetzlich.

MENSCH Zieh das Hemd runter, Königin ...[24]

ELISABETH Ich denke nicht daran!

MENSCH Wovor genierst du dich? Ist bloß ein Mannsbild hier, dein Holzgaul, der Piescherer ... Wir sind unter uns Frauen.[25]

ELISABETH Da bin ich mir nicht ganz sicher ... Bei einer von uns dreien, meine Liebe, habe ich meine Zweifel.

MENSCH Bei dir? Warum verletzt du dich selber? Du bist immer noch eine schöne Frau.[26]

ELISABETH Ich mag aber trotzdem nicht.

MARTHA Ich weiß, was wir machen. *(Sie geht ab und kehrt*

sofort mit einer großen, etwa 1,50 Meter hohen Stoffrolle zurück, die an zwei Stäben befestigt ist. Die Rolle wird vor Elisabeth entrollt und in den Fußboden gesteckt. Nur Elisabeths Kopf schaut hervor.)
ELISABETH *(kreischt beim Anblick der Rolle)* Phantastisch. So geht es. Macht weiter ... Ich sagte, Shakespeare ... aus Gründen der Tarnung ... *(Martha und das Mensch entkleiden sie und reiben auch ihren Oberkörper ein.)* um seine offensichtlichen politischen Anspielungen zu verschleiern ... macht er nichts anderes, als das Geschlecht seiner Hauptfiguren zu vertauschen.
MARTHA Und zwar?
ELISABETH Er verwandelt die weiblichen Personen in männliche und umgekehrt.
MENSCH Ja, er verwechselt einfach das Geschlecht der Personen.[27]
ELISABETH Genau.
MARTHA Nenn mir ein Beispiel.
ELISABETH Ganz einfach: Ich bin eine Frau ... Hamlet ist ein Mann ...
MARTHA Ach ja, Hamlet ist deine Parodie ... das vergaß ich.
MENSCH Ich glaube, Königin, die will dich verarschen.[28]
(Die folgende Szene wird mehr oder weniger aus dem Stegreif gespielt. Elisabeth entdeckt nämlich, daß man vom Rang aus, trotz des Paravents ihre entkleidete Brust sehen könnte. Sie greift zu dem Stoff, um sich zu bedecken und schimpft gleichzeitig auf das Mensch.)
ELISABETH Paß doch auf!
MENSCH Was hast du?[29]
ELISABETH Die Zuschauer da oben! *(Sie deutet an, daß die Zuschauer ihren entkleideten Busen sehen könnten.)*
MENSCH Aber gerade deshalb sitzen doch immer so viele Leute auf der Empore.[30]
(Elisabeth versucht im folgenden, ihren Exkurs über den Hamlet wieder aufzunehmen, wird dabei jedoch dauernd vom Mensch unterbrochen. Das Mensch deutet auf den Rang und tut so, als mache es einem Zuschauer

Vorwürfe, weil er hinter den Paravent zu schauen versuche.)
ELISABETH Ich sagte, ich bin eine Frau ... *(Sie unterbricht sich verärgert.)* Was gibt es?
MENSCH Jetzt seht nur! Jetzt stehen sie auch noch auf!³¹
ELISABETH Laß mich weiterreden! Ich sagte: ... Ich bin die Königin ...
MENSCH *(zur Empore hin)* Jetzt übertreibt ihr aber!³²
ELISABETH Kann ich endlich weiterreden? Ich bin schließlich die Königin und du nur eine Dienerin! Also schweig!
MENSCH Seit sie die Königin spielen darf, ist sie unerträglich. Ständig behauptet sie, ich wäre ihre Dienerin. Am Telefon sagt sie nur noch: »Hallo, hier die Königin ...!« Ich eine Dienerin.³³
ELISABETH Also können wir endlich weitermachen?
(Das Mensch deutet mit einer komischen Geste an, daß es sich beleidigt fühlt, aber daß man seinetwegen weiterspielen könne.) Also, ich bin Hamlet! Die reizende Ophelia ist weiblich ... mein angebeteter Robert ist männlich. Hamlets Vater ist ermordet worden ... meine Mutter ist auch ermordet worden. Der Geist seines Vaters verfolgt Hamlet Tag und Nacht ... genau wie meine Mutter. Auch sie schreit Nacht für Nacht in meinen Träumen nach Rache.
MENSCH Jetzt schau einmal, wie sich die Dinge gleichen. Der eine hier, der andere da.³⁴
ELISABETH Hamlets Mutter heiratet in zweiter Ehe ihren Schwager ... so wie mein Vater, Heinrich VIII., die Witwe seines Bruders geheiratet hat; das heißt seine Schwägerin.
MENSCH Auch das noch! Was ein Kuddelmuddel!³⁵
MARTHA Moment mal, jetzt mogelst du aber. Dein Vater hat Anna Boleyn persönlich hinrichten lassen ... während Hamlets Mutter unschuldig ist.
ELISABETH Wer sagt das? Lies den Text ordentlich ... Die Königin spielt zwar die Unschuldige, aber Hamlet verurteilt sie trotzdem ... Auch mein Vater, Heinrich, tat so, als sei er nicht einverstanden mit den Lords, die Anna Boleyn verurteilt haben. Du hättest ihn sehen

sollen, wie verzweifelt er war, und was er für Tränen vergoß vor dem Leichnam meiner Mutter ohne Kopf ... genau wie Hamlets Mutter!

MENSCH Es ist die Umkehrung im Spiegel. Wie ich gesagt habe.[36]

MARTHA Entschuldige, Elisabeth, aber du kommst mir vor wie ein Marktschreier, der für jede Scherbe den passenden Harz zum Kleben verkauft. Verzeih mir, aber kannst du mir einen konkreten Hinweis nennen, daß du wirklich Hamlet bist?

MENSCH Soll ich's ihr sagen?[37]

ELISABETH Versuch es. Wir hören!

MENSCH Elisabeth hat die leichtsinnige Angewohnheit, mit dem Messer auf Vorhänge und Wandteppiche loszugehen, wenn sich etwas bewegt ...: »Ein Gespenst!« ZACK ... Egal, wer dahinter steht ...[38] *(Das Mensch spielt Hamlet, wie er Polonius ersticht.)*

MARTHA Oh, ja, um ein Haar hätte sie sogar mich umgebracht ...

MENSCH Sie hat dich verfehlt? Wie schade. *(Zu Elisabeth)* Du solltest mehr üben, Königin ... eine wie die darf man nicht verfehlen! Jedenfalls, Hamlet hat dasselbe Laster. Es gibt eine Szene mit Hamlet und Polonius ... *(Elisabeth unterbricht es.)*[39]

ELISABETH Halt! Polonius? Damit meint er meinen ersten Minister, Lord Cecil.

MENSCH Aha! Eine Allegorie! Polonius spioniert hinter dem Vorhang, der Vorhang bewegt sich und Hah! Da, eine Ratte!! ZACK! In Dänemark werden nämlich die Ratten mindestens eindreißig bis einsvierzig hoch. ZACK! Ein Messerstich. FLATSCH! Polonius tot. *(Zu Martha)* Und der nächste Polonius bist du.[40]

MARTHA Was für ein schönes Argument. Unschlagbar.

MENSCH Es überzeugt dich nicht? Gut, ein zweites Beispiel. In der Schlußszene des Hamlet ... wer bringt da wieder Ordnung in das Durcheinander? Fortinbras aus Norwegen, nicht wahr? Gut. Und wer ist nach Ansicht der Puritaner der Fortinbras, der aus dem Norden kommt und in unserem englischen Durcheinander wieder Ordnung schafft? Jakob von Schottland, der schon ständig da oben auf der Grenze sitzt und darauf wartet, über dich herzufallen, Königin.⁴¹

ELISABETH Momentan fällst nur du über meinen Kopf her, Mensch! Zieh nicht so! *(Das Mensch ist dabei, unterstützt von Martha, die Haare der Königin straff am Hinterkopf zusammenzubinden, um ihr die Gesichtshaut zu spannen.)* Du ziehst mir ja die Ohren und Augen dermaßen nach oben, daß ich aussehe wie eine ... Mongolin!

MENSCH Wieso Mongolin? Ihr seht prächtig aus. Das Doppelkinn ist so gut wie weg!⁴²

ELISABETH Werd' nicht frech. Ich habe nie eins gehabt ...

MENSCH Richtig, du hattest ja einen Doppelnacken ...⁴³

MARTHA Nimm's ihr nicht übel, sie hat dich mit Hamlet verwechselt. Der hat ein Doppelkinn, einen Bauch und sogar Plattfüße.

ELISABETH Für eine derart subtile Ironie habe ich keinen Sinn.

MENSCH Aber ich hab's verstanden. Soll ich ihr's erklären?⁴⁴

MARTHA Untersteh dich!

MENSCH Ich sag's ihr doch. Ich kenne den Schauspieler, der den Hamlet spielt. Er heißt Richard Burbadge, ist zweiundvierzig Jahre alt, nicht etwa ein jugendlicher Prinz, aber wenn er einen guten Tag hat, sieht er aus wie zweiundsechzig, vierundsechzig ... Sein Bauch hängt über die Hose, und wenn er spielt, keucht er wie ein Walroß. Sobald er auftreten muß, kriegt er Asthma. Während dem Duell mit Laertes ... Laertes ist jung, hüpft umher und springt hoch ... Schau einmal, wie er das Duell spielt, dieser Richard Burbadge: Als ob er strickt. *(Es mimt ein Säbelduell, das nur aus dem Handgelenk ausgeführt wird.)* Und obwohl er sich nicht im geringsten bewegt, stöhnt er noch ... Aaaah! Sogar die Königin sagt: »Du bist fett und kurz von Atem, Hamlet! Du pfeifst auf dem letzten Loch.« Zu Deutsch: »Du atmest mit dem Arsch.« Das ist Shakespeare! Den Satz haben sie ihm zwar rausgestrichen, aber so ist es. Schön, und dann ist er völlig übersät ...⁴⁵

MARTHA Ja, mit Sommersprossen ... Er hat nicht nur eins, sondern zwei Doppelkinne, und wenn er geht, sieht er halb aus wie ein Huhn und halb wie eine Königsgans.

MENSCH Ganz richtig. Er hat diesen etwas schlingernden Gang mit den Füßen nach außen. *(Es zeigt, wie Burbadge geht.)* Aber wenn er spricht, hat er eine Kraft, die das Publikum förmlich besoffen macht ... *(Es rezitiert in Gramelot, also in Lautsprache, die Anfangsworte des Monologs »Sein oder nicht sein ...« und gebraucht dazu verschiedene Tonlagen.)* Man versteht jedes Wort. Er ist wirklich ein Naturtalent, nur ein bißchen schwuchtelig.[46]

ELISABETH O Gott, auch noch schwul.

MARTHA Ja, aber diese Besonderheit merkt man nicht.

MENSCH Man merkt es, man merkt es ... Fehlt nur, daß ihm Federn aus dem Hintern wachsen. Aber warum lassen sie diese Tunte den Hamlet spielen? Sie haben mindestens fünf Schauspieler in der Truppe, die einen besseren Eindruck machen würden ... jünger und flinker ... Warum nehmen sie diesen Knabenschänder?[47]

ELISABETH Sie haben mit Absicht einen ausgesucht, der schon ein bißchen ältlich, ranzig und vertrottelt ist, damit er wie mein perfekter Doppelgänger wirkt. »Königin der strahlenden Schönheit«, schmeichelt man mir bei Hofe ... und mein Gesicht zerfällt. »Göttin der ewigen Jugend« ... und ich werde ein Wrack.

MENSCH Das kannst du jetzt aber nicht mehr behaupten. Fühl nur, wie glatt du schon bist.[48] *(Sie hilft der Königin beim Aufstehen.)*

ELISABETH Was hast du jetzt mit mir vor?

MENSCH Du mußt abspecken, nicht wahr? Der Wanst muß weg.[49]

ELISABETH Der Wanst? Mit was für Scheußlichkeiten diesmal?

MENSCH *(Sie weist eine kleine Dose vor)* Zwittchen.[50] *(Eine von Fo erfundene, nicht existierende Wurmart. In Form und Größe ähnlich wie dicke Regenwürmer.)*

ELISABETH Blutegel?

MENSCH Nein, die saugen nur das Blut aus. Die hier ma-

chen dagegen das Fett weg. Sie fressen dich regelrecht,
Liebchen.[51]
ELISABETH Zeig her. Ih, wie gräßlich. Nein, bitte nicht.
Diese Kanalwürmer auf meinen Bauch?
MENSCH Ja, und auch auf die Hüften und die Schenkel.[52]
ELISABETH Um Himmelswillen.
MENSCH Und auf die Schultern, die Arme und den Nakken ...[53]
ELISABETH O Gott, ich muß kotzen.
MENSCH Auf die Nieren und den Hintern. Man wird spindeldürr davon. Schau nur, was ein Tierchen. Ein richtiges Schleckermäulchen. Hallo, Attila! Caligula![54]
ELISABETH Also gut, beeil dich, aber zeig sie mir nicht andauernd. Wo waren wir stehengeblieben?
MARTHA Bei diesem schon etwas senilen Hamlet mit Bauch.
ELISABETH Womöglich ist er auch noch impotent. Tut so, als wäre er andauernd geil, und vögelt überhaupt nicht.
MENSCH Eu! Hat diese Königin eine schlüpfrige Sprache! Und das vor den Ohren dieser unschuldigen Würmchen. Das hier ist ganz blaß geworden.[55]
ELISABETH Am meisten regt es mich auf, daß dieser Bastard behauptet, ich würde mein Land ruinieren. »Etwas ist faul im Staate Dänemark.« Damit meint er, England ist eine Kloake. Verstehst du? Dänemark! Wenn er denkt, daß ich darauf hereinfalle.
MENSCH Ah, gut, jetzt verstehe ich, wie er alles verdreht. ... Wenn er zum Beispiel sagt: »Ganz Dänemark ist ein Gefängnis ...«, meint er nicht Dänemark. Er meint Deutschland ... äh ... England ist ein Gefängnis.[56]
MARTHA Du leidest unter Verdoppelungswahn, Elisabeth!
ELISABETH Nein, jetzt bin ich wirklich visionär! Hör zu, erinnerst du dich, wie die Tragödie endet?
MARTHA Ja, mit einem Blutbad.
MENSCH Ja, ja, am Schluß liegt alles voller Leichen. Da drüben Laertes erdolcht, dahinten röchelt die Königin, vergiftet ... hier der König, kotzt, und Hamlet liegt dort in den letzten Zügen ...[57]
ELISABETH Und wer ist schuld daran?

MENSCH Das weiß jeder, Hamlet, weil er ständig zögert und zaudert. Er hätte den König, seinen Onkel, den Verräter, sofort erstechen können, als er dasaß und betete. Er nähert sich ihm: »Jetzt ersteche ich ihn mit dem Messer ... Halt!« sagt er zu sich. »Wenn ich ihn jetzt ersteche und er stirbt, täte ich ihm nur einen Gefallen, weil er seine Seele gerade gesäubert hat und in den Himmel kommen würde, ins Paradies. Mein Vater dagegen ist tot, voller Sünden und FLUTSCH! in die Hölle gefahren. Jetzt wart ich erst einmal, bis mein Onkel ins Zimmer meiner Mutter geht und mit ihr schmutzige Dinge treibt, bis er befleckt ist mit Sünde ... Sobald er raus kommt: Ein Messerstich! Jetzt nicht ... morgen vielleicht ... oder übermorgen ... ich weiß nicht ... vielleicht nächste Woche ...« Zum Henker! Schon in der ersten Szene hätte er alles erledigen können, als der Geist seines Vaters zu ihm kam und sagte: »Haaaamleeeet«. Seine Stimme hatte ein gewaltiges Echo wie alle Geister, die auf sich halten. »Haaaamleeeet! Dein Oooonkel ist mein Möööörder. Du mußt in uuuumbringen mit einem Meeeesser! Mach ihn tohohohot!«[58]

ELISABETH Ja, aber dann hätte er eben keine Tragödie in fünf Akten schreiben können.

MENSCH Was willst du mit fünf Akten ... Diese Ophelia, die umkommt, der andere, der verrückt wird, nach England fährt und zurückkommt, das Duell ... oh nein! Ich mag klare Sachen, einfach und klar. Ein Akt, ein einziger Akt, hätte mir völlig ausgereicht: »Hamlet! Er ist der Mörder!« – »Ach ja?« Ein Messerstich. Vorhang. Statt dessen: »Ich überleg mir's, jetzt tue ich es, jetzt zaudere ich, verschiebe ...«[59]

ELISABETH Und wird mir nicht das gleiche vorgeworfen? *(Sie dreht sich abrupt um und zerquetscht dabei einige Zwittchen.)* Aaahh!

MENSCH Ohje, ist das ein Massaker! Genau wie am Schluß vom Hamlet. Sogar die Königin hast zu zerknatscht ...[60]

ELISABETH Wird mir nicht das gleiche vorgeworfen?

MENSCH Die Königin zu zerknatschen?[61]

ELISABETH Nein, im Gegenteil, daß ich meine Gegner

nicht aus dem Weg räume ... daß ich nicht eingreife. Kennt ihr die Vorwürfe der Puritaner? »Die Spanier würgen die Flamen, direkt vor unserer Haustür ... und ich, die feige Königin, lasse sie gewähren. Die Iren rebellieren ... und ich? Statt den Aufstand niederzuwerfen und ihre Erde zu verbrennen, verhandele ich, zaudere und verschiebe. Ich rede mit dem Papst, der mich exkommuniziert hat, statt mit den Protestanten zu kommunizieren, die mich zu ihrem Papst gewählt haben.«

MENSCH Weil du zu gutmütig bist und sie reden läßt. Wenn ich an deiner Stelle wäre ... ZACK ...[62] *(Sie unterstreicht ihren Vorschlag, einfach allen den Kopf abzuschlagen, mit einer Handbewegung.)*

ELISABETH He, du, was machst du mit deinem Finger in meinem Ohr? *(Das Mensch macht gar nichts im Ohr der Königin.)*

MENSCH Das ist nicht mein Finger. Du hast ein Zwittchen im Öhrchen.[63]

ELISABETH *(kreischt)* Mach das sofort da raus!

MENSCH Ist es vielleicht meine Schuld, wenn die Zwittchen dein Ohrenschmalz mögen?[64]

ELISABETH Herrje, mir ist übel.

MENSCH Es ist so glitschig ... Da, jetzt hab ich es. Euh! Ist das fett! Was für flinke Äugelchen es hat![65]

ELISABETH Erbarmen ... Was ein Gefühl ... Ich bin völlig durcheinander ... Weg! Weg! Mach sie alle runter! Ich kann nicht mehr! *(Sie erhebt sich und zerquetscht dabei noch einige Zwittchen.)*

MENSCH O nein, bitte nicht knätschen! Da, schau, die schönen Zwittchen, alle am Boden ... Ich weiß nicht, diese Königinnen haben keinerlei Achtung vor dem Gewürm ...[66] *(Elisabeth und Martha verschwinden hinter dem Gobelin. Elisabeth läßt sich stützen.)*

MENSCH *(es hält einen der Würmer hoch)* Schau an, wie dick das Würmchen geworden ist. Richtig ekelhaft fett. Das hat vielleicht geschlemmt. Jetzt geh ich rasch zu meinem Mann nach Hause, der ist ein Fischer, und wenn ich ihm diese dicken Würmer bringe, wird er verrückt vor Freude ... geht sofort angeln. Er wirft seine Angel aus. Kaum sind die Würmer im Fluß, da kommen die

Fische schon an: »Sieh da, ein Zwittchen!« Urrrgh! Und zum Abendbrot essen wir einen großen Fisch. *(Sie lacht.)* Nein, wenn ich nachdenke, so essen wir keinen Fisch: Die Zwittchen haben die Königin gegessen, der Fisch ißt die Zwittchen ... und wir, wir essen die Königin! Was für ein subtiler Einfall. Eine richtige Allegorie ... Aber ich muß euch die Wahrheit sagen. Sie stammt nicht von mir. Sie stammt von Shakespeare. Ja, genau er hat diese Idee gehabt. Hamlet sagt: »Jemand könnte mit dem Wurm fischen, der von einem König gegessen hat, und von dem Fisch essen, der den Wurm verzehrte. So kann ein König seinen Weg durch die Gedärme eines Bettlers nehmen!« Greißliche Idee! Was für ein Kopf, dieser Shakespeare! Man kann nicht einen Einfall kriegen, den er einem nicht schon geklaut hat![67]

ELISABETH *(von außen)* Du, Mensch! Vielleicht bilde ich es mir nur ein, aber ich habe das Gefühl, schon dünner geworden zu sein.

MENSCH Nein, Königin, das ist keine Einbildung. Schau nur, wie aufgequollen die Tierchen sind von dem vielen Gesuckel.[68] *(Sie streckt ihre Hand hinter den Vorhang und zeigt Elisabeth eines der Zwittchen. Die schreit angewidert auf.)*

ELISABETH Iiihh! Du sollst sie mir nicht zeigen, hab ich gesagt! Du Unflat! Mach's weg!
Sag einmal, könntest du nicht noch ein zweites Wunder vollbringen an meinen Brüsten? Sie sind matschig wie Fallobst.

MENSCH Laß mir etwas Zeit, dann laß ich auch deine Brüste auferstehen. Ich mach dir zwei Titten so groß ... Wenn du die Arme über der Brust kreuzt, denkst du, es wäre ein Balkongeländer.[69] *(Elisabeth tritt wieder auf. Sie trägt eine Staatsrobe und Perücke, wie zu einer Hofzeremonie. Martha folgt ihr.)*

MENSCH Eu, welch ein Glanz! Was ein Kleid, Liebes![70]

ELISABETH Ach was, ich hab mich nur etwas umgezogen. Ein ganz gewöhnliches Kleid für zu Hause. Ich halt's nicht mehr aus ohne Robert ... *(Zu Martha)* Glaubst du, daß ich ihm so gefalle? Nun sag schon.

MARTHA Er wird Mund und Nase aufreißen.
MENSCH Ja, er wird platt sein. Beinah so wie ich, als du die Geschichte erzählt hast, du wärst der Doppelgänger von diesem Hamlet.[71] *(Martha und das Mensch schnallen der Königin wieder die Fußsockel unter.)*
MARTHA Ich bin auch schon ganz irre.
ELISABETH Ah, hab ich dich endlich zum Zweifeln gebracht?
MARTHA Ich kann mir das gar nicht vorstellen. Ich meine ... wenn es so ist, wie du vermutest, steckt ein organisiertes Komplott dahinter.
ELISABETH So ist es.
MENSCH Ein Theateraufstand? *(Es spielt eine kleine Pantomime.)* Fertig zur Revolution! Zückt die Holzschwerter! Ladet die Holzkanonen mit Puder und Talkum. Feuer! PUFF! Schluß der Revolte. *(Es hüstelt.)*[72]
ELISABETH Ach was, die spielen nur den Chor. Aber es gibt welche, die wirklich schießen. Lies irgendeinen Monolog vor, damit dir die Augen aufgehen, und sag einfach männlich statt weiblich.
MARTHA Was meinst du?
ELISABETH Anstelle von Prinz sagst du Königin. Da, das hier zum Beispiel. Hör nur, wie komisch: »Ich selbst ... ich selbst empörte mich, wär' ich der Flickschuster auf dem Thron, der eine derart liederliche Politik betreibt!« *(Haggerton steckt seinen Kopf zur Tür herein.)*
HAGGERTON Ist es erlaubt ...? Störe ich ...?
ELISABETH Ruhe im Parkett.
(Das Mensch geht Haggerton entgegen und gibt ihm ein Zeichen. Elisabeth erhebt sich und läuft auf den Stelzenschuhen.) »Ich hege Taubenmut, mir fehlt's an Galle, die bitter macht, sonst hätt ich längst des Himmels Geier gemästet mit diesem Aas!«
HAGGERTON Auf wen schimpft sie?
MENSCH Sie spielt den Hamlet. Das ist ein Schwuler, der sich verkleidet, mit Federn im Hintern, der die Königin imitiert ...[73]
ELISABETH *(spricht, als zitiere sie aus dem Hamlet)* »Wie eine Hure muß ich mein Herz entladen ...«
(Das Mensch stört den Vortrag der Königin, indem es

dem Polizeipräsidenten mit einer kurzen Pantomime, die lautsprachlich untermalt wird, den ersten Akt des »Hamlet« vorspielt. Die Königin schaut verärgert.)
MENSCH *(zum Polizeipräsidenten)* Ende des ersten Aktes. *(Zur Königin)* Verzeihung Mylady, ich muß ihm das etwas erklären, er versteht sonst nichts ... er muß einer von der Polizei sein ... er weiß nichts über den »Hamlet«[74] *(Es erklärt dem Polizeipräsidenten mit Gesten und Blicken den weiteren Inhalt des »Hamlet« während die Königin weiter zu zitieren versucht.)* Ende des vierten Aktes.[75]
ELISABETH Ende des vierten Aktes. Schluß jetzt, Mensch. Laß mich weiterreden. »Wie eine Hure muß ich mein Herz entladen ...« *(Das Mensch deutet mit den Händen hinter seinem Rücken auch den Inhalt des fünften Aktes an und stört dadurch die Königin. Die herrscht sie ungehalten an.)*
ELISABETH Gib mir deine Hand!
MENSCH Der fünfte Akt ist fast fertig.[76]
ELISABETH *(zum Mensch)* Noch ein Wort, und ich ruf die Wachen und laß dich hinauswerfen. »Wie eine Hure muß ich mein Herz entladen und mich aufs Fluchen legen, wie ein Weibsbild, wie eine Küchenmagd ... statt den in seine Schranken zu verweisen, der diesen Schlag geplant ... der intrigiert, Massaker inszeniert ... so schleiche ich wie Hans der Träumer meiner Sache fremd und kann nichts sagen ...«
Was schaut Ihr mich so an, Haggerton. Denkt Ihr, ich wäre gewachsen? Man wächst bis 70. Was würdet Ihr tun, wenn jemand die Stirn besäße, Eure Königin mit derartigen Beleidigungen anzugreifen?
HAGGERTON Majestät, wer wagt, Euch solchermaßen den Respekt zu versagen?
ELISABETH Hier, Name und Vorname ... einschließlich der unverschämten Schmähreden, Wort für Wort. *(Sie hält ihm die Blätter hin.)* Würdet Ihr, lieber Haggerton, häufiger ins Theater gehen ... vor allem ins *Globe* ... Ihr kommt noch rechtzeitig hin ... könntet Ihr sie just heute abend mitanhören.
MENSCH Und würdet bemerken, daß Hamlet ein Verkleidungskünstler ist, der die Königin verhöhnt. »Auf dem

Grunde des Brunnens, als Kröte verkleidet, sieht er den Arsch des Eimers hoch oben und sagt: ›Welch schöne Sonne!‹«[77]

HAGGERTON Unmöglich!

MARTHA Doch, diese Schmierenschauspieler beleidigen uns ... und die Zuschauer klatschen auch noch.

ELISABETH Und ihr habt nichts anderes im Kopf, als Ränke zu spinnen und Essex samt seiner Bande von Wirrköpfen ins Unglück zu stürzen.

HAGGERTON Werden im *Globe* wirklich solche Unverschämtheiten gesagt? Sheriff Golber ist jeden Abend dort, aber er hat nichts bemerkt, und auch nichts von Anspielungen gegen Euch berichtet.

ELISABETH Ach ja? Mein Holzpferd da hat mehr Hirn und Phantasie als Ihr!

MENSCH Und kann mehr pissen.[78]

ELISABETH Hört zu, Haggerton, und versucht zu verstehen, was ich euch vorlese.

MENSCH Er versteht nicht, Mylady![79]

ELISABETH Laß das! Hamlet sagt: »Die Überlegenheit der Mächtigen beruht auf der Unsicherheit ihrer Untertanen ... auf der Furcht vor dem, was im Jenseits liegt ... der Angst, die uns ergreift beim Anblick jenes dunklen Abgrunds, der uns erwartet, wenn wir schlafen müssen ... Ist Sterben Träumen? Oder nur Schlafen? Vielleicht ein Träumen und im Traum des Todes schreien und böser Alptraum, der uns verfolgt und an der Gurgel packt? Ach, wenn der Mensch erkennen könnte, was ihn erwartet am Ende dieser Reise, von der noch niemand wiederkehrte. Wenn einer wiederkehren und erzählen würde: Ein jeder König, jeder Herrscher müßte fürchten, die Untertanen zu verlieren.«

HAGGERTON Ich verstehe nicht.

ELISABETH Sehr gut ... Das ist von jetzt an Euer Stichwort. Wiederholt es ab und zu. Es hilft mir. Los, Haggerton, sagt es.

HAGGERTON Ich verstehe nicht.

ELISABETH »Ihr versteht nicht? Wär' nicht die Angst vorm Jenseits ... zu tausend, abertausend enden würde, der eine sich vom höchsten Punkt des Felsens niederschleudernd ... der andere ins Feuer, der ins Meer ...« Jetzt wieder euer Stichwort, bitte, Haggerton.

HAGGERTON Ich verstehe nicht.

ELISABETH »Bravo, Ihr versteht nicht? Es ist offenkundig, sagt selbst. Denn wer ertrüg' der Zeiten Spott und Geißel, des Mächt'gen Druck, des Stolzen Mißhandlungen, verschmähter Liebe Pein, des Rechtes Aufschub ...« Ihr gebt acht, daß ich nicht erfinde, Haggerton?

HAGGERTON Ja, ja, das steht im Text ...

ELISABETH »Denn wer ertrüg' der Zeiten Spott und Geißel, den Übermut der Ämter und die Schmach, die Unwert schweigendem Verdienst erweist ...«

HAGGERTON Der meint wirklich uns!

ELISABETH »Und der Gerechte, der geduldig hofft, daß ihm sein Recht doch widerfahren möge, in Anerkennung seines ehrfurchtvollen Buckelns, wird verlacht, beleidigt. Wer trüge diese Lasten und stöhnt' und schwitzte unter Lebensmüh'? Wenn er sich selbst in Ruhstand setzen könnte mit einer Nadel bloß?«

MENSCH Verstehst du den Fingerzeig! Dieser Shakespeare sagt zu den Leuten: »Was macht ihr nur? Wollt ihr nichts tun? Ihr nehmt es hin, wie Sklaven behandelt zu werden, unterdrückt wie Tiere, nur weil ihr Angst habt, in der Hölle zu landen und im Fegefeuer zu verbrennen, wenn ihr sterben müßt ... Ihr Idioten! Die Hölle ist hier auf der Erde! Nicht unter der Erde! Keine Angst! Stürzt euch drauf! Jagt diese Scheißregierung in die Luft!«[79a]

HAGGERTON Es hat recht! *(Er schreit.)* Es hat völlig recht! Man versucht die Leute zum Aufstand anzustacheln, zur Rebellion!

MENSCH Nicht so laut. Sonst platzt dir der Kopf.[79b]

MARTHA Einen Moment. Ich glaube, jetzt übertreibt ihr. Ich kann keine Aufwiegelung zur Revolte darin erkennen. Höchstens den Versuch, ein gewisses Unbehagen zu schüren ...

MENSCH *(mimt ein Huhn, das ein Ei legt und kräht)* FLOPP! Das Ei der Eintracht! *(Es nimmt das imaginäre Ei, klopft es auf und schaut hinein.)* Und innen drin ein kleiner Jesuit![79c]

HAGGERTON Also gut. Ich lasse ihn sofort verhaften und sein Theater schließen ...

MENSCH Hervorragend! Und anschließend anzünden. Zufällige Brandstiftung.[80]

ELISABETH Ihr tut nichts dergleichen, lieber Haggerton. Versucht erst einmal rauszukriegen, ob dieser Shakespeare nicht zur Verschwörung von Essex gehört.

HAGGERTON Sehr wohl, Hoheit, ich werde sofort eine Untersuchung einleiten.

ELISABETH Apropos, habt Ihr die Echtheit des Briefes an Jakob von Schottland überprüft, der Eurer Ansicht nach von Essex stammt?

HAGGERTON Majestät, ich bedaure, aber ich muß gestehen, daß ihr tatsächlich recht hattet. Der Brief hat sich als falsch erwiesen ... auch das Siegel war gefälscht.

ELISABETH Woher habt ihr so schnell ein Gutachten bekommen?

HAGGERTON Es hat gereicht, Hoheit, den Kurier, der uns den Brief besorgt hatte, bei den Füßen aufzuhängen. Er hat sofort widerrufen und zugegeben, daß es sich um eine Verleumdung gehandelt hat.

ELISABETH Großartig! Siehst du, Martha? Die Waage der Justiz hängt an einem Fleischerhaken.

MENSCH Was für ein schöner Satz! Von Shakespeare?[81]

ELISABETH Wieso Shakespeare?! Den hab ich erfunden, Mensch!

MENSCH Aber der Stil war von Shakespeare.[82]

ELISABETH Ja, und in ein paar Tagen werdet Ihr den Ausspruch wahrscheinlich in einem Stück eures William wiederfinden ... er klaut mir alles. *(Zu Haggerton)* Sonst noch was, Haggerton? Vielleicht noch ein paar schlechte Nachrichten? Was habt Ihr da in der Mappe versteckt? Wollt Ihr es mir vorlesen, oder wollt Ihr so tun, als hättet Ihr die Mappe versehentlich liegengelassen, damit ich mir Eure Unverschämtheiten selber reinwürgen kann?

HAGGERTON Es handelt sich um Beweise.

ELISABETH Beweise wofür?

HAGGERTON Puritanische Kreise machen Anstalten, die Verschwörer zu unterstützen.

ELISABETH *(lacht gut gelaunt)* Ha, ha ... Wer anderen eine Grube gräbt ... Haggerton! Ihr hattet die Waffenkammer als Köder ausgelegt, weil die Verschwörer sich bewaffnen sollten ... Robert von Essex sollte sich entschließen, endlich zu schießen, damit Ihr ihn endgültig hereinlegen könnt. Und jetzt vergrößern die Puritaner noch seinen Anhang ... Wie schön, wenn der Feuerwerker sich versehentlich selber auf sein Pulver setzt und in die Luft jagt ... PUFF!

MENSCH *(er lacht)* Großartig! Das ist aber von Shakespeare![83]

ELISABETH Von mir, Mensch!

MENSCH Also was schreibt dieser Shakespeare überhaupt, wenn er schreibt? So ein Gauner![84]

HAGGERTON Eure Schadenfreude ist mir nicht ganz begreiflich, Majestät. Mir scheint, die Vorstellung, wir könnten geschlagen werden, gefällt Euch.

MARTHA Er hat recht, du bist verrückt. Du vergißt, daß es auch deine Niederlage wäre.

ELISABETH Gewiß, gewiß, ich habe übertrieben. Nun gut, unternehmt etwas ... worauf wartet Ihr?

HAGGERTON Majestät, momentan haben sich erst kleine Gruppen gebildet. Wir warten, bis sie sich vereinigen. Bevor sie das Parlament und den Palast erreicht haben, greifen wir ein.

ELISABETH Welchen Palast?

HAGGERTON Den Euren.

MENSCH Hast du verstanden, Königin? Diese Lausebengel haben vor, dich umzubringen.[85]

MARTHA So ist es.

HAGGERTON Ich glaube jedenfalls, Hoheit, auch auf Anraten von Sir Cecil, daß Ihr an einem anderen Ort sicherer wärt.

ELISABETH Das heißt, ich soll mich dünne machen?

MENSCH Erst vollbringe ich das Wunder der Zinnen![85a]

HAGGERTON Auch die Lords, das Parlament und vor allem Sir Bacon bestehen darauf, daß Ihr in der Festung Kenilworth Quartier nehmt ... mit einer bewaffneten Eskorte natürlich.

ELISABETH Wieso ausgerechnet ich Was hab ich damit zu

tun? Ich habe in den letzten Tagen mit eigenen Augen etliche Dutzend Inschriften an den Hauswänden von London gesehen ... Aber ich habe nicht einen Satz gefunden, der zum Aufstand gegen die Königin aufruft. Im Gegenteil. Gegen Euch, Haggerton, habe ich Beleidigungen und Drohungen gelesen ... gegen Cecil ... die Lords ... ganz zu schweigen von Bacon. Ihr seid nach Ansicht meines Volkes die schlechten Ratgeber ... ich dagegen bin ihre gute Königin. Deshalb gebe ich Euch einen Rat: Wenn Ihr klug seid, versteckt Ihr Euch in der Festung Kenilworth mit Eskorte ...

MENSCH Ja, macht Ihr euch dünne![86]

MARTHA Du bist wirklich unbarmherzig, Elisabeth. Wann willst du die Inschriften überhaupt gelesen haben? Soweit ich weiß, bist du seit Wochen nicht draußen gewesen.

HAGGERTON Genau, Hoheit. Oder seid Ihr etwa allein auf die Straße gegangen?!

ELISABETH Ich war draußen ... mit dem hier. Mensch, gib mir das Rohr da. *(Das Mensch gibt ihr ein großes Fernrohr.)*

HAGGERTON Was ist das?

ELISABETH Ein Geschenk des venezianischen Botschafters. Es nennt sich Augenrohr oder Fernglas. Ihr müßt es vors Auge halten. Es ist eine ungeheure Erfindung. *(Sie reicht Haggerton das Fernrohr.)*

HAGGERTON Phantastisch! Es ist alles ganz nahe!

MENSCH Potz Hexenblitz und Zauberei! Darf ich auch mal?[87]

HAGGERTON Wirklich einmalig! Die Menschen dort unten sind zum Greifen nahe.

MARTHA Darf ich auch mal ...?

HAGGERTON Bitte, bedienen Sie sich. *(Zu Elisabeth)* Das wäre wirklich großartig, wenn wir von der Polizei auch einige von diesen Wunderdingern hätten.

MARTHA Wirklich umwerfend!

ELISABETH Gewiß doch, Haggerton, ich habe bereits eine Kiste für Euch bestellt. Auf diese Weise könnt ihr sämtliche Bürger kontrollieren. Was sie tun, mit wem sie zusammen sind, sogar durch die Fenster ihrer Häuser.

Ihr könnt sie observieren, im Bett, wenn sie sich lieben ... wenn sie ihre Notdurft verrichten ... alles unter Kontrolle! Ein wirklich moderner Staat. Der Staat als Voyeur! *(Das Mensch entreißt Martha das Fernrohr und schaut hindurch.)*

MENSCH Ist es wahr, was ich sehe, oder sehe ich, was wahr ist?[87a]

ELISABETH Was ist?

MENSCH Da hinten auf der Straße scheint der Milord von Essex zu gehen. Was ein schöner Mensch! Mit seinen Rebellen. Sie kommen daher wie eine Prozession![88]

MARTHA Gib her ... tatsächlich ... Sie sind bewaffnet ... sie fuchteln herum ... und fordern die Leute auf, sich ihnen anzuschließen.

HAGGERTON Nicht möglich! So bald hatten wir sie nicht erwartet! Laßt sehen ... *(Er will sich von Martha das Fernrohr geben lassen.)*

ELISABETH Tut mir leid, aber ich hab Vorfahrt ... Das Ding ist mir. Das muß ich sehen ...

HAGGERTON Verzeiht, ihr habt recht. *(Er reicht Elisabeth das Fernrohr. Das Mensch holt aus seinem Korb ein zweites, winzig kleines Fernrohr.)*

MENSCH Schaut nur, da schaut nur, Königin, ich fürchte, diesmal ist es ernst.[89]

ELISABETH Woher hast du das Fernrohr?

MENSCH Das ist mir. Das hab ich mir von Venedig mitgebracht. Die verkauft man da auf dem Markt. Wenn du zehn Gondeln als Andenken kaufst, kriegst du ein Fernrohr gratis. Militärisches Geheimnis.[90]

ELISABETH Da, eine andere Gruppe überquert die Sankt Bartholomäus-Brücke ... und da kommt noch eine von Trygham her.

HAGGERTON Verzeiht, ich muß sofort gehen. Ich muß zu Hellington, um den Gegenangriff vorzubereiten.

MENSCH Ich bring' ihn zur Tür ...[91]

ELISABETH Gar nichts werdet Ihr vorbereiten! Mein Befehl lautet: Keine Bewegung! Sie sollen sich ruhig ein bißchen austoben, etwas herumstolzieren und sich am Beifall erfreuen, den ihnen die Krämer und Marktschreier spenden!

MENSCH Richtig, Königin, beim ersten Kanonenschlag machen sie sich sowieso in die Hose, schlimmer als euer Pferd.[92]

ELISABETH Ihr macht folgendes, Haggerton ... Geht zu Sir Cecil und befehlt ihm, den Präsidenten des Parlaments und den Justizminister zu Lord Essex zu entsenden. Sie sollen dem Grafen die folgende Nachricht überbringen ... schreibt mit. *(Das Mensch rückt sich rasch und dienstfertig ein Schreibpult zurecht und zückt einen Gänsekiel.)*

MENSCH Laßt mich schreiben, Madame ...[93]

(Der folgende Dialog zwischen der Königin und dem Mensch ist aus einem Stegreifspiel entstanden und muß flott gespielt werden.)

ELISABETH »Wir kommen im Auftrag ...«

MENSCH Einen Moment. Zuerst die Adresse. »Dem Herrn Grafen von Essex, Schloß ...«[94]

ELISABETH Ohne Adresse. Der Brief wird durch zwei Lords direkt überbracht.

MENSCH Aber wenn die Lords unterwegs verlorengehen, geht auch die Nachricht verloren. Die Adresse kostet nichts.[95]

ELISABETH Dann mach schnell.

MENSCH »Dem Grafen von Essex, zu eignen Händen ...«[96]

ELISABETH »Wir kommen ...«

MENSCH »Wir kommen ...«[97]

ELISABETH »im Auftrag ...«

MENSCH »... im Auftrag der Königin ...«[98]

ELISABETH »... der Königin ...«

MENSCH Ich hab's geahnt![99]

ELISABETH »... und bitten uns ...«

MENSCH Uns? Heißt es nicht: »... und bitten Euch?«[100]

ELISABETH Red keinen Blödsinn. »... und bitten uns, den Grund ...«

MENSCH »... und bitten uns den Grund ...« Punkt! Das ist deutlich.[101]

ELISABETH Wieso Punkt? Ich habe keinen Punkt diktiert.

MENSCH Der Satz ist aber zu Ende.[102]

ELISABETH Nein, mein Herr, er geht weiter.
MENSCH Also Komma?[103]
ELISABETH Kein Komma.
MENSCH Semikolon?[104]
ELISABETH Auch kein Semikolon!
MENSCH Dann Ausrufezeichen![105]
ELISABETH Kein Satzzeichen, habe ich gesagt!
MENSCH Aber ich muß doch den Punkt irgendwie unterbringen, der mir aus der Feder gerutscht ist. Soll ich vielleicht ein Blümchen drübermalen oder einen Drachen? Oder den heiligen Georg zu Pferde?[106]
ELISABETH Ruhe! »Wir kommen im Auftrag der Königin und bitten, uns den Grund ...« Komma ...
MENSCH Komma ...[107]
ELISABETH »... uns den Grund für Eure Erregung ...«
MENSCH »... für Eure Regung ...«[108]
ELISABETH »Er-regung«
MENSCH Aha! Er regt sich. Ironisch gemeint. Gut, Erregung. Aha![109]
ELISABETH »... zu erfahren ...«
MENSCH »... zu ihr fahren ...«[110]
ELISABETH »er-fah-ren«
MENSCH »Er fahren?« Heißt es nicht: »Er fährt?«[111]
ELISABETH Nein, er-fah-ren.
»Die Königin ...«
MENSCH Noch eine Königin?[112]
ELISABETH Nein!
MENSCH Also dieselbe wie vorher! »Dieselbe Königin wie vorher ...«[113]
ELISABETH Das versteht sich von selbst ...
MENSCH Sollen sie es etwa erraten?[114]
ELISABETH Sie brauchen nicht zu raten. »Die Königin gelobt ...«
MENSCH »Die Königin lobt ...«[115]
ELISABETH »Gelobt«
MENSCH Sicher. »Lobt«[116]
ELISABETH »Ge-lobt«
MENSCH Ach so! »Geh loben!«[117]
ELISABETH »... daß man Euch hören ...«
MENSCH »... gehören ...«[118]

ELISABETH Nein, ohne »g«. »... daß man Euch hören ...«

MENSCH Hab schon verstanden. Unregelmäßiges Verb.[119]

ELISABETH Wieso unregelmäßig? *(Sie schaut das Mensch böse an.)* Es langt!

MENSCH »Es langt ...«[120]

ELISABETH Es langt noch nicht.

MENSCH Wieso?[121]

ELISABETH Weil der Brief noch nicht zu Ende ist. »... und Gerechtigkeit widerfahren ...«

MENSCH Gerechtigkeit?[122]

ELISABETH Ja, »Gerechtigkeit widerfahren ...«

MENSCH Schon wieder?[123]

ELISABETH Nicht schon wieder ... »Gerechtigkeit widerfahren lassen wird!«

MENSCH Oh, verstanden ... »daß man euch gehören und wieder fahren lassen wird ...«[124]

ELISABETH »Gerechtigkeit widerfahren«
Mensch, wieso schreibst du nicht?

MENSCH Die Gerechtigkeit paßt nicht mehr hin![125] *(Sie liest den Brief in Gramelot – Lautsprache – sehr schnell noch einmal vor und reicht ihn dann dem Polizeipräsidenten. Elisabeth will eingreifen.)*

ELISABETH Blöde Gans, du. Ich muß noch unterschreiben!

MENSCH Ich habe bereits unterschrieben. *(Sie deutet auf den Brief.)* Da: »Blöde Gans«.[126] *(Sie übergibt Haggerton den Brief.)*

HAGGERTON Mit Eurer Erlaubnis. Hoheit. *(Er schaut kurz auf den Brief und schüttelt verständnislos den Kopf.)* In welcher Sprache ist das geschrieben?

MENSCH Auf angel-sächsisch! Das versteht jeder.[127]

ELISABETH Laßt einen Waffenstillstand von vierundzwanzig Stunden verkünden. Die Lords sollen Essex zu mir bringen, sobald sie mit ihm gesprochen haben. Danke!

HAGGERTON Ihr erhaltet sobald wie möglich Bericht, Majestät.

MENSCH Habt Ihr gesehen, Königin, wie blaß er ums Gesicht geworden ist, Euer Sir Haggerton, als Ihr ihm von den Sprüchen an den Wänden erzählt habt? Ich wette, Sir Cecil und Bacon haben die Kackeritis gekriegt![127a]

MARTHA Bitte, Mensch, sei nicht so vulgär.

MENSCH Diese Art zu reden habe ich mir nur angewöhnt, weil ich so oft mit Königinnen verkehre.[128]

ELISABETH Beeil dich, rasch, es pressiert. Womöglich kommt mein Robert mich schon heute abend besuchen. Du hattest mir irgendein Busenwunder versprochen, nicht wahr?

MENSCH Ich mach' es euch, aber es wird etwas weh tun.[129]

ELISABETH Weh tun?

MENSCH Ja, wegen dem hier. (*Sie hält eine Dose hoch.*)[130]

ELISABETH Und was ist da drin?

MENSCH Biene![131]

ELISABETH Bienen? Meinst du Bienen? Oh, mein Gott, was hast du vor?

MENSCH Ich halt dir das Döschen direkt auf die Zinnen ... drumherum verbreiten wir etwas Geräucher ... die Biene regt sich auf und sticht dich. Sofort wirst du sehen wie die Brust anschwillt, daß es eine wahre Pracht ist. Hart, straff und prall![132]

ELISABETH Du bist verrückt geworden ... mir die Brust mit einer Biene zu schwellen! Das muß doch tierisch weh tun.

MARTHA Also ich finde die Idee fantastisch! ... Da wäre ich nie drauf gekommen.

ELISABETH Dann laß du dir doch in die Brust stechen, wenn es so fantastisch ist.

MENSCH Ja, aber sie bräuchte eine Hornisse.[133]

MARTHA Ich habe halt keinen Robert, meine Liebe, den ich an meinen straffen Busen drücken könnte. Du kannst ja nein sagen. Wir stopfen dir einfach Watte ins Korsett.

MENSCH Nein, mit Watte ist es nicht das gleiche. Wie schon das Sprichwort sagt: »Alles, was sie hatte, war Watte!« Gesetzt den Fall, dein Robert kriegt Lust, dich etwas zu streicheln, was dann? Und außerdem, so schlimm ist ein Bienenstich auch wieder nicht ... Ich gebe etwas Honig und Myrrhe auf die Brust, die gestochen wird, das lindert den Schmerz.¹³⁴

ELISABETH Bist du sicher, daß sie auch schön schwellen und fest werden?

MENSCH Nicht gerade wie Luftballons ... aber schön, ja, das schwöre ich dir.¹³⁵

ELISABETH Also los, fang an ... Eine Tollheit mehr oder weniger ...

MARTHA Bravo! *(Zum Mensch)* Gib's ihr!

MENSCH Warte, ich bestreich sie mit Honig und Myrrhe. Hilf mir.¹³⁶

ELISABETH Einen Augenblick noch! Wie lange hält die Schwellung an?

MENSCH So drei bis fünf Tage. Je nachdem wie lange wir den Stachel drinlassen.¹³⁷

ELISABETH Ach so. Wenn man den Stachel erst nach einer halben Stunde rauszieht ...?

MENSCH Dann kriegst du eine Wassermelone!¹³⁸

ELISABETH Nein! Das hat mir gerade noch gefehlt!

MENSCH So, süße Königin, jetzt hol einmal tief Luft.¹³⁹

ELISABETH Oh, Gott, steh mir bei! Ich bin bereit!

MENSCH Martha, Ihr zündet dort an der Kerze dieses Stück Sandelholz an zum Räuchern. *(Sie gibt ihr ein Stück Holz und setzt die Dose rasch auf eine der Brüste der Königin. Elisabeth schreit laut auf.)*¹⁴⁰

ELISABETH Mamma, was für ein Schmerz!

MENSCH Sehr gut, wunderbar! Sie hat sofort angebissen ... Hurra!¹⁴¹

MARTHA Warte, ich puste ein wenig ...

ELISABETH Himmelherrgott, ich werde wahnsinnig ... was ein Schmerz!

MENSCH Halt aus, halt aus, Königin ... ich tupfe dir etwas Kampfer darauf.¹⁴²

ELISABETH Es schickt! Es schickt! Zieh den Stachel raus!

MENSCH Nein, warte noch ein wenig, halt durch, meine Süße! Schau, da schau nur, wie schön sie anschwillt.¹⁴³

ELISABETH Oh ja, sieh nur, Martha! Man sieht förmlich, wie sie schwillt! Ooohhh! Aber der Schmerz!

MARTHA Sei tapfer ... denk dran, wie schön du nachher sein wirst. Ganz vielleicht lasse ich mir auch so etwas machen ... *(Zum Mensch)* Und was passiert mit der Biene in der Dose?

MENSCH Oh, jetzt wo der Stachel fort ist, muß sie gleich sterben. Wart's ab, ich mach schon einmal die zweite Dose fertig ... mit einer neuen Biene ... Da schau ... sie liegt unter dem Papier ... Du klopfst einfach dagegen und ... BRRRR ... ab geht's ... gestochen![144]

ELISABETH Warte, laß mich wenigstens einen Moment lang verschnaufen.

MENSCH Nein, die Zinnen müssen gleichzeitig gestochen werden, um die Schwellung regulieren zu können ... Je nachdem bleibt der Stachel drin, oder er wird gezogen ... Du willst doch nicht, daß die eine sich aufrichtet und die andere runterhängt.[145]

ELISABETH Also gut, mach los ... Oh, Gott!

MARTHA Was ist dir?

ELISABETH Ich muß schon wieder pinkeln.

MENSCH Das ist die normale Wirkung von einem Bienenstich. Mach soviel du willst. Wir behaupten einfach, es wäre das Pferd gewesen.[146]

ELISABETH Ich glaub, ich werde noch wahnsinnig. Oh, Robert, mein Robert! Was muß ich alles erdulden aus Liebe zu dir!

MARTHA Da, Liebes, setz dich auf diese Schüssel.

MENSCH So, da wären wir! *(Sie setzt die zweite Dose auf die andere Brust.)*[147]

MARTHA Soll ich räuchern?

MENSCH Ja, immer drumherum ... ja, so ... Sticht sie, Königin?[148]

ELISABETH Ich spüre nichts.

MENSCH Bleib schön ruhig. Ich heb die Dose etwas an, damit der Rauch besser eindringt ... Da, da ... schau, wie sie wild wird ... Hörst du sie brummen? ... ZZZZZ ... Gleich gibts einen gewaltigen Stich! *(Pause)* Hat sie gebissen?[149]

ELISABETH *(Pause)* Sie hat nicht gebissen.

MENSCH Verflixte Biene! Willst du wohl stechen! Ich bring dich um! *(Sie schüttelt die Dose.)*

ELISABETH Muß ich jetzt mit einer Melone und einem Bratapfel leben?

MENSCH *(entnimmt ihrem Korb eine neue Dose)* Nein, nein, hier kommt der Rächer. Eine irische Mörder-Wespe. Der Schrecken des Empire![151]

ELISABETH Eine Mörder-Wespe? Willst du mich umbringen? Gehörst du etwa zu der Verschwörung?

MENSCH Nicht doch, Süße, hab keine Angst, Herrlichkeit. Sie hat einen viel zarteren Stich als die Biene! Komm, ganz ruhig! Halt sie fest, Martha![152] *(Martha legt im Eifer des Gefechts das glühende Stück Holz auf den Stuhl. Elisabeth setzt sich drauf und verbrennt sich.)*

ELISABETH Auaa! Was war das? Aua! Das brennt!

MARTHA Oh, Schatz, wie mir das leid tut ... Ich hab das glühende Hölzchen versehentlich auf deinen Stuhl gelegt ... Hast du dich verbrannt?

MENSCH Da, setz dich in eine Schüssel Wasser, das kühlt ...[153]

ELISABETH Nein, laß das, laß das ... auaua ... ich will mir nicht auch noch den Hintern naß machen ... Rasch, zieh mir den Stachel aus der Brust, ich halt's nicht mehr aus ... *(Das Mensch stellt die Schüssel auf einen Stuhl, die Dose mit der Biene stellt sie auf Elisabeths Stuhl.)*

MENSCH Gut, warte, ich pack's mit dem Zängelchen ...[154]

ELISABETH Eine Zange? Was hast du vor? *(Sie bewegt sich ungeschickt, die Wasserschüssel fällt um, Elisabeth schwankt, sinkt auf den Stuhl, auf dem sich die Dose mit der Biene befindet. Sie schreit noch lauter als zuvor.)*

MARTHA Was ist jetzt schon wieder?

ELISABETH Schon wieder das glühende Hölzchen? *(Das Mensch macht sich am Gesäß der Königin zu schaffen, holt die Dose hervor und hebt sie hoch.)*

MENSCH Nein, diesmal hat sie sich auf die Biene gesetzt ... So ein Mistvieh ... *(Sie meint die Biene.)* In die Brust hat sie dich nicht stechen wollen ... dafür hat sie dich in den Hintern gebissen![155]

ELISABETH Oh, Gott! Welch ein Unglück! Jetzt habe ich eine Hinterbacke wie eine Melone, eine Brust wie einen Hintern, die andere Brust schlaff und die andere Pobacke versengt ... und schon wieder Pipi gemacht. Ich bin ein Wrack!

Zweiter Akt

Elisabeths Zimmer wie zuvor. Bühne offen, dunkel. Lied Nr. 2 Anhang S. 88. Nach Schluß des Lieds geht das Licht langsam an, bleibt jedoch schwach. Morgengrauen. Elisabeth sitzt oben auf ihrem riesigen Holzpferd, sehr königlich, und schaut mit dem Fernrohr in die Weite zum imaginären Palast des Grafen von Essex. Die Kleiderpuppe, links vorne, trägt ein weißes Hofkleid.

ELISABETH *(als spräche sie mit Essex)* Bist du noch wach? Ja doch ... In deinem Zimmer ist noch Licht. *(Sie legt eine Hand an die Stirn.)* Ich halt's nicht mehr aus! ... Kannst du auch nicht schlafen? *(Laut nach hinten)* Marthaaaa! *(Leise)* Ach, Robert ... komm her, worauf wartest du nur? *(Wieder laut)* Marthaaa! Wo steckst du?! Ich platze!

MARTHA Hier, Liebling, was ist? *(Sie schaut suchend um sich.)* Wo bist du?

ELISABETH Hier.

MARTHA Was machst du dort oben?

ELISABETH Es ist der einzige Platz, von dem aus man Roberts Fenster sehen kann.

MARTHA Warst du überhaupt nicht im Bett?

ELISABETH Ich habe versucht zu schlafen, aber es ging nicht. Ich bin gespannt wie ... eine Kesselpauke. Ich kriege kein Auge zu.

MARTHA Versuch, dich zu entspannen. Soll ich dir einen Aufguß machen?

ELISABETH Ach was, Aufguß! Ich krieg' kein Auge zu, weil ihr mir die Kopfhaut so straff gezogen habt, daß ich die Augenlider nicht schließen kann. Ihr habt mir die Augen so weit aufgerissen, daß ich mir vorkomme wie eine Nachteule.

MARTHA Wahrhaftig. Warte, ich rufe das Mensch. *(Sie läuft zur Tür nach oben und ruft.)* Das Mensch ...!

ELISABETH Sie soll auch etwas mitbringen, um meine Brüste zu kühlen ... Sie sind so heiß, daß ich mein Hemd damit bügeln könnte.

MARTHA *(nach draußen)* Mensch, wo bleibst du!? Die Zöpfchen müssen aufgemacht werden!

MENSCH Hier bin ich schon ... Wie geht's, Herrlichkeit? So früh am Morgen schon auf dem Pieschergaul.[156]

ELISABETH Du Witzbold. Was hast du da? *(Sie deutet auf den Korb.)*

MENSCH Andere Bienen.[157]

ELISABETH *(betrachtet ihren Busen)* Schon wieder? Die letzte Wespe war wie ein Hieb mit dem Messer ... ich habe eine Beule von dem Stich bekommen.

MENSCH Das ist normal ... Man nennt es »Venusbeule«.[158]

ELISABETH So? Aber meine Brüste fangen an, sich selbständig zu machen. Die linke Brust wird plötzlich kleiner ... die rechte wächst ... die eine wird spitz ... die andere birnenförmig ...

MENSCH Gut so ... Das wirkt erotisch. Die Männer sind ganz verrückt danach. Wie fühlst du dich sonst, Hoheit?[159]

ELISABETH Wie eine Katze im Sack, über die ein ganzes Regiment hinweggeritten ist. Sobald ich mich irgendwo berühre, gehe ich in die Luft. Apropos, Regiment ... Heute Nacht war ein gewaltiger Lärm und ein Geschrei zu hören, als hätte ein Gefecht stattgefunden, dahinten Richtung Burchley.

MARTHA Ein Gefecht?

MENSCH Nein, Hoheit, ich bin die ganze Nacht wach gewesen ... und durch halb London gelaufen, um neue Wespen zu suchen, aber ich habe nicht einen Hund bellen gehört. Es war so still, daß man die Fliegen fliegen hören konnte ... Waren das Fliegen, heute nacht in London.[160]

ELISABETH Aber ich bin mir ganz sicher. Ich hab's donnern gehört. Es klang wie Schüsse.

MARTHA Wahrscheinlich wieder ein Alptraum.

MENSCH Ja, ein Alptraum.[161]

ELISABETH Du hast recht ... Ich hab tatsächlich einen

schrecklichen Alptraum gehabt. Den gleichen wie letzte Nacht.

MARTHA Wieder die Stuart?

ELISABETH Ja, die Maria ... ohne Kopf. *(Sie deutet in eine Ecke des Raumes.)* Da erscheint sie, so echt, daß man meint, sie anfassen zu können.

MENSCH Erzähl, erzähl, dann kann ich dir sagen, was dein Traum bedeutet. *(Martha und das Mensch beginnen die Zöpfe zu lösen.)*[162]

ELISABETH Danke ... Wie angenehm, die Fassade stürzt ein. Ich fühle mich wie neugeboren ... also ich sprach von Maria ... Diesmal stand sie ohne Kopf vor mir. Den hatte sie in der Hand ...

MENSCH In der Hand? Wie Johannes der Täufer?[163]

ELISABETH Ja, und der Kopf hatte Augen, die sich bewegten, und einen Mund, der sprach ...

MENSCH Großartig. Ein enthaupteter Kopf, der spricht. Und was sagte er?[164]

ELISABETH Er lachte höhnisch und sagte: »Diesmal hast du Pech gehabt, du aufgeblasene Kotwurst! Diesmal köpfen sie deinen Robert! Ha, ha!« Und »PRRRT!« Hat er mir einen Maulfurz gemacht.

MENSCH Aus dem abgeschnittenen Kopf ein Maulfurz![165]

MARTHA Eine schreckliche Vorstellung.

ELISABETH Ja, und dann hat sie ihn hochgeworfen.

MARTHA Den Kopf?

MENSCH Hochgeworfen?[166]

ELISABETH Ja, sie hat mit ihm gespielt, als ob es ein Ball wäre ... sie hat ihn gegen die Wand geworfen ... er ist zurückgesprungen ... sie hat ihn aufgefangen ... Dann ist er ihr aus der Hand gerutscht, auf die Erde gefallen und ein paar Mal hochgehüpft ... *(Das Mensch mimt einen Handballspieler, der einen Ball mit der Hand auf der Erde hüpfen läßt.)* Der Kopf hat gerufen: »Auuaaa! Paß doch auf, Himmel! ... Du brichst mir die Knochen ... Ich bin doch kein Ball!«

MENSCH Sehr gut![167]

ELISABETH Wieso gut?

MENSCH Weil es bedeutet, du Herrliche ... Der Graf hat

den Kopf verloren, und zwar für dich! Er ist wahnsinnig verliebt in dich. Eine schöne Geschichte! Warum erlebe ich nie so etwas Schönes?[168]

ELISABETH Dann beeil dich mal ... Wenn es nur wahr wäre.

MARTHA Aber ja, du wirst sehen, alles wird gut.

MENSCH Wo wir von Neuigkeiten reden, Martha. Erzähl ihr von dem bevorstehenden Besuch.[169]

MARTHA Ach, ja, fast hätte ich es vergessen. Der Anführer der Verschwörung wird fast sicher noch heute hierherkommen.

ELISABETH Robert?

MENSCH Ja, er ist dir wieder gut und will dir seine Aufwartung machen. Zufrieden?[170]

ELISABETH Aber ja, wieso sagst du mir das nicht gleich?

MARTHA Ich hatte es vergessen ... ich war etwas kopflos wegen deinem Alptraum ...

MENSCH Gib acht, sonst verlierst du wirklich den Kopf. In diesem Haus liebt man die ... Ballspiele.[171] *(Sie vollführt die Geste des Kopfabhackens. Elisabeth steigt vom Pferd. Martha und das Mensch helfen ihr dabei.)*

ELISABETH Rasch, Martha, nimm das Fernglas und schau, wann Robert aus seinem Palast kommt. Du, Mensch, knüpf mir die Haare wieder stramm ... Ich muß schön sein ... *(Es klopft.)*

MENSCH Darf ich ferngucken? Ich spanne so gerne.[172]

ELISABETH Nein, du gehst zur Tür. Es hat geklopft ... Laß keinen herein ... Ich bin so zerrupft.

MENSCH *(geht zur Tür links auf der Balustrade)* Hört auf zu klopfen! Die Königin läßt niemand herein! Sie ist so zerrupft, daß man sich ekelt. *(Das Mensch öffnet die Tür und wendet sich wieder zur Königin.)* Es ist Sir Haggerton, der Spitzel. Soll ich ihn rausschmeißen?[173]

ELISABETH Nein, bloß nicht ... Bestimmt hat er Nachrichten von Robert.

MENSCH Ich soll ihn reinlassen, damit er sieht, wie zerrupft Ihr seid, Königin?[174]

ELISABETH Verbind ihm die Augen.

MENSCH Verbinden? Dem Oberspitzel? Den trifft der Schlag![175]

ELISABETH Dann zieh ihm den Hut über die Augen.
MENSCH Tritt ein, Mylord. Einen Moment, ich muß Euch den Hut runterziehen. Befehl der Königin. Sie will nicht, daß man sie anschaut. ... Wieso krieg ich den Hut nicht runter? ... Der hat vielleicht einen Dickkopf. Das wäre gewiß eine Arbeit, den abzuhacken ... das würde dem Henker gefallen. So, unten ...[176]
ELISABETH Hilf ihm die Treppe runter, damit er nicht hinfällt. Ich will nicht, daß er kaputtgeht.
MENSCH Aber wir haben genug von der Sorte ... *(Das Mensch hilft Haggerton die Treppe hinunter.)*[177]
ELISABETH Guten Tag, Haggerton!
HAGGERTON Majestät ... ich hoffe, Ihr habt eine ... *(Das Mensch gibt ihm einen leichten Stoß, so daß er stolpert und dabei ein Wort verschluckt)* ... Nacht ...
ELISABETH Ich habe eine schreckliche Nacht hinter mir. Ihr solltet mir lieber erklären, was Sir Cecil vorhat. Will er mir einen Streich spielen? Warum hat er gestern nicht sofort die Lords zu Essex geschickt, wie ich befohlen hatte? *(Martha schaut durch das Fernrohr in den Zuschauerraum)*
MENSCH Nun antwortet schön, Mylord.[178]
HAGGERTON Sir Leslyl Keeper war unauffindbar, Hoheit, und wegen der Unmöglichkeit, ihn zu ersetzen, haben wir beschlossen, die Sache auf heute zu verschieben.
MENSCH Ei, was eine flotte Lippe![179]
ELISABETH So, so, nun gut. Darüber reden wir noch. Weitere Neuigkeiten, Haggerton? *(Zum Mensch)* Schieb das Pferd zurück.
HAGGERTON Ja, leider, Majestät, ich komme, weil ich zugeben muß, daß Ihr abermals recht hattet ... Euer Verdacht war begründet.
ELISABETH Wovon sprecht ihr, Haggerton?
HAGGERTON Dieser Theatermensch ... Wie hieß er doch gleich ... Ich habe es mir notiert. Verzeiht einen Augenblick. *(Er wendet sich ab, lüftet seinen Hut und schaut in seine Unterlagen.)*
ELISABETH Meint ihr Shakespeare?
HAGGERTON Ja, genau der. Ist Mitglied der Bande.
ELISABETH Welcher Bande?

HAGGERTON Die Verschwörer, Hoheit.
MENSCH Der Scheck-spier ein Verschwörer? Heiliger![180]
ELISABETH Seid Ihr sicher?
HAGGERTON Mehr als sicher, Hoheit ... Herr Shakespeare steht in einem gewissen Abhängigkeitsverhältnis zu Graf Southampton, der auch Miteigentümer des *Globe*-Theater und sein Impresario ist ...
ELISABETH Nun gut, aber was heißt das?
HAGGERTON Majestät! Graf Southampton ist einer der Anführer der Verschwörung!
MENSCH Was für eine Welt, in der Theaterleute Politik machen! Das hat's noch nie gegeben.[181]
ELISABETH Wie ist das möglich? Southampton ist mein Vetter, mein einziger Verwandter, treuer Freund, dem ich immer meine Zuneigung bewiesen habe. Er war stets so reizend zu mir ... Und jetzt stellt sich heraus, daß er sich mit diesen Schandbuben zusammengetan hat, die mich hereinlegen wollen ... Bestimmt hat er auch etwas mit den Briefen an Jakob von Schottland zu tun ...
MARTHA Elisabeth ... reg dich nicht auf ... du bist schon völlig blau angelaufen ...
ELISABETH Ich bringe sie allesamt um ... Ich ziehe ihnen entgegen ... Aufhängen lasse ich sie, und baumeln will ich sie lassen, bis sie verwesen. Alle Vögel von England sollen ihnen die Gedärme zerfressen! *(Sie hustet, als müßte sie sich übergeben.)*
MARTHA Da, ich wußte es ... Komm, komm her ... *(Sie gehen ab.)*
MENSCH Sie ist weg. Ich ziehe euch den Hut hoch.[182]
HAGGERTON Wie bedauerlich, daß ich sie in eine Krise gestürzt habe.
MENSCH Gut, daß Ihr nicht gesehen habt, wie sie gestiert hat ... zum Fürchten, genau wie ihre Schwester, Maria Tudor, die Blutige, als sie die Inquisition eingeführt hat. Es ist zwecklos ... Sie hat rote Haare genau wie ihr Vater, Heinrich der Rote, entsetzlich ... Eine Familie von Roten ...[183]
HAGGERTON Wovon redest du da?
MENSCH Der Freundlichste von diesen Roten soll seinen Vater von einem Kirchturm geworfen haben, sagt man.[184]

HAGGERTON Es tut mir auch leid um Southampton. Der Ärmste. Seine Tage sind gezählt ... Und auch die von Shakespeare.
MENSCH ZACK! Auch das Haupt des Dichters. Ab ins Körbchen. Wißt ihr eigentlich, Mylord, warum die Särge in England so viel kürzer sind als üblich?[185]
HAGGERTON Nein, warum?
MENSCH Weil die meisten den Kopf in der Hand tragen, wenn sie begraben werden.[186]
HAGGERTON Wie geistreich ... Still, sie kommen.
MENSCH Den Hut runter ... *(Er zieht ihm den Hut wieder über die Augen.)* Wie geht's, Königin?[187]
ELISABETH Schon besser, danke. Tut mir einen Gefallen, Haggerton. Sorgt dafür, daß eine friedliche Lösung gefunden wird. Ich habe keinen Spaß mehr an diesen aufgebauschten, inszenierten Verschwörungen. Ihr versteht mich schon! Jedesmal, wenn eine Machtgruppe die andere auszuschalten versucht, zieht Ihr mich mit hinein. Ich bin sicher: Mit etwas gutem Willen wird diese verkorkste Geschichte sich in Wohlgefallen auflösen und, wie man beim Theater am Schluß einer Komödie zu sagen pflegt: »Ende gut, alles gut, wenn die Geschichte in den Laken eines schönen, sauberen Doppelbettes endet.« *(Von außen hört man erregtes Schreien und heftige Schritte.)*
STIMME Alarm! Alarm! Da ist er! Hier entlang!
ELISABETH Was ist jetzt schon wieder?! *(Zu Martha)* Geh und schau nach.
MARTHA Ich komme! Was erlaubt Ihr euch?! *(Sie öffnet die Tür einen Spalt breit.)* Einen Augenblick. *(Zu Elisabeth)* Der Kommandant der Palastwache.
ELISABETH Wer? Bertrand Sliking?
MARTHA Ja, der. Er sagt, ein Mann wäre draußen hochgeklettert ... Soll ich ihn reinlassen?
ELISABETH Wen? Den Kletterer oder Bertrand?
BERTRAND *(steckt seinen Kopf durch die Tür)* Majestät! Bitte gehorsamst mit meiner Wache passieren zu dürfen.
ELISABETH Also nein! Das ist mein Schlafzimmer, nicht wahr, und nicht die Station, wo man die Pferde wechselt ... Wo ist der Mensch hochgeklettert?

BERTRAND *An den Glyzinien, Hoheit, vom Hof aus ... In das Fenster nebenan. Dürfen wir eintreten und nachschauen?*

ELISABETH Bei mir nachschauen? Ihr Schelm ... Unter dem Vorwand eines Meuchelmörders. Nicht nötig ... der Polizeichef ist bei mir ... Beeilt Euch, Haggerton ... durchsucht, aber bitte raus aus meinem Zimmer.

HAGGERTON *(tastet sich vor)* Mit Eurer Erlaubnis ... Ich eile. *(Er fällt beinahe ins Parkett.)*

MENSCH Halt, da ist ein Abgrund. Eure Zeit für die kurze Kiste ist noch nicht reif. *(Zur Königin)* Es stimmt wirklich: Wenn die Justiz blind ist, ist die Polizei mindestens kurzsichtig und schielt. Laßt lieber die Wache herein, Königin ... Ihr seid in Gefahr.[188]

MARTHA Er ... äh, sie hat recht. Gut, es geht um dein Leben, aber wenn hier wirklich ein Meuchelmörder herumschleicht ...

ELISABETH Aber nein, da ist niemand ... Ich wette, dieser Lärm ist nur ein Vorwand, den Alarmzustand auszurufen, um zu verhindern, daß mein Robert herkommt ... Darauf falle ich nicht herein.

MARTHA Ich fürchte eher, du willst verhindern, daß jemand seine Nase in dein Bettzeug steckt. Sei ehrlich. Hast du jemand im Bett?

ELISABETH Was geht dich das an? Oder hast du vor, in meinem Bett herumzuschnüffeln? Du Quälgeist. *(Sie stellt sich mit dem Rücken vor das Bett und ruft nach hinten)* Komm heraus, Liebling. Thomas, wach auf! Beeil dich! *(Ein halbnackter Jüngling taucht auf.)* Mein Gott, hast du einen Schlaf ... Bei dem Lärm seit einer Stunde ... Mein kleiner Liebling, ganz verschlafen. Beeil dich ... Mein Gott, wie mich das enerviert ...

MARTHA Oooh ... Ein Osterei!

MENSCH He! Solche Anspielungen erlaube ich nicht. Schandmaul! Du weißt gar nicht, was passiert ist. Ein entsetzliches Wunder. Heute früh, es war noch nacht, hört Elisabeth im Garten einen Stieglitz piepsen ... piep ... piep! Sie geht hinaus, und findet das Tierchen schon halb erfroren, piep ... piep, hebt es auf und legt es an ihre Brust, um es zu wärmen, wie eine gute Samariterin. Später nimmt sie es mit hinein, legt es unter ihre Bettdecke und haucht es an: Hch, hch, piep piep. Sofort verwandelt es sich in einen hübschen Jüngling. Elisabeth sinkt auf die Knie und ruft. »Heilige Rosalie, du Schönste aller Heiligen ... Was soll ich machen mit diesem Jüngling?« Die Heilige antwortet: »Piep piep. Behalt ihn ruhig mit seinem Piepvögelchen!« So war es![189]

ELISABETH *(Zu dem Jungen)* Da, wickel' dich in die Bettdecke ... *(Zu Martha)* Komm, hilf mir ... wo verstekken wir ihn?

MARTHA Laß ihn aus dem Fenster klettern.

MENSCH Sehr schön! Dann halten sie ihn für den Mörder ... Piep piep ... und machen wieder einen Stieglitz aus ihm.[190]

ELISABETH *(zu dem Jungen)* Hör auf, dich anzuziehen, Thomas, es eilt.

JUNGE Ich kann unmöglich so in dieser Bettdecke gehen.

ELISABETH Du hast recht. Dafür hat sie zuviel gekostet.

MARTHA Wieso verkleidest du ihn nicht einfach?

ELISABETH Mach keine Witze ...

MENSCH Ich finde es keine schlechte Idee, ihn zu verkleiden.[191]

ELISABETH Ja, doch, das ist eine Idee. Gib mir die Haube da und das Hauskleid. Wir behaupten einfach, du wärst eine meiner Kammerzofen. Das Ärschlein dafür hast du ja.

DER JUNGE Das ist Euer nicht würdig, Majestät, mich so zu verspotten. Mich in Weibersachen zu stecken.

ELISABETH Zier dich nicht, Thomas.

DER JUNGE Lieber stürze ich mich aus dem Fenster, so wie ich bin.

ELISABETH Damit überall erzählt wird, die Königin benutzt Jünglinge, preßt sie aus wie eine Zitrone und wirft sie dann nackt aus dem Fenster ... ohne sie wieder anzukleiden ... Geh dort hinter die Wand und zieh das an ... auch die Haube. Das ist ein Befehl. *(Der Junge tut wie befohlen, wenn auch widerstrebend.)*

MARTHA *(deutet auf den Jüngling)* Sehr vernünftig, mit

einem Jüngling im Arm zu schlafen. Wie schon Epikur sagt: Es ist gut für die Haut.

ELISABETH Dummschwätzerin, sei still. Ich wollte nur ausprobieren, ob ich mich noch umarmen lassen kann ... ohne vor Schmerzen zu schreien.

MENSCH Ja, das ist der junge Mann vom Prüfdienst. Der Busenfühler.[192]

ELISABETH So ist es. Ich muß doch vorbereitet sein, wenn mein Essex kommt. Aber leider war der Junge ein Reinfall. Er hat mich gestreichelt ... Ich ein einziger Seufzer ... Angstschreie ... Schmerzgestöhn ... Und er ... dachte, ich würde aus Lust seufzen, dieser Kindskopf und hat mir noch in die Brust gebissen, so daß ich ihm einen Tritt auf die Nase versetzt habe, daß er fast ohnmächtig wurde.

MENSCH Schaut einmal, da unten im Garten ... im Labyrinth da ... die Wachen ... und einer, der flüchtet.[193]

MARTHA Im Labyrinth?

ELISABETH Ja, sie hat recht ... da zwischen den Heckengängen ... Sie machen Jagd auf einen.

MENSCH Das wird der Schurke sein, der in dein Zimmer klettern wollte.[194]

ELISABETH Lauf hin, und sag ihnen, sie sollen ihn lebend fangen ... *(Martha läuft hinaus.)* Da sieh nur, die würden nicht einmal ein Wildschwein kriegen ... Sie laufen dort hinüber ... komm, wir schauen zum anderen Fenster hinaus ... *(Sie geht zur Tür vorne links).*

MENSCH Ja, gehen wir. *(Sie folgt der Königin.)* Gott, wie aufregend. Alle Augenblicke ein Szenenwechsel. Ich komme mir vor wie im Theater ...[195] *(Mensch und Königin ab. Von hinten tritt der Jüngling auf. Er trägt eine weiße Nachthaube und einen Unterrock über einem Reifrock, sein Oberkörper ist nackt.)*

JUNGE Verzeiht mir, Hoheit, aber ich kann wirklich nicht ... *(Hinter dem Gobelin tritt der Meuchelmörder hervor. Er ist ähnlich wie ein puritanischer Geistlicher gekleidet, also schwarz mit einem weißen Bäffchen.)*

MÖRDER Du Dummkopf, Hurensohn! Was machst du für einen Blödsinn?!

JUNGE Wer seid Ihr? Ach Ihr seid's, Herr Pfarrer. Gebt

acht, die Königin kann nicht weit sein ... und die Wachen schleichen herum.

MÖRDER Ja, und deshalb mußt du so einen Umstand machen, wegen einem Kleid und einer Weiberhaube?

JUNGE Aber es ist entwürdigend.

MÖRDER Rotzjunge! Was ist deine Aufgabe? Deine Würde zu bewahren oder unserer Sache den Erfolg zu bringen.

JUNGE Und wenn man mich zwingt, das Gesicht zu verlieren, und dich verhöhnt? ...

MÖRDER Nein, aber im ranzigen Schweiße eines fettverklebten Betts zu leben, in Entartung schmorend honigsüß zu schmusen und sich zu paaren über dem garstigen Saustall ...

JUNGE Habt Ihr nicht selber befohlen, daß ich mich in dieses Bett schleppen lasse?

MÖRDER Ja, aber ohne zu übertreiben und Spaß daran zu finden ... Du darfst nicht vergessen, Thomas: Sie hat Maria ermordet!

(Von draußen hört man wieder Rufe und Schüsse.)

JUNGE *(mit einer Kopfbewegung zum Fenster)* Was ist das für ein Hampel, hinter dem sie herrennen?

MÖRDER Hampel? Der hat mehr Mut als du. Das ist der Lockvogel, der die Wachen ablenken soll, damit ich ungestört hier heraufkommen konnte. Jetzt bist du dran. Du mußt solange wie möglich in diesem Zimmer bleiben, um mich zu decken. Sobald ich die Königin erledigt habe, schlägst du Alarm und behauptest, ich wäre aufs Dach geflüchtet. Während die Wache nach oben läuft, verschwinde ich nach unten.

JUNGE Und wenn es schiefgeht? Ich fürchte, der Raum hier wird bald voller Leute sein ... Essex soll kommen.

MÖRDER Essex kommt nicht ... der greift höchstens an.

JUNGE Aber der Parlamentspräsident ist persönlich zu ihm und soll ihn holen.

MÖRDER Hör zu, Thomas: Wenn Essex kommt, dann in Waffen und mit seiner gesamten Bande ... und hinter ihm steht die ganze Stadt. Cecil werden sie umbringen, Sir Bacon und die Hälfte der Lords ... aber die Königin

werden sie verschonen. Das können wir nicht zulassen. Also los, du tust, was sie dir sagt. Kein Widerspruch. Und wenn du auf allen vieren kriechen mußt, mit einer brennenden Kerze im Hintern.
JUNGE Nein, nein, nicht angezündet!
MÖRDER Schluß jetzt! Ich verkrieche mich in das Pferd.
JUNGE Seid Ihr verrückt geworden? In dem Pferd?
MÖRDER Komm, hilf mir. Da ist eine Klappe.
JUNGE So was! Das Hinterteil kann man aufmachen.
MÖRDER Ja, das Pferd stammt schon von Elisabeths Vater Heinrich. Da drin versteckte er seine Mätressen. Auch meine Mutter. Die Öffnung kennt niemand, selbst Elisabeth nicht. Sobald sie allein ist, gibst du mir ein Signal mit dieser Flöte hier ... Nein, ich hab keine Lust in den Gaul zu kriechen. Lieber hier in den Kamin ... Aber paß auf, daß keiner Feuer anmacht ... *(Er kriecht in den Kamin.)*
JUNGE Wer macht denn Feuer jetzt im Frühling ... *(Königin und das Mensch treten auf: kurz nach ihnen auch Martha.)*
MENSCH Ich möchte wissen, wie der sich umgebracht hat.[196]
ELISABETH Keine Ahnung. Ich habe nur einen Schuß gehört. *(Martha kommt herein.)* Ah, Martha ... Wer hat ihn erschossen.
MARTHA Er sich selber ... Er hat sich eine Kugel verpaßt.
ELISABETH Die war für mich bestimmt. Jetzt wissen wir nicht, wer ihn geschickt hat. Aber ich schwöre euch: Falls irgend jemand, einschließlich Haggerton, andeuten sollte, daß Essex ihn auf mich angesetzt hätte ... den erschieße ich eigenhändig ... *(Sie zieht ihre Pistole heraus und lädt sie. Dann wendet sie sich zu dem Jungen, der verlegen dasteht.)* Und du? Worauf wartest du noch? Ich muß gleich die Wache hereinlassen ... dieser Hund hatte bestimmt einen Komplizen ... Sollen sie dich etwa in diesem Aufzug sehen? Willst du mich kompromittieren?
JUNGE Schon gut, Majestät ... ich ziehe das Kleid an.
ELISABETH So ist's brav, Thomas ... Nein, warte. Zieh das

Gewand an ... *(Sie deutet auf das Kleid, das auf der Puppe hängt.)*

JUNGE Aber das ist ihr Gewand, Majestät.

ELISABETH Hilf ihm, Martha, ich will sehen, wie es aussieht. Ich habe es noch nie angehabt.

JUNGE Wäre es nicht besser, Eure Gouvernante zieht es an?

ELISABETH Nein, es ist nicht ihre Größe. Außerdem sollst du einmal am eigenen Leib spüren, was es bedeutet, die Rolle der Königin zu bekleiden. Ihr geckenhaften Jungen seid mir zu großmäulig in euren affigen Stutzerjäckchen. Komm her zu mir! Runter die Haube ... Gib ihm die Ausgehperücke.

MARTHA Jetzt übertreibst du aber ...

ELISABETH Schweig, Spielverderberin!

MENSCH Eu, wie geschmackvoll. Jeu, wie hübsch! Wie im Theater.[197]

ELISABETH Wenn ihr säbelrasselnden Kerle gezwungen wärt, in der Schlacht solche Kleider zu tragen, anstatt eurer Rüstung ... gäbe es keine Kriege mehr ... das sage ich dir. Wie fühlst du dich?

JUNGE Wie in einem Käfig. Völlig eingezwängt. Wie ich mich schäme! Bitte, ihr dürft es niemand weitererzählen.

MENSCH Hier, steig auf die Gassenstelzel.[198]

ELISABETH Ja, zieh dir die Fußsockel an ... Los, erheb dich! Versuch zu laufen. Ja, sehr gut ... Schön schreiten. Nicht so schaukeln. Du gehst wie eine paralytische Ente ... Gott, bist du ungeschickt!

JUNGE Aber es ist schwierig, auf diesen Stelzen zu laufen.

ELISABETH Schön den Kopf hochhalten ... das Kreuz durchdrücken ... in den Hüften schwingen ... ja, so ... du bist großartig. Nicht wahr, Martha?

MENSCH Sehr appetitlich![199]

(Aus dem Kamin quellen dicke Rauchwolken.)

MARTHA Wo kommt der Rauch her?

MENSCH Himmel! Der Leuchter ist in den Kamin gefallen.[200] *(Sie hebt den Leuchter auf. Elisabeth nimmt einen Krug Wasser und schüttet ihn in den Kamin.)*

ELISABETH Macht endlich das Feuer aus.
MENSCH Nicht doch mit Wasser. Das qualmt noch schlimmer. Da röchelt jemand, hört ihr's?: Ah, ah, ah!²⁰¹
ELISABETH Ich höre nichts.
MENSCH Ah, ah, ah. Da im Kamin schreit einer.²⁰²
ELISABETH Red keinen Unsinn, das ist der Wind.
JUNGE Ja, der Wind.
MENSCH Wird in England sogar der Wind gefoltert?²⁰³
ELISABETH Schweig still! *(Zum Jungen)* Entzückend. Hast du noch nie eine Mädchenrolle gespielt? Du weißt, daß ich eine Truppe von Knaben finanziere ...
JUNGE Ich weiß, Hoheit, die »Queen's boys«.
ELISABETH Sie sind alle nicht so überzeugend als Mädchen wie du.
JUNGE Majestät behandelt mich wie ein Spielzeug.
ELISABETH Im Gegenteil ... Ich überlege gerade, den »Hamlet« bei Hofe aufzuführen ... Und damit man den Hintersinn besser versteht, lasse ich dich die Ophelia spielen ... *(Zum Mensch)* und du wirst die Königin. *(Der Mörder kommt unbemerkt, unterdrückt hustend aus dem Kamin und versteckt sich hinter Elisabeths Bett. Aus der Ferne hört man Donnerschläge.)*
MARTHA Was ist nun schon wieder?
ELISABETH Das sind Feldschlangen oder Kanonenschläge ... Das Fernrohr, schnell. Mein Gott, es kommt vom Devereux-Palast! Da, da, aus dem Hof steigen Rauchwolken auf. Wo ist Haggerton? Wo hat er sich verkrochen? *(Zu Martha)* Komm, wir gehen ihn suchen.
(Beide ab. Der Junge nimmt das Fernrohr und schaut hindurch.)
JUNGE Unglaublich ... Es ist alles ganz groß. Oohhh! *(Das Mensch sieht die Flöte liegen.)*
MENSCH Sieh einmal an, eine Flöte ... *(Sie spielt auf der Flöte.)*²⁰⁴
JUNGE *(läßt erschrocken das Fernrohr sinken und läuft zum Mensch)* Was tust du da?! Um Himmelswillen! Das ist das Signal! *(Das Mensch läßt die Flöte sinken; die Musik spielt jedoch noch einige Noten weiter.)*

JUNGE *(versucht ihr die Flöte zu entreißen)* Gib das sofort her!
MENSCH Erst krieg ich ein Küßchen.[205]
JUNGE Nein! *(er entreißt ihr die Flöte.)*
MENSCH Ein Küßchen ...[206]
JUNGE Nein. Hau ab, du Megäre!
MENSCH Megäre? Zu mir? Du nennst mich Megäre? Der Blitz soll dich treffen, daß du so klein wirst ... so kurz ... ZACK! Ein Minizwerg.
(Mensch ab)[207]
JUNGE *(wendet sich suchend um)* Herr Pfarrer, wo steckt Ihr? Nicht da. Hoffentlich ist er nicht erstickt ... *(Er geht zum Fenster und schaut wieder durch das Fernrohr ins Parkett.)* Da schau nur ... die reinste Hexerei!
(Der Pfarrer kommt hinter dem Bett der Königin hervor, nähert sich dem Jungen von hinten und ersticht ihn.)
MÖRDER Hab ich dich endlich erwischt, du Hündin! Krepier und fahr zur Hölle! *(Der Junge sinkt mit einem leisen Seufzer zu Boden. Der Mörder blickt sich suchend um.)* Thomas, wo bist du? Wo mag er sich nur versteckt haben, dieser Hasenfuß ... Thomas!
JUNGE *(mit leiser Stimme)* Ich bin hier ...
MÖRDER Du? Christus! Was machst du in dem Kleid der Königin?
JUNGE Du ... hast ... es mir doch selber befohlen ... tu, was sie sagt ... Frauenkleider ...
MÖRDER Was ein Drama!
JUNGE Und dann stichst du mich ab! Wer von uns ist jetzt das größere Arschloch?
MENSCH *(kommt wieder herein, sieht den Jungen am Boden liegen und erschrickt vor dem Mörder)* Hilfe! Ein Mann!! Ein Pfarrer, verkleidet als Mörder! Mörder!![208]
ELISABETH *(von außen)* Was ist los, Mensch ... Wieso schreist du?!
MENSCH Bleib, wo du bist, Königin. Verrammelt die Türen. Hier ist ein Mörder der Euch sucht![209]
MÖRDER Du dummes Huhn! Schweig, oder ich mach dich alle! *(Er richtet eine Pistole auf das Mensch. Die holt aus dem Korb zwei Döschen und richtet sie auf den Mörder, als wären es Pistolen)*

MENSCH Bleib mir vom Leib, du Satan! Oder ich erschieß dich mit Wespenstacheln! Du hast es nicht anders gewollt, du Kanaille![210]
MÖRDER *(versucht sich gegen die imaginären Wespen zu wehren)* Aaah! Was ist das?! Verfluchte Alte! *(Er flieht und schlägt um sich. Die Wespen verfolgen ihn.)*
MENSCH Die Wespen![211]
ELISABETH *(von außen)* Mach auf, Mensch, ich befehle es!
MENSCH Kommt nicht rein, Königin! Die Wespen sind los! Gebt acht! Legt euch Tücher übers Gesicht![212]
(Elisabeth und Martha kommen mit Tüchern überm Kopf durch die untere linke Tür herein. Elisabeth hat eine Waffe in der Hand.)
ELISABETH Wo versteckt er sich, dieser Hurensohn?!
(Die Wachen laufen hinter Elisabeths Bett und gehen wieder ab.)
MENSCH Eben war er noch da. Ich glaube, er ist in den Schornstein gekrochen ...[213]
ELISABETH Du sagst, es war ein verkleideter Priester?
MENSCH Nein, das war ein echter Pope. Einer von diesen Religionsfanatikern, die mit der einen Hand das Kreuz hinhalten zum Küssen, mit einer Hand am Strick ziehen, an dem sie dich aufhängen, mit einer Hand das Reisig unter deinen Füßen anzünden, und mit einer Hand segnen sie dich ... Wie viele Hände diese Priester haben.[214]
ELISABETH Tu endlich etwas gegen diese Viecher. Mach das Fenster auf.
MENSCH Nein, wartet, ich hab hier die Wespenkönigin ... Sowie die anderen Wespen sie hören ... fliegen sie alle zurück ins Körbchen ... Verdammt! Jetzt ist die Königin auch noch weg. Wo fliegt sie hin? Da, schau nur ... Sie fliegt dem Pferd direkt ins Nasenloch ... und die anderen alle hinterher ... *(Sie deutet mit Armbewegungen an, wie die Wespen in der Nase verschwinden.)* Ihr könnt euch abdecken. Entwarnung.[215]
ELISABETH *(Nimmt sich das Tuch vom Kopf und sieht den Jüngling am Boden liegen)* Oh, mein Gott!
JUNGE ... Er hat mich verwechselt ...

ELISABETH Ja, ja, ich hab dich verstanden ... Du Guter ... hast mir das Leben gerettet.

JUNGE Ich hab's nicht mit Absicht ... getan. Tut mir leid!

ELISABETH Was tut dir leid?

JUNGE Das Messer ... war für Euch.

ELISABETH Ich weiß, ich weiß ... Rasch, Martha, einen Arzt. Soviel Blut ...

JUNGE Dabei hat der ... mich nicht einmal ... angeschaut ... dieser Scheiß-Pope ... Einen Messerstich und ab ... Zieh das Kleid an, sagt er ... steck dir eine Kerze in den Hintern ...

MARTHA *(beugt sich über ihn)* Er phantasiert, der Arme ... Es sieht schlecht aus ...

JUNGE Dann reißt er den Arsch auf ... von dem Pferd ... da verstecke ich mich, sagt er ... Dann: Nein, im Kamin. Sagt: Spiel auf der Flöte, aber ich habe nicht gespielt ... und er trotzdem ZACK!

MENSCH Was er nur redet ... er ist wirklich von Sinnen, der Ärmste.[216]

JUNGE Und rein in den Bauch ... als wär's das trojanische Pferd ... Jetzt fressen ihn die Wespen bei lebendigem Leibe. Ha, Ha!

ELISABETH Nicht lachen, Liebster, das tut dir weh ... Ganz ruhig ... Streng dich nicht an ... *(Zu Martha)* Hast du den Arzt gerufen? *(Martha gibt Zeichen, daß sie es getan habe.)* Du wirst sehen, es wird alles wieder gut ... *(Der Junge stirbt.)*

MENSCH Es wird nicht wieder gut. Tot ist er, aber zufrieden ... er lächelt.[217]

ELISABETH Mein Gott! Und ich bin dran schuld!

MARTHA Hör auf damit! Du mußt nicht die Schuld immer bei dir suchen. Es war ein Zufall! Ein Unfall.

(Elisabeth ab, gefolgt von Martha)

MENSCH Ja, ein zufälliger Unfall ... ein Unzufall. Jetzt schau einmal, was für ein Glück die hohen Herrschaften haben ... Erst nehmen sie sich einen Jüngling ins Bett, um sich aufzuwärmen, und dann läßt dieser Tölpel sich auch noch abstechen, als Trinkgeld gewissermaßen. Aber wenn unsereins so ein Jüngelchen um einen Kuß bittet, heißt es gleich: Megäre!²¹⁸ *(Haggerton mit zwei Wachen. Kurz drauf die beiden Frauen)*

HAGGERTON Das arme Ding. Es war eine eurer Zofen, nicht wahr?

ELISABETH Gewiß, eine männliche Zofe ... Ich hab ihn verkleidet, um ein bißchen mit ihm zu spielen.

MARTHA Red keinen Unsinn, Elisabeth! *(Zu Haggerton)* Ihr müßt sie entschuldigen; der Schock! *(Leise, zu Elisabeth)* Nimm wenigstens Rücksicht auf die Wache. *(Sie deutet auf den Leichnam)* Bringt ihn hinaus.

HAGGERTON Sofort. Hebt ihn auf und tragt ihn fort. *(Die Wachen tun wie befohlen. Haggerton und Wachen ab)*

ELISABETH Ja, weg damit! Weg mit dem Abfall! Der bringt nichts mehr.

(Das Holzpferd bewegt sich aufgeregt hin und her. Aus dem Inneren kommt ein unterdrücktes Stöhnen.)

MENSCH Schaut nur, das Pferd hat den Tatterich!²¹⁹

MARTHA Wahrhaftig ... es hört sich an, als ob es wiehert!

MENSCH Als ob es übergeschnappt wäre. Bestimmt wegen der vielen Bienen, die drinnen sitzen!²²⁰

Elisabeth (schreit) Schluß jetzt! Ihr macht mich noch wahnsinnig! Ich kriege wieder Alpträume! Wer hat sich diesen Hokuspokus ausgedacht?! Warst du das, Mensch, um mich in den Wahnsinn zu treiben? ... Du steckst mit ihnen unter einer Decke! ... Wer hat dich geschickt?! Sprich, oder ich lasse dich am Fleischerhaken aufhängen!

MENSCH Beim Henker, beruhigt Euch, Herrlichkeit!²²¹

ELISABETH Wache! Haggerton! Packt sie! *(Haggerton und die zwei Wachen stürmen herein und nehmen das Mensch fest.)*

MENSCH Seht hier! Was für eine schöne Aufgabe ich übernehmen darf, um ihrer Hoheit zu gefallen!²²²

MARTHA Elisabeth, es langt! Bist du von Sinnen? Diese Frau hat dir soeben das Leben gerettet, und du behandelst sie so?

ELISABETH Du hast recht ... verzeiht mir ... Es war einfach zuviel für mich. Ich habe die Nerven verloren.

MENSCH Ich versteh' schon, das ist normal, wenn eine

Königin sich erschrickt ... Um sich wieder abzuregen, braucht sie nur eine Dienerin bei den Füßen aufzuhängen, und gleich geht's ihr wieder besser.[223]

MARTHA Das Pferd hat sich auch wieder beruhigt, es zittert nicht mehr.

MENSCH Dafür hat mich das große Zittern gepackt ... Ich hab gepißt ... mit Verlaub ...[224] *(Sie läuft hastig hinaus. Martha folgt ihr.)*

ELISABETH *(wieder völlig ruhig)* Sagt einmal, Haggerton, wie kommt es eigentlich, daß ich noch nichts von den Parlamentären gesehen habe, die zum Devereux-Palast gehen sollten? Wollt Ihr mir sagen, was da vorgeht?

HAGGERTON Es ist ein Verhängnis, Hoheit ... Graf Essex und die Seinen haben sich leider nicht an die Vereinbarung gehalten. Sie haben die Lords überfallen und eingesperrt, kaum daß sie in seinem Palast waren ...

ELISABETH Ist Essex übergeschnappt? ... Ich schicke ihm meine Lords, damit sie sich mit ihm einigen und ihn hierher geleiten, und er nimmt sie einfach gefangen?

HAGGERTON So ist es, leider.

ELISABETH Wann ist das passiert?

HAGGERTON Gestern, am späten Abend.

ELISABETH Gestern abend? Moment mal ... Vor einigen Stunden habt Ihr noch behauptet, es hätte eine Verzögerung gegeben. Das Treffen hätte noch nicht stattgefunden.

HAGGERTON Um Euch nicht unnötig aufzuregen, Hoheit. Ich hoffte, wir könnten die Sache in aller Stille bereinigen.

ELISABETH Wie rührend! Ihr seid wirklich besorgt um mich, Haggerton! Hat es Tote gegeben bei dem Gefecht?

HAGGERTON Die gesamte Eskorte niedergemetzelt.

ELISABETH Allesamt? ... und die Lords?

HAGGERTON Am Leben.

ELISABETH Sicher?

ELISABETH Die Briefe sind jedenfalls von allen vieren unterzeichnet worden.

ELISABETH Welche Briefe?

(Das Mensch tritt wieder auf.)

HAGGERTON Die sie geschrieben haben! Sie fordern die Freilassung von vierundzwanzig Gefangenen im Austausch gegen ihre eigene Befreiung.

ELISABETH Wo kommen diese vierundzwanzig Gefangenen jetzt wieder her? Mir war nicht bekannt, daß wir jemand verhaftet haben.

HAGGERTON Das sind die, Hoheit, die wir gestern nachmittag bei dem Gefecht gefaßt haben.

ELISABETH Was für ein Gefecht? Ich fürchte, ich werde närrisch. Einen Augenblick, laßt mich nachdenken ... Also. Gestern nachmittag befahl ich Euch, zwei Lords zu Essex zu schicken. Statt dessen brecht Ihr den Waffenstillstand und nehmt vierundzwanzig Rebellen gefangen. Korrigiert mich, falls ich irre.

HAGGERTON Nein, richtig, das Gefecht war nicht vorgesehen ...

ELISABETH Ja, ja ... Ihr verschiebt also die Entsendung der Parlamentäre nicht auf heute, wie Ihr mir vorhin erzählt habt, sondern nur um einige Stunden, noch auf den gestrigen Abend. Sobald die Lords den Devereux-Palast betreten, greift Essex, der über den Bruch des Waffenstillstands zu Recht empört ist, die Eskorte an, macht sie einen Kopf kürzer, nimmt die Lords gefangen und fordert die Freilassung seiner Genossen als Vorbedingung für weitere Verhandlungen ...

HAGGERTON Ja, ja, so ist es.

ELISABETH Einen Moment noch. Irre ich mich, oder sagtet Ihr, vier Lords? Wieso haben sie sich verdoppelt? Ich hatte nur zwei befohlen.

HAGGERTON Sir Cecil hatte den guten Einfall, der Delegation größeres Gewicht zu verleihen und zusätzlich den Präsidenten des Oberhauses und den Lordsiegelbewahrer mitzuschicken.

ELISABETH Ah, gut ... Ihr beschließt und widerruft und mich stellt ihr hin als Blöde mit Halluzinationen ... Alle sind einverstanden, sogar meine Gouvernante. *(Sie schreit nach draußen.)* Martha! Und du auch, Mensch! Waren das meine Alpträume gestern nacht ... das Geschrei und Geschieße! Raus mit der Sprache!

MENSCH Schon wieder die Füße am Kleiderhaken ... Jetzt

müßt ihr mir helfen, Sir Haggerton, ich sitze in der Falle.²²⁵

HAGGERTON Majestät, ich selber hatte angeordnet, über das Gefecht zu schweigen ... um Euch nicht aufzuregen. Mit einem derartigen Vergeltungsschlag hatte niemand gerechnet.

MENSCH Soll ich die Wachen rufen?²²⁶

ELISABETH Ihr hattet damit nicht gerechnet! Auch Bacon und Sir Cecil nicht? Wollen die mich für dumm verkaufen? Sie haben doch diese Falle konstruiert! Erst organisiert Ihr ein Gefecht, laßt 24 Verschwörer gefangennehmen und dann ... Jetzt verstehe ich auch, warum ausgerechnet diese zwei Nörgler und Besserwisser, der Präsident des Oberhauses und der erste Siegelbewahrer mitgeschickt wurden ... Ha, ha! *(Das Mensch holt ein Bandmaß und nimmt Maß für Haggertons Sarg.)* Ausgerechnet zwei fanatische Puritaner ... Die beste Gelegenheit, sich die zwei vom Leibe zu schaffen.

MENSCH Was für ein Schlaumeier!²²⁷

HAGGERTON Du hältst dich da raus! Schweig still!

ELISABETH Wieso still? Ihr beschwört doch sonst immer so demagogisch die Stimme des Volkes. Aber wenn das Volk einmal spricht: Schweig still! Nein, sie soll reden.

MENSCH Jawohl. Ich rede, ich nehme Maß und begrabe.²²⁸

ELISABETH Gewisse Bemerkungen sind euch unangenehm, das ist logisch! Ihr wollt keine Unruhestifter ... Wollt eigenmächtig intrigieren und entscheiden. Wieso nehmt ihr nicht meine Krone und setzt sie euch auf den Kopf? Und versetzt mir einen hübschen Tritt in den Hintern?

MARTHA Verzeih, Elisabeth, aber ...

ELISABETH Sei still, du Speichelleckerin, du Intrigantin ...

MARTHA Nein, so kannst du mich nicht behandeln ... Ich bin weder einer deiner Minister noch deine Dienerin ... verstanden? *(Das Mensch nimmt Maß für Marthas Sarg.)* Erinnere dich bitte daran, falls du's vergessen haben solltest, daß ich die einzige war ... die Blöde, die dir da unten Gesellschaft geleistet hat, trotz der Ratten und Fledermäuse, die praktisch zum Haus gehörten, als deine böse Schwester dich in den Turm geworfen hatte, während deine Hofdämchen und deine Stiefellecker dich fallengelassen haben, schlimmer als wenn du die Krätze hättest ...

ELISABETH Ja, entschuldige, aber ...

MARTHA Keine Entschuldigung! Die kannst du dir sonstwohin stecken!

MENSCH Einen Ton hat die drauf, diese Dame ...[229]

MARTHA Hör mir einmal zu ... Und da ich jetzt mit dir Tacheles reden muß, schick bitte deinen Polizeiminister einen Augenblick hinaus.

ELISABETH *(bedeutet Haggerton, hinauszugehen)* Bitte, Haggerton, ich lasse euch wieder hereinrufen ...

MENSCH Ja, wir rufen euch wieder.[230]

HAGGERTON Natürlich, Hoheit ... Mit eurer Erlaubnis!

MARTHA Also erstens: Der Zustand, in dem du dich befindest, deine Verliebtheit, dein Drang, schön zu sein, die Aufregung wegen dem Treffen mit Essex ... Kurz: Du bist nicht bei Sinnen, total fertig ... gehörst eingesperrt in einen Hühnerstall.

MENSCH Martha, Martha, ich glaube, es wäre ungefährlicher, wenn du einem Löwen die Sackhaare ausrupfen würdest ...[231]

MARTHA Hör endlich auf und verschwinde!

ELISABETH Nein, das Mensch bleibt hier. Nun gut, ich bin reif zum Wegwerfen. Aber du hast mich doch selbst überredet, diesen Wahnsinn mit der Schönheitskur über mich ergehen zu lassen; die Wespenbrüste, die schleimigen Würmer, sogar in den Ohren.

MARTHA Weil du mir leid getan hast ... Du warst so ein heulendes Elend, zum Putzlumpen heruntergekommen. Ich habe mich in dich hineinversetzt und gesagt: »Wenn ich sie wäre, würde ich es machen.« Aber das ist ja Blödsinn. Ich bin nicht die Königin.

ELISABETH Gewiß doch, ich bin kein menschliches Wesen ... Wehe, wenn ich mir Gefühle erlaube oder gar Leidenschaften!

MARTHA Hör zu, du rührst mich nicht. Wer zwingt dich denn dazu? Wenn du wie eine normale Frau leben möchtest, schmeiß die Brocken hin! Dank ab! Ich weiß noch letztes Jahr ... wenn du dich da gesehen hättest ... Da warst du anders ...

ELISABETH Sag's nur: Ich hätte mir selber ins Gesicht gespuckt ...

MENSCH Oh ja, Euer Liebhaber kann ganz beruhigt sein, so verrückt, wie Ihr nach ihm seid. Er kann getrost in seiner Kutsche herumfahren, da ihr jede Schandtat deckt, die er begeht. Ihr erlaubt mir eine kleine Übertreibung?[232]

ELISABETH Wir hören

MENSCH Ohne mich mit den Füßen an einen Fleischerhaken zu hängen? *(Elisabeth macht eine zustimmende Geste.)* Dann will ich Euch etwas sagen: Euer Mylord ist derart eitel, daß er glaubt, er könne sich jede Laune erlauben, sogar die, sich auf euren Kopf zu setzen ... Aber vorsichtshalber mit einem Kissen darunter, um sich nicht die Zacken eurer Krone in den Hintern zu pieken! *(Zu Martha)* Stimmt's?[223]

MARTHA Ja.

MENSCH Absolut?[224]

MARTHA Ja

MENSCH Gekauft![235]

ELISABETH Ich geb's zu, er nutzt seinen Vorteil. Aber ich dreh ihm den Hals um, falls er übertreibt, wann und wie ich es will.

MARTHA Hörst du? Falls ... er übertreibt!

MENSCH Oh, die Liebe, die sogar Gott Vater besoffen macht, so daß der Dreiangel auf seiner Stirn zu kreisen beginnt! Er hat also noch nicht übertrieben, deiner Ansicht nach? Himmel! Er organisiert einen Aufstand, macht Anstalten, Euch seine Referenz zu erweisen, und nimmt statt dessen Eure Minister gefangen, erschlägt die Eskorte ...[236]

MARTHA Und obendrein nennt er dich eine alte Schachtel!

MENSCH Zu mir kann ein Kerl sagen, was er will ... ich wäre eine dumme Gans ... eine Nutte ... das kann ich verstehen ... vielleicht sogar genießen. »Du Nutte!« –

»Ich vergebe dir!« ... Aber wenn einer behauptet, ich wäre alt ... Kopf ab!²³⁷

ELISABETH Ja, das hätte er nicht sagen dürfen ... das war ungezogen ...

MARTHA Elisabeth, hör endlich auf! Du mußt dich freimachen von diesen Unsitten. Hör auf zu schmachten und zu giften! Dieses kindische Verhalten!

ELISABETH Wieso? Habe ich nicht das Recht, unvernünftig und unbeherrscht zu sein oder Schwächen zu zeigen? Mich mit Plattheiten abzugeben, und sei es, daß ich mir Federn in den Hintern stecke oder Liebesqualen leide? Habe ich kein Recht, zu schmachten und zu seufzen wie alle Frauen dieser Welt?

MARTHA Du nicht. Ich sag's dir nochmals: Du bist eine Königin. Wie das lateinische Sprichwort sagt: »Was der König darf, darf die Königin noch lange nicht!«

ELISABETH Ich habe verstanden. Vielen Dank für den Rüffel. Laßt Haggerton hereinkommen. Schluß mit den Illusionen. Was für ein Leben. Ich lasse mich massakrieren, entfleischen, von ekligen Würmern auslutschen, aufschwellen ... und wofür? Für eine Liebesnacht? Nein. Für einen Hochverratsprozeß, in dem das Todesurteil bereits feststeht!

MENSCH Das ist der Grund, weshalb ich nicht Königin werden wollte.²³⁸

(Martha führt Haggerton herein.)

ELISABETH Nun, Haggerton? Vergebt mir, daß Ihr vorhin an einer Szene teilnehmen mußtet, die, höflich gesagt, unköniglich war.

HAGGERTON Ich bitte Euch, Majestät!

ELISABETH Laßt mich ausreden. Es wird nicht wieder vorkommen. Zuvorderst übermittelt Lord Cecil und Bacon mein Kompliment ... Gut gemacht! Glänzende Idee, die vier Lords zu entsenden und sie einsperren zu lassen ... hervorragend war vor allem die Provokation, vierundzwanzig Verschwörer zu fangen ... und Essex und die Seinen auf diese Weise zu einem Vergeltungsschlag zu zwingen. Die Tölpel sind drauf reingefallen. Wirklich eine gute Idee! Ich wünschte, sie stammte von mir.

HAGGERTON Ich werde es vortragen, Hoheit. Sie werden gewiß erfreut sein.

ELISABETH Jetzt schauen wir einmal: Robert von Essex hat die Gefangenen Briefe schreiben lassen, wie Ihr mir sagtet.

HAGGERTON Ja, ich habe die Kopien bei mir. Diese Galgenvögel haben sie während der Andacht in einem Dutzend Kirchen vorlesen lassen ... sogar in der Sankt-Jakobs-Kathedrale. Wenn Ihr hineinschauen wollt ...

ELISABETH Nein, nein ... ich kann mir schon denken, was sie geschrieben haben. Die Lords erklären ihre Entrüstung über die Falle, in die sie getappt sind, und behaupten, ihrerseits Opfer einer Intrige geworden zu sein.

HAGGERTON Genau.

ELISABETH Sie fordern, ausgetauscht zu werden, gegen die in unserer Hand befindlichen Gefangenen ... Da sie selbst treue Diener des Staates seien, habe der Staat die Pflicht, sie freizukaufen.

HAGGERTON Unglaublich ... Man könnte meinen, Ihr hättet die Briefe diktiert.

ELISABETH Weiter heißt es: »Wir müssen zugeben, daß politische Fehler gemacht worden sind ... und wenn die Verschwörer sich zum Aufstand entschlossen haben, dann auch, weil erlittenes Unrecht sie dazu veranlaßt hat!«

HAGGERTON Ja, ja, genauso ist es ... perfekt!

ELISABETH Was schreiben sie sonst noch?

HAGGERTON Alle vier teilen mit, sofern wir uns entscheiden sollten, sie zu opfern ... würde sich darin ein Zeichen der Schwäche und nicht der Stärke unserer Regierung und des Staates ausdrücken.

MENSCH Das hab ich schon mal irgendwo gehört. Ich weiß nur nicht wo.[239]

HAGGERTON Und daß ihr Tod über die englische Königin und ganz England kommen würde.

ELISABETH Hört, hört, was ein Fanfarenstoß!

HAGGERTON Der Schluß ist eine Drohung: »Unser Tod wäre der Anfang vom Ende eurer Politik und eurer Glaubwürdigkeit.«

ELISABETH Sieh an!

MARTHA Du mußt sofort etwas unternehmen, Elisabeth!
MENSCH Auf geht's mit den kurzen Särgen!²⁴⁰
ELISABETH Einen Moment noch ... Wie Ihr sagtet, haben diese Hundesöhne überall Kopien der Briefe verbreitet ...
HAGGERTON Ja, einer, den wir auch schon ermittelt haben, hat sie sogar nachdrucken lassen ... und jetzt werden sie an allen Ecken verkauft, als wären es Gassenhauer.
MENSCH Potz Essex und Shakespeare!²⁴¹
ELISABETH Sie haben eine gute Nase für Propaganda!
HAGGERTON Ich habe bereits Order gegeben, die Verteiler zu verhaften, die Druckerei zu schließen und jeglichen Vertrieb einzustellen.
ELISABETH Falsch! Auf diese Weise steigert ihr nur die Neugier und den Verkaufspreis der fliegenden Blätter ... Das gibt Raubdrucke.
HAGGERTON Ja, das habe ich nicht bedacht ... Ich gebe sofort Gegenorder.
ELISABETH Und organisiert ebenfalls irgendeinen Aufruf und laßt ein Flugblatt drucken.
HAGGERTON Wird gemacht. *(Er macht Anstalten zu gehen.)*
ELISABETH Halt, laßt mich ausreden. Was wollt Ihr denn schreiben? Gebt gut acht, und informiert auch Lord Bacon. Erste Regel, im Krieg wie im Frieden: Wenn einer deiner Leute gefangen wird und man Lösegeld verlangt ... die erste Regel, sagte ich, lautet: Sofort seinen Wert herabsetzen ... Den Preis der Ware senken, die die Gegenseite in der Hand hat.
HAGGERTON Das wird schwierig sein ... wenigstens was den Justizminister und den Parlamentspräsidenten betrifft ... Sie sind sehr angesehen beim Volk.
ELISABETH Das macht nichts ... Wir behaupten einfach: Ja, sie sind ausgezeichnete Staatsmänner, aber inzwischen kann man die Ärmsten leider nicht mehr ernst nehmen. Vielleicht hat man sie gefoltert, ihnen Drogen verabreicht ... sie haben den Überblick verloren ... faseln daher ... Uns blutet das Herz, aber sie sind verloren ... vielleicht sind sie durchgedreht.

MENSCH Das habe ich auch schon mal gehört, aber ich erinnere mich nicht wo.[242]

MARTHA Großartig, Elisabeth! Du bist wieder die Alte!

HAGGERTON Das Problem ist, diese Hunde lassen uns nicht viel Zeit. Das Ultimatum läuft heute abend ab. Morgen früh sollen die Geiseln eine nach der anderen vom Turm geworfen werden.

MENSCH Immer kürzere Särge ...![243]

ELISABETH Reizende Idee! Die beiden Kammern sollen sich sofort versammeln. Ich komme persönlich. Wenn nötig, rede ich auch in der Kathedrale. Ich weiß schon, wie ich die Rede aufbauen werde. Ich werde meine Bestürzung ausdrücken, das ist klar ... meine Verzweiflung ... die Stimme senken ... eine bewegende Lobeshymne auf die vier Minister. Und dann scharf:: »Aber wir dürfen nicht nachgeben! Dies ist die Stunde der Festigkeit! Es geht um die Würde des Staates. Wir können nicht mit Kriminellen verhandeln noch uns auf Kompromisse mit ihnen einlassen!«

MENSCH Uns blutet das Herz, aber wir müssen sie opfern, diese unsere Brüder! Amen! Ein Küßchen für die Witwe, eins für die Waisenkinder und ein Tritt für den Hund. ...[244] *(Es jault wie ein Hund.)*

HAGGERTON Also lassen wir ihnen keinen Spielraum? Das wäre so, als würden wir zu diesen Spitzbuben sagen: Schlagt sie ruhig tot ... ihr tut uns sogar einen Gefallen damit ...

ELISABETH Brutal ausgedrückt: so ist es ... Wenngleich mit Tränen überströmten Augen ...

MENSCH ... und einem Staatsbegräbnis! ...[245]

ELISABETH An die Arbeit jetzt, Haggerton. Laßt mich holen, sobald die beiden Kammern versammelt sind.

HAGGERTON Gewiß, ich eile ... Auf bald, Majestät! *(Ab)*

MARTHA So gefällst du mir!

ELISABETH Ja, klatsch nur! Mit diesen vier Leichen hat Essex ausgespielt.

MARTHA Nein, vielleicht kann er sich noch retten.

ELISABETH Gib mir was Scharfes zu trinken ... bitte. Mir ist schlecht.

MARTHA Nein, Liebes, du weißt doch, mit Alkohol geht es dir noch schlechter ... Ruh dich aus ... Es ist ja alles gutgegangen.

ELISABETH Natürlich, ich hab schon gewonnen ... und ich bin tot.

MARTHA Du darfst dich nicht so gehenlassen ... Du hast Schlimmeres überstanden ... Du wirst es auch diesmal schaffen ... Es geht schon vorbei, hab nur Geduld.

ELISABETH Nein, nein, jetzt beginnt das große Finale ... Das Blutbad des letzten Aktes, genau wie im »Hamlet«.

MENSCH Ojeh, mit dem hat sie's wirklich.[246]

ELISABETH Oh, Robert, geh nicht aus dem Haus ... sie bringen dich in den Turm ... und ich muß deine Verurteilung siegeln. Robert, Robert, du bist tot! Mir ist schlecht, ich ersticke.

MENSCH *(holt eilig eine kleine Wanne herbei)* Da, stellt eure Füße in heißes Wasser.[247]

MARTHA Ja, ja, komm zu dir ... entspann dich. *(Zum Mensch)* Genau wie vor drei Jahren ... die gleiche Krise.

MENSCH Diesmal schreiten wir rechtzeitig ein. Reich mir das Kampferöl ...[248]

ELISABETH Ich spür die Hitzewellen kommen ... von den Zehenspitzen ausgehend ... Herrgott, ist das ein elendes Gefühl!

MARTHA Ganz ruhig ... das bildest du dir nur ein.

ELISABETH Ja, ja, du hast recht ... Ich bin hysterisch ... Ich mach mich selber kaputt ...

MENSCH Komm, ich massier' Euch ein wenig ... Schön Luft holen ... tief durchatmen ...[249]

ELISABETH Mir platzen die Füße ... Rasch, zieht mir die Schuhe aus ... auch die Strümpfe. Nein, nicht aufschnüren ... aufschneiden ... ich kann nicht mehr. Meine Beine, schau, wie geschwollen sie sind. Die Brust ... ich krieg' keine Luft ... schnür mich auf, hilf mir ...

MARTHA So, das hätten wir ... Ich schneide einfach alles auf.

MENSCH Wir gießen ihr etwas Kampfer über die Hände ...[250]

ELISABETH Oh, ja ... auch meine Hände sind schon geschwollen ... Macht mir die Ringe ab.

MENSCH Hier, etwas Öl drauf ... oder nein, mit Seifenlauge rutschen sie besser. Sie gehen nicht ab. Oh, Gott, ihre Finger laufen ganz blau an ...[251]

MARTHA Mit Seife gehen sie auch nicht ab.

ELISABETH So macht schon, ich hab fast kein Gefühl mehr in den Fingern ... Verdammte Ringe ... Sie sind wie Grabsteine. Unter jedem Ring liegt ein Verwandter von mir begraben ... oder ein Liebhaber ... Hier liegt meine Mutter ... hier Leicester ... und jetzt bist du dran. Da, Robert, dein Grab ist schon weit geöffnet. Dein Ring würgt mir den Finger ab. Maria Stuart ... das ist dein Ring ... Komm ruhig näher ... Diesmal kannst du auch mit deinem Kopf spielen ... Du machst mir keine Angst mehr. Ich hab dich gehaßt wie niemand auf der Welt ... Alle meine Kraft hat es mich gekostet, dich 18 Jahre lang in der Hand zu haben ... lebend ... bevor ich mich entschloß, dich zu zertreten. Immer zum Meer hattest du die Augen gerichtet, im Turm. Hast auf die Schiffe der Spanier gewartet. Da, sie kommen! Kompanien von Panzerreitern gehen an Land! ... Und Bewaffnete schwärmen aus wie die Ratten während der Pest. Jetzt haben sie mich ... ich liege in Ketten. Mein Kopf rollt davon. Mit einem Schlag bist du frei, Maria, und wirst Königin ... Maria von Schottland und England ... *(Sie lacht höhnisch.)* Ha, das würde dir gefallen, nicht wahr?!

MENSCH Sie phantasiert ... arme Königin. Sie hat Fieber.[252]

MARTHA Ja, es ist wirklich schlimm diesmal ...

ELISABETH Ich hasse dich, Maria! Für dein maßloses Machtstreben und deine Skrupellosigkeit, die fast der meinen gleicht ... Alles wolltest du und hast keinen geachtet. Mehr noch hasse ich deine Schönheit, deine vollen Brüste und dein Geschlecht, das immer bereit war, wie eine Rose. Du hast mit Freuden genossen, wie und wann immer du wolltest ... das verzeih ich dir nicht ... und deine Lust hinausgeschrien, wie einen Gesang. Wie viele Männer und Liebhaber hast du gehabt? Und keiner starb den natürlichen Tod ... Du fällst immer auf die Füße ... oder besser: Lang hingestreckt, die Beine hoch in die Luft. Recht hast du, ich war falsch ... Du kamst, batest um meinen Schutz und ich habe dich eingekerkert ... Du flehtest mich an, dich im Turm zu besuchen ... und ich antwortete: Nein! ... Hilfe, Erbarmen! ... Verbindet mir die Wunden. Wer schleift mich an den Haaren? ...

MENSCH Oh, Christus, es geht wieder los mit den Alpträumen und Hirngespinsten.[253]

MARTHA Beruhige dich, Liebes, wach auf.

ELISABETH Ich bin hellwach ... aber ich sterbe. Ein Pferd ... rasch, ein Pferd! Habt Erbarmen! Gott! Was ist das? Habe ich geträumt? Wach auf! Laßt mich die Augen weit aufmachen. Verdammtes Gewissen, dessen Mund mir an der Kehle sitzt. Weg ... weg mit dir ...! Wovor fürchte ich mich eigentlich? Vor mir selber? Hier ist niemand außer mir. Elisabeth liebt Elisabeth. *(Sie schreit.)* Ist hier eine Mörderin?! Nein! Doch: Ich. Also fliehen! Aber wie? Und vor wem? Vor mir selber? Ja, natürlich, man kann niemandem vertrauen. Ich kann mich rächen. Mich auf mich selber stürzen. Mich abschlachten. Nein! *(Sie lacht.)* Also, was ist? Es ist alles ganz klar. Ich liebe mich. Für alles Gute, das ich mir angetan habe, und die vielen Grausamkeiten gegen andere, über die ich hinweggegangen bin wie ein Ackerpflug.

MARTHA Es ist gut, Elisabeth ... Schau, wie verwirrt du bist ... Komm, setz dich ...

ELISABETH Nein, nein ... Es geht mir schon besser ... *(Von der Ferne hört man Schüsse.)*

MARTHA Hört nur, was ein Geballer ...

MENSCH *(geht zum Fenster)* Zum Henker, sie bringen sich gegenseitig um ... Die Kavallerie greift an ... Sogar mit Kanonen schießen sie ...[254]

ELISABETH Die Armada! Da, sie kommen ... die Spanier. Siehst du sie, Maria? Oh, endlich! Du bist außer dir vor Freude. So viele Schiffe! Man kann sie nicht zählen. Der ganze Horizont übersät mit Masten. Ein Wald. Segel! Segel! Hundert, hundertfünfzig, zweihundert Schiffe!

Ist das möglich? Mit hohen Breitseiten. Jede vierzig Kanonen! Fahnen, Standarten und goldene Gallionsfiguren, Adler, Löwen, Drachen. Sie blitzen und funkeln. Und ich? Was kann ich ihnen entgegensenden? Piraten! Ja, eine Piratenflotte. Schiffe mit niedrigen Breitseiten und halb so vielen Kanonen. Jetzt frohlockst du, Maria, kannst es kaum noch erwarten. Du möchtest tanzen! ... Und wenn ich dich jetzt umbringen ließe ... jetzt gleich? Na, Maria? Was hältst du davon? Da lachst du nicht mehr ... Die Spanier gehen an Land ... Meine Leute flüchten ... sie lassen mich alleine! Vielleicht hast du recht, Maria, das ist mein Ende. Da, schau, meine Schiffe liegen auf hoher See. Sie halten sich fern von den Häfen ... Gut so ... um sich den Weg nicht abschneiden zu lassen. Da, es kommt Wind auf ... Die Bugsegel werden aufgezogen ... Sie segeln den Spaniern entgegen! ... Nein, wartet, es ist noch zu früh! Nein! Kehrt um ... Ich muß zu meinen Leuten reden ... Ja, zu allen ... Redet keinen Unsinn! ... Nein, keine heroische Ansprache. Es ist zu riskant, sie an Land kommen zu lassen?
Gefährlicher wäre es, euch in die Schlacht ziehen zu lassen, ohne mit euch gesprochen zu haben. Sie sollen an Land gehen ... Ja, in kleinen Gruppen ... Ja, nachts. Entzündet so viele Fackeln wie möglich ... Ich will, daß ihr mir in die Augen schaut.
Hebt die Fackeln ... alle ... Auch ich will euch ins Gesicht schauen können.
Nein, das ist nicht die offizielle Ansprache, die man verlesen wird. Meine Lords brauchen nicht zu wissen, was ich euch sagen werde.
Hier bin ich. Elisabeth, die jungfräuliche. Und ihr meine Flotte aus Seeräubern, Galeerensträflingen und Hurensöhnen. Habt keine Angst, ihr seid in guter Gesellschaft. Mein Vater selbst hat mich eine Bastardin genannt. Und noch heute bin ich für sämtliche Katholiken der Bastard.
»Eine Armada aus Korsaren und Beutelschneidern!«
Und ich, die ich diese Flotte aufgestellt habe ... mit euch stets die Beute geteilt habe ... wer bin ich? Ja, gewiß, ich

habe euch ausgenutzt und ins Meer geworfen wie jeder Filibuster, der Achtung vor sich hat. Schlimmer als Judas habe ich euch verraten, wenn es nötig war.
Auch ihr habt das Recht, mich zu verraten, wenn ich jemals verlieren sollte. Ich erwarte nicht, daß ihr Lösegeld für mich bezahlt.
»Wer kennt sie schon, diese als Königin verkleidete Henne?!« Ich werde nicht schreien: Verrat! Nicht jammern und nicht um Mitleid betteln. Aber ab jetzt werde ich euch mit brennenden Fackeln im Nacken sitzen. Wehe dem, der kneift oder abtrünnig wird. Ich schieße ihm in den Kopf und beschimpfe ihn mit so unflätigen Ausdrücken, wie ihr sie nicht einmal von eurer Mutter gehört habt.
Ich verlange nicht, daß ihr Helden seid oder euch schlagt auf Leben und Tod. Nein, wer ist schon ein Held? Ein Verbrecher, der zur rechten Zeit auf der richtigen Seite steht und das heißt im Dienste des Siegers. Also seid niederträchtig, treulos, verschlagen und verlogen ... Hauptsache, ihr gewinnt.
Hast du gehört, Maria? Ekelst du dich? Den Ekel kann ich dir nehmen ... Ich bin ein Aas ... Ich gönne dir nicht einmal das Vergnügen, meine Niederlage zu erleben. Mach dich bereit, Maria. Ich habe entschieden ... Ich unterschreibe das Todesurteil.
Nein, Robert, nicht deines. Komm nicht herein, bitte. Vielleicht gelingt es mir noch, dich zu retten. Geh runter von der Bühne ... aber warte auf mich ... Ich muß mit dir reden.
Dein Auftritt, Maria.
Ich habe dir ein großartiges Schauspiel ausrichten lassen. Mit hochvornehmen Zuschauern ... wie es einer Königin zusteht. Alle in Gala, Orden, Kokarden und seidenen Schuhen. Spiel gut, Maria, das bitte ich mir aus. Zieh an, was du magst ... Du wirst etwas Passendes finden. Ich finde, Schwarz steht dir gut.
Nein, ich werde nicht kommen. Ich darf nichts davon wissen. Sie müssen mich überraschen damit ... meine Gutgläubigkeit ausnutzen ...
Doch, ja, das Urteil habe ich unterschrieben ... aber das

Siegel fehlte noch: Ich hatte mir noch Bedenkzeit ausbedungen.
Wie leid mir das tut, daß du nicht dabei sein wirst, nicht zuhören kannst, wenn ich erfahre, daß das Urteil vollstreckt worden ist. Das Haar werde ich mir raufen! Außer mir sein und empört rufen:
»Verfluchte Mörder! Meine Schwester! Blut von meinem Blut! Wie habe ich sie geliebt. Das hätte ich nie erlaubt. Mit Hinterlist habt ihr sie mir entrissen.. Wer ist der Verantwortliche? ... Spencer, der Siegelbewahrer? ... Ins Gefängnis mit ihm! ... Cecil, mein Ratgeber? Er auch! ... Ich will keine Entschuldigungen!«
Das Volk glaubt nicht an die Gerechtigkeit eines Gerichts, wenn das Opfer eine Frau ist und ihr Richter ebenfalls. Oh, nein, Robert. Keine melodramatische Szene für dich. Bei dir werde ich stumm sein, als wäre ich tot.
(Einspielung: gregorianischer Gesang)
Es ist soweit, Maria ... Beug deinen Hals ... deinen langen, schönen, zarten ...
Robert! Was machst du hier?! Nein, ihr habt euch geirrt. Was hat Essex damit zu tun?
Nein, es ist Maria ...
Geh weg, Robert ...
In die Knie, Maria, die Hände gefaltet. Sehr schön. Hörst du den Gesang?! Gib zu, es war ein feiner Gedanke, dir meine Chorknaben zu leihen ... Hörst du sie? Jetzt muß dir der Henker die Halskrause abnehmen. Ja, laß dir die Haare im Nacken schürzen. Was für herrliche Haare ... Sind das wirklich alles deine? Mir gehen sie leider schon aus ... du sollst mitsingen ... lauter! Runter den Kopf auf den Hackklotz! Wie lieblich du bist ... Was für ein bildschön geschwungener Bogen dein Nacken. Wenn du sehen könntest, wie viele Zuschauer die Augen geschlossen und den Kopf abgewandt haben.
Nein!, habe ich gesagt. Wieso bringt ihr mir Robert? Erst muß der Prozeß stattfinden, dann werden wir sehen, entscheiden ...
Er hat schon stattgefunden? Wann? Man hat ihn verur-

teilt? Nur ihn? Zehn? Alle zum Tode? Auch Southampton? Und Shakespeare? Gar nicht angeklagt?
Aber ich habe noch gar nicht gesiegelt! Also bringt ihn fort ... Bringt ihn fort! Das ist ein Befehl!
Verzeih mir, Maria ... daß ich dich so lange im Ungewissen gelassen habe. Glaub mir, mein Schmerz ist so groß, daß ich am liebsten an deiner Stelle sein möchte ... und fast wäre ich es gewesen. Aber wie das Sprichwort sagt: »Die Tigerin und die Pantherin haben sich geküßt; diejenige, die das kleinere Maul hatte, hat den Kopf verloren.«
Schau da, die Ehrengäste. Sie haben nicht den Mut, hinzuschauen. Ihr Feiglinge! ... Das Beil schwebt in der Luft ... saust herab ... Mutter, was für ein Schlag!
Der Kopf ist nicht abgegangen. Idiot! Stümper! Erbärmlicher Henker! Los, noch einmal!
Endlich.
Was machst du denn? Diletant! Du mußt den abgeschlagenen Kopf bei den Haaren fassen und ihn hochhalten! ... Und ihr ... sollt singen!
Los, heb ihn hoch und schrei:
»Gott schütze die Königin!«
Nein, ihr Verfluchten, das ist eine Falle! Das ist nicht Marias Kopf ...
Nein!!! Es ist mein Kopf! Es ist mein Kopf.

Gesang: »Dies irae«

>»Ille te, Dominus meus,
>qui fecit terram et aquam.
>Laudate Deum.
>
>A peccato mortis servat,
>insuescit confiteor.
>Vincere Dies irae.«

Ende

Anhang

1. Lied (1. Vorschlag)

Männerstimme
Melodie z. B. »Turn back you wanton flyer« von Thomas Campian (England um 1600) o. ä.

Du magst mich nicht mehr leiden
Drum fliege ich nach Kreta
Iraklion am Strand.

Ein Schiff mit 20 Segeln
Drauf male ich als Zeichen
Nur Deine Augen.

Wenn die Wellen schlagen
Und hoch zum Segel spritzen
Werden Deine Augen endlich weinen.

Refrain:
Hoch schlägt das Meer und die Welle sprüht
und Du wirst weinen.
Hoch schlägt das Meer und die Welle sprüht
und Du wirst weinen.

Den Bug will ich verzieren
Auf meiner Fahrt nach Kreta
Mit Deinem Ebenbild.

Mit Deinen hohen Brüsten
Und Deinem sanften Nacken
Mit Deinem Angesicht.

Wellen werden schlagen
Und Deinen Leib umfangen
Den Du mir so oft und roh verwehrt hast.

Refrain:
s. o.

Und lande ich in Kreta
Die Leute von Iraklion
Sie werden fragen.

Wer ist der Narr im Hafen
Am Bug die Frau und Augen
Auf seinem Segel.

Das ist meine Liebe
Ich brauche ihre Nähe
Nur damit ich sie vielleicht vergesse

Refrain:
s. o.

1. Lied (2. Vorschlag)

Weil du mich nicht mehr liebst, fahr ich nach Candia auf
einem Schiff, will auf das große Segel deine Augen malen.
Wenn wir auf See sind und Wellen an die Planken schlagen
spritzt es hoch, durchnäßt das große Segel.
Dann weinen deine Augen um mich Tränen.
Du, die nie um mich geweint hat.

Und an den Bug mach ich eine Galionsfigur, das bist du
mit deinen Brüsten, mit Gesicht und Bauch liegst du in den
Wellen vom Meer umarmt.
Du, die nie von mir umarmt sein wollte.

Wenn wir im Licht von Candia sind, und die Leute auf der
Mole sich fragen, warum trägt der Mann die Augen seiner
Frau auf dem Segel, dann werd ich sagen:
Weil, wenn ich sie immer bei mir trage, die geliebte Frau,
gelingt es mir vielleicht, sie zu vergessen.

(R. C. H.)

2. Lied

Gefangen lieg ich hier im Turm
Mir ist der Sinn so schwer
O Welt ich muß entsagen
Mein Haupt wird abgeschlagen
Hab keine Liebe mehr.

Drei Knaben hat die Königin
der erste wacht beim Gartentor
der zweite singt iht etwas vor

Der dritte lag im Bette drin
bei ihr bis er den Kopf verlor.

Ich lag in ihrem Bette drin
Hab mich ihr hingegeben
Sie haben mich ergriffen
Das Henkerschwert geschliffen
Ihr Neid nimmt mit das Leben.

Drei Knaben hat die Königin
der erste wacht beim Gartentor
der zweite singt ihr etwas vor
Der dritte lag im Bette drin
bei ihr bis er den Kopf verlor.

1 Maxima domina te exelle nobis ...
2 MENSCH Die bruch ich bloß, wäil ich minne onmeechliche Fissaasche onger der Larv verschteckel moß.
3 MENSCH Ich konn nur gehoff, doß äi net erschrocke säid, Mailädi.
4 MENSCH Es nützt äich nischt, allerbest Mailädi, doß äi franzeesisch schwätzt, e godes sogar, ich konn dos god verschteh. Äi däänkt sicher, boß is dos fär a greßlich Wiebesdier. Boß solls, ich bin's ähbe on honn au kei zimberlich Geschtell. Mach mich abber net noch meh atzellich, mie zockersiss Keenichin, on hott kei Grafarme vär mäi. E god Dierje bin ich desterwäje doch, on ich konn äich en großer Nutze gesäi.
5 MENSCH Dos hee nennt me en Gänsstutz oder e Stolziergeheech. Do lernt me drinn, bee of Holzklombe zo gehe is, on me sterzt au net derbäi.
6 MENSCH Die Kurtisanne von Weneedich loffe dodermit dorch de Strosse domet säi größer werke.
7 MENSCH Disse Dämer je verdienen abber net schläächt, Mailädi.
8 MENSCH Banns däi libber is, Keenichin, dos dinne Kleider sowiet rongerhängen, doß der Hingerschte dodervon of der Äär laankschlifft.
9 MENSCH Geb Rouh, Herrlichkeit. *(Sie rutscht etwas aus.)* Potz die Erka! Bos is dos hee so gloot! Bos is dos hee fär e Petsch. Ich irr mich doch net ... dos is doch ...
10 MENSCH Dos doo! Donnerlittje! En Holzgull, der gebuller konn.
11 MENSCH Desterwäje.
12 MENSCH Värwärts, du brächtich Quien. Kletter nof ... on

dann nien innen Gänsestutz. So isses räächt. Ich hälf däi doo nien. Kommt, Frau Martha, helft mäi doch.

13 MENSCH Au Backe! Do guck nur! Boß fär e eberraachend Keenichin! Boß fär e Wonder on Greeße!

14 MENSCH Wist du en Schnuller honn, Keenichin?

15 MENSCH Jo, abber boß wiste dich mit dissem Bullerer vergliche?

16 MENSCH Loff nur, immer scheen geloffe, mie siss Schätzje. Ich mach in der Ziet die Salb zoräächt, zom Ineschmääre.

17 MENSCH Rasch! En Hocker här!

18 MENSCH Komm, siss Keenichin, ich helf däi, dos de dich gesetz konnst.

19 MENSCH Ach, der Hamlet! Dän honn ich mäi oongeguckt. »Geh' in e Kloster, Orphelia! Denn bannde fräist, wird din Mann en ferchterlicher Hahnrei. In e Kloster! Geh'!«

20 MENSCH Dod hott hä gesäht? »Die Krööt im Born glaubt au, der Hingerschte vom Eimer wär die Sonn?« Dos is himmlisch!

21 MENSCH Ich konn mäi gedäänk, boß hä meint. Alles is remgedräht, bee bann de innen Spiechel luurst.

22 MENSCH Heerstes! Dicknischel! Selber: Kusch!

23 MENSCH Stell lieber die Holzklombe richtig hen! Bass hott äi bloß fer dusseliche Dienstleut, Keenichin?

24 MENSCH Zieh dos Hem ronger, Keenichin ...

25 MENSCH Fär boß schenierst du dich? Dos einzich Mannsbild hee is doch nur din Holzgull, der Bullerer. Mäi sin doch onger ons Wieber!

26 MENSCH Bee däi? Bass mosste dech als selber verletze? Bu best emmer noch en sähr onnsehnliches Wiebsstück!

27 MENSCH Jo, hä verwessselt ähbe dos Geschläächt von de Määnsche.

28 MENSCH Ich glaub, Keenichin, die will dich of die Schibb nämm.

29 MENSCH Bos hoste daa?

30 MENSCH Abber grood desterwäje hocken do ohbe doch so ville Liet!

31 MENSCH Jetzer guck bloß nof! Jetzer sten die au noch of!

32 MENSCH Jetzer ebbertriebt äi abber!

33 MENSCH Sitdäm säi die Keenichin derf speel, isse net meh zom Uushalle. Allwill meint säi, ich wär ähre Dienstmoochd. Om Dellefonabberat schwätzt säi nur noch: »Hallo! Hier die Keenichin ...!« Ich – Dienstmoocht?!

34 MENSCH Ebberlää e mo, bee sich alles glicht. Der ein hee on der anner do.

35 MENSCH Au dos noch! Boß fär en Dorchenanner!
36 MENSCH Dos is dos Emgekährte vom Spiechel. Bee ich gesäht hon.
37 MENSCH Soll ich's ähr sprech?
38 MENSCH Die Elisabeth hott die lichtsinnige Ongewohnhit mit dem Messer auf die Värhänke loszugehn, bann sich baß bewegt on zu kriesche: »En Gespenst!« ZACK ... Egal bär dohinger steht!
39 MENSCH Säi hott dich net getroffe Bee shood. *(Zu Elisabeth)* Du moßt meh ieb, Keenichin ... enne bee die, die derf me net verfähl. Of alle Fäll, der Hamlet hotts selbe Laster. Do gets e Zeene mit dem Hamlet on däm Polonius ...
40 MENSCH Aha! E Allegorie! Der Polonius spioniert hingerm Värhaank, der Värhaank bewäht sich on Ha! Do – e Ratt'!! Hamlet: »ZACK!« In Dänemark wärn nämlich die Ratte wingstens eindrissich bis en Meter virrzich hoch. En Messerstich. PLATSCH! Der Polonius is dot. *(Zu Martha)* On der nächst Polonius bist du!
41 MENSCH Dos bewiest däi nischt? Also god! Noch ebbes! Om Eng vom Steck vom Hamlet: Bär brengt widder Ordnong ins Dorchenanner? Fortinbras us Norweeche, netwohr? God. On bär, meinen die Buridaner, bär der Fortinbras, der ussem Norde kemmt on in onserm englische Dorchenanner Ordnong nienbrängt? Der Jäck von Schottland, der schonn iewes laank do of der Grenz hockt on drof wort', daß hä ebber dich härgefall konn, Keenichin.
42 MENSCH Bremda Mongolin? Äi säht prächtich uus. Äier Dobbelkinn is os good bee gor net meh doo!
43 MENSCH Richtich! Du hattst jo e Dobbel-Genick.
44 MENSCH Abber ich honns verschtanne. Soll ichs ähr au erklär?
45 MENSCH Ich schprechs ähr doch. Ich kenn der Schauspeeler, der der Hamlet speelt. Hä heßt Richard Burbadge, is zwäonvirrzich Johr aalt, on gor kenn juchendlicher Prinz, abber bann hä en godder Doog hott, sit hä uus bee zwäonsechzich, vieronsechzich ... Sin Ranse hängt eber sinner Hos. On bann hä speelt, schnuuft hä bee e Walroß. Hä brucht nur nuus of die Bien zo müsse, do kret hä's Asthma. Bäim Dujell mit däm Laertes ... där is jong, hopst omhär on springt hoch bee e Gesseböckje. Guck här, bee hä dos Dujell speelt, där Burbadge, grod als ob hä strickt *(Es mimt ein Säbelduell, das nur aus dem Handgelenk ausgeführt wird.)* ... Aah! Sogor die Keenichin spricht: »Du bist roundrem zo fett, krest kumm Luft, Hamlet! Du schnuufst met dinnem Hingerschte.« Dos

is Schäckschpäär! Der Sotz honn se ähm zwor ruusgeschtriche, abber so isses. Scheen, on dann is hä gaanz on gor ebersäät ...

46 MENSCH Goldrichtich. Hä hott au en wockellicher Gaank, immer met de feß nooch usse. Abber bann hä schwatzt, hott der e Krofft, dodermet konn hä's Publikum besoffe gemach ... *(Es rezitiert in Gramelot, also in Lautsprache, die Anfangsworte des Monologs »Sein oder nicht sein ...« und gebraucht dazu verschiedene Tonlagen.)* Me verschtet jeds Wort. Hä is werklich e Nadurdalent, nor e wink schwulerisch!

47 MENSCH Me merkts, me merkts doch, fehlt nur noch, doß däm ussem Hingerschte Feddern ruusgucken. Brem lößt äi diss Mannswieb der Hamlet speel? Äi hott wingstens fünf Speeler in äirem Hoffe, die en besserer Iendruck gemach könnten ... jinger on wisselicher ... Brem nemmen säi dissen Folsch-Gepolte?

48 MENSCH Dos konnst de jetzer abber neth meh von däi geschprech. Fiehl nur, bee gloot du schonn bist.

49 MENSCH Gell, du moßt geheerich obspeck, der Ranse moß weg.

50 MENSCH Zwittchen.

51 MENSCH Nää, Blutegel lutschen däis Bloot uus, die hee fressen däis Fett weg, die fressen dich schlaank, Liebche.

52 MENSCH Joo! Net nur of'n Buchch, au of die Hifte on die Schenkel.

53 MENSCH On of die Schollern, die Ärm on ins Genack ...

54 MENSCH Of die Niere, die Lebber on dinne feiste Backe – – om Hingerschte. Me wird dodervon rabbelderr. Guck nur, boß fär e Dierje. E richtich Schleckermull. Hallo, Attila? Caligula!

55 MENSCH Ui! Boß diss Keenichin fär e schlipfrich Sprooch hott. On doß fär de Ohre von disse onschuldje Wermer. Der hee is gaanz blaß geworn!

56 MENSCH Aha! Jetzer dämmert mäis, bee der alles verdräht. Bann der also spricht: »Gaanz Dänemark is e Gefängnis ...«, meint hä net Dänemark. Ha meint Deutschland. ... äh ... Englaand is e Gefängnis.

57 MENSCH Jo, jo, om Eng läid alles voller Liche. Do drebbe der Laertes ofgespießt, do hinge rechelt die Keenichin, vergift ... hee kotzt der Keenich, on der Hamlet schnappt zom letzte Mo in sinnem Läbe nooch Luft ...

58 MENSCH Dos weß doch jeder – Hamlet, wäil hä stännich zeechert on nischt ongernimmt. Hä hätt der Keenich, sinnen

Onkel on Verräter, sofort erdolch könnt, als der doogesesse is on gebet' hott. Hä hott sich ähm genähert: »Jetzer erstech ich ähn mit'm Dolch ... Haalt!« spricht hä zo sich selber. Bann ich ähn jetzer erdolch on hä verreckt, honn ich ähm nur en Gefalle gedohn. Hä würd innen Himmel komm ins Paradies, weil hä sinne Seele grade gesäubert hott! Min Vadder dodergäje is dot, au met ville Sinde on – flutsch – in die Höll gefohre. Jetzer wort' ich erschtmo, bis min Onkel in die Stubb von minner Modder get on met ähr schmutziche Dinger triebt, bis hä mit Sinde vollgekleckert ist ... Bann hä dann ruuskimmt: En Messerstich! Jetzer net ... morje villicht ... oder ebermorje ... ich weß net ... villich nächst Woch ... Zom Däibel! Schon glich am Oonfaank hätt hä schoon alles passier loß könnt, als der Geist von sinnem Vadder zo ähm gekomme is on gebrellt hott: Haaamlettt. Bee alle Geister hatt hä e donnerschlächtich Stimm on e dämentsprechend Echo: Haaaamleeet! Din Oooonkel is en Möööörder. Du moßt ähn embreng mit ennem Meeessseer! Mach äh dohohohot!

59 MENSCH Boß wiste mit fünf Akte ... Disse Ophelia, die emkemmt, der Anner, der verrickt wird, on nooch Englaand fährt on wederkemmt, dos Dujell ...oh nää! Ich bin fär klar Sache, klipp on klar! En Akt, en enzger Akt, daß wär mäi völlich genunk: »Hamlet! Hä is der Mörder!« – »Ach jo?« En Messerstich. Värhaank. Abber doderfär: »Ich eberläh mäi's jetzer mach ichs, jetzer mach ichs net, ich verschiebs...«

60 MENSCH Ohjeh, is dos en Massaka! Genau bee om Eng von der Hamlet. Sogar die Keenichin hott se zerknaatscht ...

61 MENSCH Die Keenichin zu zerknetsche?

62 MENSCH Wäil du zu däleistich bist on sie schwatz läßt. Bann ich on dinner Stell wär ... ZACK

63 MENSCH Dos is net min Finger, du host e Zwittje im Öhrje.

64 MENSCH Is dos villicht minne Schold, bann die Zwittcherche gern din Ohreschmalz freß wolln?

65 MENSCH Do isses so klitschisch drin ... Do ... jetzter honn ich's! Eui! Hott dos sich fettgefresse. Boß dos fär Glubsch-Aube gekrecht hott!

66 MENSCH Oh nää! Net die Diererje zerknetsch. Guck nur, die zierliche Zwittcherche all of'm Bode ... Ich weß net, disse Keenichinne honn keinerlei Achtong vär'm Gewürm ...

67 MENSCH Guck däis oon, bee vollgefresse dos Würmche geworn is. Ekelhaft fett. Dos hott villicht geschlemmt! Jetzer geh ich rasch zo minnem Ahle nooch hem, der is Fischer, on bann ich ähm disse dicke Würmer mitbreng, wird der ver-

rockt vär Freid ... on get sofort zom Angele. Hä schmißt sie Angel uus. Kumm is so en Worm im Fluß, kommen die Fisch schonn oon: Guck nur! E Zwittche! Urrrgh! – On färs Esse om Ombd honn mäi en grosser Fisch. *(Sie lacht.)* Die Zwittcherche honn von der Keenichin gefresse, der Fisch hot dos Zwittche gefresse on mäi ... brrrrrr! Mäi fressen mit däm Fisch au die Keenichin! Brrrr! Libber kenn Fisch am Ombd. Dos is en Ienfall der Nadur! E richtich Allegorie ... Abber ich moß äich die Wohrheit sprech. Se stammt net von mäi. Se stammt vom Schäckschpär. Jo, genau! Der hott sich dos uusgedoocht. Hamlet spricht: »Enner könnt mit dem Worm gefisch, der von nem Keenich gefresse hott, on von däm Fisch eß, der dän Worm rongergeschluckt hott. So kann ein König seinen Weg durch die Gedärme eines Bettlers nehmen!« Bos fär en Kopp, boß fär en Nischel! Disser Schäckschpär! Me konn sich nischt uusgedäänk, boß der net schonn gedoocht hott!

68 MENSCH Nää, Keenichin, dos is kei Ienbildong! Guck nur, bee ofgequolle die Diererje sind vom vielle Gesuckel.

69 MENSCH Loß mäi nur ebbes Ziet, dann loß ich au dinne Brüst sich wider ofstell. Ich mach däi zwä Dutze, soo groß ... Bann du dinne Orme eber Kritz machst, däänkst du, du hättst ongerm Kinn a Balkonggelänner!

70 MENSCH Eui! Boß fär en Glaanz! Boß fär e Schabrack, ich mein boß fär e Kleid, Schätzche!

71 MENSCH Jo, der wird platt bee e Breefmark. Bal so bee ich, als du die Geschicht erzählt host, du wärst dem Hamlet sin Dobbelgänger.

72 MENSCH En Dheaterofstaand? *(Es spielt eine kleine Pantomime.)* Fertich zor Revelutsjon! Holt die Holzschwärter ruus! Stobbt die Holzkanone voll mit Buder on Dalkum. Dann: Feuer! Puff! Die Revelutsjon is zo Eng!

73 MENSCH Säi speelt den Hamlet. Dos is en Schwuler, der wo sich verkleidt hott mit Federn im Hingerschte, der sich bee die Keenichin offiehrt ...

74 MENSCH Dos Eng vom erschte Akt. *(Zur Königin)* Entschuldich, Mailädi, ebbes moß ich ähm verklicker, hä verschtet sonst nischt ... hä moß enner von der Bollezäi säi ... hä weß nischt vom Hamlet.

75 MENSCH Dos Eng vom virte Akt.

76 MENSCH Der fünft Akt ist fast fertich!

77 MENSCH On könntst bemerk, doß Hamlet en Verkleidongskinstler is, der die Keenichin verhohnebiebelt. »Of'm Ground vom Born, als Krööt verkleidt, guckt hä dän Orsch

des Eimers hoch obe oon on meint: ›Boß fär e scheen Sonn!‹«
78 MENSCH On konn meh gebuller!
79 MENSCH Häi versteht nicht, Mailädi!
79a MENSCH Verschtest du dän Fingerzeig! Disser Schäckschpär spricht zo de Liet: »Bos macht äi nur? Wollt äi nischt änner? Äi nemmt es hin, doß äi bee Sklave behannelt wärt, uusgenutzt bees Viech, bloß wäil äi Angst hott, doß äi in die Höll kommt on im Fechefeuer verbraant werd, bann äi sterb meßt ... Äi Idjode. Die Höll is hee of der Äär! Net onger der Äär! Kei Angst! Sterzt äich drof! Jäht dis Scheißrechierong, doß se Schoh on Sträimb verliert!«
79b MENSCH Net so luut! Sonst platzt däi der Nischel!
79c MENSCH FLOPP! Das Ei der Ientracht! *(Er nimmt das imaginäre Ei, klopft es auf und schaut hinein.)* On inne drin en klenner Jesuit!
80 MENSCH Dos is schenial! On dann werds oongestockt on verbraant. E zufällich Braandschtiftong.
81 MENSCH Boß fär en schenner Sotz! Vom Schäckschpär?
82 MENSCH Abber so mächt dos der Schäckschpär.
83 MENSCH *(lacht)* Määnsch is dos e Ding! Abber dos is vom Schäckschpär!
84 MENSCH Bos schriebt daa disser Schäckschpär eberhaupt, bann hä schriebt, disser Gauner!
85 MENSCH Hostes verschtange, Keenichin? Disse Luusewänst honn vär, dich emzobrenge.
85a MENSCH Erscht mach ich dos Wonder mit däne Zinne!
86 MENSCH Ja, macht ihr euch dünne!
87 MENSCH Potz die Erka on Zouberäi! Derf ich au mo?
87a MENSCH Is ess wor, wos ich säh, odder säh ich, wos wor is?
88 MENSCH Do hinge of der Stross schient der Mailord von Essex zu loffe. Bos fär en schenner Määnsch! Mit sinne Rebelle. Dos sit uus, als mächten die e Prozessjon!
89 MENSCH Guck nur, guck nur, Keenichin, ich befercht, dismo werds abber Ernst.
90 MENSCH Dos is mäi. Dos hon ich von Weneedich mitgebroocht. Die verkefft me do of'm Mocht. Bann de zähn Gondele als Oondäänke kefst, krest de en Ferngucker omsonst derzo. Militärisch Geheimnis.
91 MENSCH Ich breng ähn zor Där ...
92 MENSCH Richtich, Keenichin, bäim erschte Kononeschloog schissen säi sich sowieso in die Ongerhoos, meh noch als äier Gull.

93 MENSCH Loßt mich's schrieb ...
94 MENSCH Wort' e wink, zoerscht die Adress. »Dem Herrn Grafen von Essex, Schloß ...«
95 MENSCH Abber, bann die Lords ongerwägs verlore gen, get au der Breef verlore. Die Adress is umsonst.
96 MENSCH »Dem Herrn Grafen von Essex, zu eignen Händen ...«
97 MENSCH »Mäi kommen ... äh ... wir kommen ...«
98 MENSCH »... im Auftrag der Keenichin ...«
99 MENSCH Ich honns geahnt!
100 MENSCH Ons? Heßts net: »... on bitten äich?«
101 MENSCH »... und bitten uns der Grund ...« äh ... »den Grund ...« Punkt! Dos is sonneklar!
102 MENSCH Der Sotz is doch fertich!
103 MENSCH Also Komma!
104 MENSCH Semikolon!
105 MENSCH Dann e Ausrufezeiche!
106 MENSCH Abber ich moß doch der Pungt irjendwie ongergreng, der mäi us der Fedder geflutscht is. Soll ich villicht e Vergißmichnit drebermool oder en Drache oder der heilich Schorsch of'm Gull?
107 MENSCH Komma ...
108 MENSCH »... für eure Regung ...«
109 MENSCH Er reecht sich. Ironisch gedoocht. Good, Erregung.
110 MENSCH »... zu ihr fahren ...«
111 MENSCH »Er fahren?« Heßt dos net: »Er fährt?«
112 MENSCH Noch e Keenichin?
113 MENSCH Also kei zweit, sonnern die von värhär! »Diesselbe Königin wie vorher ...«
114 MENSCH Solln die's villicht erroot?
115 MENSCH »Die Königin lobt ...«
116 MENSCH Sicher. »Lobt«
117 MENSCH Ach so! »Geh loben!«
118 MENSCH »... gehören ...«
119 MENSCH Honn schonn verschtanne, e unräächelmäßich Werb.
120 MENSCH »Es langt ...«
121 MENSCH Bremda noch net?
122 MENSCH Gerechtigkeit?
123 MENSCH Schonn weder?
124 MENSCH Oh, verschtanne ... »daß man euch gehören und wieder fahren lassen wird ...«
125 MENSCH Die Gerechtigkeit baßt net meh hin!

126 MENSCH In honn bereits ongerschreebe. *(Sie deutet auf den Brief)* Doo: »Bleede Gans«.
127 MENSCH Of angel-sächsisch.
127a MENSCH Hott äis gesähn, Keenichin, bee blaß der om die Noos rem geworn is, äier Söör Häggerden, als äi ähm von däne Sprüch on de Wäng erzählt hott. Ich wett, Söör Cecil on Becken hon die Knakeritis gekricht.
128 MENSCH So nobel zu schwatze, honn ich mäi nur oogewehnt, wäil ich so oft mit Keenichinnene zu dun honn.
129 MENSCH Ich mach's äich. Abber es wird äich ebbes wehduu.
130 MENSCH Jo – wäje dämm hee! *(Sie hält eine Dose hoch.)*
131 MENSCH Biene!
132 MENSCH Ich hall däi dos Deesje direkt of dinne Brostwoorze ... dremrem mach me e wink Geräucher ... die Biene räht sich of on sticht dich in dinnen Värbau. Dann konnste zogeguck, bee dinn Dutze oonschwillt, doß e Pracht is. Straff gespannt und voll gefillt!
133 MENSCH Jo, abber dem sinne brucht dann schonn e Horniss.
134 MENSCH Nää! Mit Wadde is dos net dos Gleiche, bee schonn dos Sprichwort säht: »Alles was sie hatte war Watte!« Nämm mo oon, din Robert kret Lust, dich e wink zi streicheln, boß dann? On usserdäm, so schlimm is en Bienestich au weder net ... Ich geb ebbes Honich on Myrrhe of dinne zwä Hiejel, do dots net so weh.
135 MENSCH Net grod bee'n Luftballong ... abber genunk on scheen, dos verschprech ich däi.
136 MENSCH Wort'. Ich bestrich se mit Honich on Myrrhe. Helf mäi.
137 MENSCH So dräi bis fünf Dooche. Es kemmt drof oon, bee laank der Stachel drinblit.
138 MENSCH Dann wärn se so bee e Wassermelon!
139 MENSCH So, siss Keenichin, jetzer hol mo dief Luft.
140 MENSCH Martha, äi steckt doo on der Kerz diss Steck Sandelholz oon zom Räuchere. *(Sie gibt ihr ein Stück Holz und setzt die Dose rasch auf eine der Brüste der Königin. Elisabeth schreit laut auf.)*
141 MENSCH Määnsch, dos is good! Säi hott glich oongebisse. Hurra!
142 MENSCH Halts uus, halts uus, Keenichin ... ich mach däi ebbes Kampfer drof.
143 MENSCH Nää, wort' noch e wink, hall dorch, mie siss Ding! Guck, do guck nur, bee scheen die schonn oonschwillt.

144 MENSCH Oh, jetzer, bo der Stachel ruus is, moß se glich sterb! Wort's ob, ich mach schonn emo die zweit Doos fertch ... mit ner näi Bien' ... Do guck ... säi läit ongerm Babier. Kloppst eima dergäje on ... brrrrr ... ab gets ... wird gestoche!

145 MENSCH Nää, dinn zweiter Dutze muß glichzietig gestoche wär, domet se gliech dick wärn. Du wist doch net, doß die ein strammstet on die anner schlaff is.

146 MENSCH Dos os nu mo die Wirkong von nem Bienestich. Buller ähbe grod, bee de moßt. Mäi sprechen ähbe, dos wär der Gull gewäse.

147 MENSCH So, jetzer isses weder so wiet. *(Sie setzt die zweite Dose auf die andere Brust.)*

148 MENSCH Jo, immer dremrem ... jo, so ... Sticht se, Keenichin?

149 MENSCH Blieh scheen ruhich. Ich hal die Doos e wink heher, dmit der Rauch besser iendringt ... do ... guck, bee die wild wird ... heerste se brumm? ... SSSSSSSSS ... Glich gets.

150 MENSCH Dusselich Bien! Wist du wohl stech! Ich breng dich em, bann de net glich stichst! *(Sie schüttelt die Dose)*

151 MENSCH *(entnimmt ihrem Korb eine neue Dose)* Nä, nä, hee kemmt der Rächer. E irish Mörder-Wesp. Der Schrecke vom Ämpeire!

152 MENSCH Nä, nä, boß du nur däänkst! Honn kei Angst, Herrlichkeit. Die sticht net so heftig bee die Bien. Hal still, blie gaanz ruhich. Martha, hal se fest.

153 MENSCH Komm, setz dich in e Schissel Wasser, dos kiehlt däi der Hingerschte ...

154 MENSCH 's is good, wort e wink, ich packs me'm Zängje ...

155 MENSCH Nä! Dismo hott si sich of die Bien gesotzt ... So e Mistviech ... *(Sie meint die Biene.)* In die Brust hot se net wollt stech ... dederfär hott se sich der Hingerschte von däi värgenomme!

156 MENSCH Hee bin ich doch schonn ... Bee gets daa, Herrlichkeit? So freh om Morje schonn of'm Bullergaul.

157 MENSCH Angere Biene!

158 MENSCH Dos is nu mo so ... Me nennt dos »die Venusbeul«.

159 MENSCH Good so ... Dos macht erotisch. Die Kerle sin gaanz meschugge dodernooch. Bee fiehlst du dich sonst so, Hoheit?

160 MENSCH Nee, Hoheit, ich honn die gaanz Nocht net geschloffe ... on bin dorch halb London geloffe. Ich moßt doch

näie Wespe soch, abber ich honn net ennen Hound met Gebell gehorrt. Es wor so still, doß me die Fleeche flieh konnt geheer, hit nocht in London.

161 MENSCH Jo, däi hots bos Schläächtes getraimt.
162 MENSCH Komm, verzähl mäis, dann konn ich däi geschprech, boß dos zo beditte hott, boß de getraimt host.
163 MENSCH In der Haand? Bee der Häns der Döufer?
164 MENSCH Dos is e Ding. En obgeschneetener Kopp, der schwätzt. On boß hott där gesäht?
165 MENSCH Us dem obgeschneetene Kopp en Goscheforz!
166 MENSCH Hochgeschmesse?
167 MENSCH Dos is bannich good!
168 MENSCH Dos bedit doch, du Herrlich ... Der Graf hott der Kopp verlore on zwor wäje däi! Hä is wiesich verknallt in däi. E scheen Geschicht! Brem erläb ich net so boß Schennes?
169 MENSCH Bann me jetzer von Neuichkeite schwätzen, Martha, erzählt ähr von däm Besuch, der bal komm soll.
170 MENSCH Jo, hä is däi weder good. Hä will däi sinne Ofwortong mach. Biste zoofreede.
171 MENSCH Määnsch, baß bloß of, sonst hoste werklich der Kopp verlore. In dissem Huss speelt mer gern me'm Ball.
172 MENSCH Derf ich au in die Fern guck. Do binn ich bee 'n Spanner!
173 MENSCH *(Geht zur Tür links auf der Balustrade)* Heert of met der Klopperäi! Die Keenichin läßt kenner rien! Säi is so verroppt, doß me sich geekel konn.
(Das Mensch öffnet die Tür und wendet sich wieder zur Königin.) 's is der Sör Häggerdenn, der Schpionierer. Soll ich's nuusschmiß?
174 MENSCH Ich soll'n wohl rienloß, dodermit hä sit, bee verroppt äi säid, Keenichin?
175 MENSCH Verbing? Dissem Oberschpionierer? Dän trifft der Schloog!
176 MENSCH Komm rien, Mailord. Wort e wink, ich moß äich der Hoot rongerzieh. Hott die Keenichin befohle. Säi will net, dos me dich oonguckt ... brem kreh ich der Hoot net ronger? ... Där hat villicht en dicker Nischel. Dos wär wohl e geheerich Steck Orbeit, däm der Nischel obzohacke ... doß wär boß fär'n Henker. So ... jetzer is der Hoot robb ...
177 MENSCH Mäi honn abber genuk von där Sort ...
178 MENSCH Nu gebbt e scheen Aantwort, Mailord.
179 MENSCH Der riskiert abber e gross flott Mullwerk.
180 MENSCH Der Schäckschpär en Verschweerer? Heilcher Bimbam!

181 MENSCH Boß fär e Ziet, boo die Liet vom Dheater derfen Bolitik mach. Dos hotts noch nie gegähn.
182 MENSCH Se sinn onne. Ich dins äich der Hoot weder hoch.
183 MENSCH Good, doß äi's net konnt gesäh, bee die geklotzt hott ... zom Ferchte! Grood bee ähre Schwääster, die Marie Dudor, die Bludich, bee se die Inquisididizon oongefange hott. Dos hott kenn Zweck ... säi hot ritzerote Hoor, grood bee ähr Vadder, der Henner der Rot, ferchterlich ... e gaanz Familie uss Roote ...
184 MENSCH Der Best von däne Rote soll der eiche Vadder vom Kirchdorm robbgeschmisse han, hot me gesäht.
185 MENSCH ZACK! Au der Nischel vom Dichter. Ab ins Kerbje. Wißt äi eichendlich, Mailord, brem die Särch in Englaand vill kerzer sinn als bo annersch?
186 MENSCH Wäil die meiste der Kobb ongerm Orm trään, bann se onger die Äar kommen.
187 MENSCH Der Hoot weder robb ... *(Es zieht ihm den Hut wieder über die Augen.)* Bee gets, Keenichin?
188 MENSCH Haalt! Do gets deef nobb. Äier Ziet fär die korz Lichekist is noch net riff. Es is werklich wohr: Bann die Justiz bläind is, is die Bollezei wingstens korzsichtich on se schielt. Loßt libber die Wachmänner rien, Keenichin, äi säid in Gefahr!
189 MENSCH He! So ne Oonspeelonge honn ich gor net gern. Schaandmull! Du weßt gornet, boß baseert is. E ferchterlich Wonder. Hit freh, es wor noch nocht, do hert die Elisabeth im Gorte en Stieglitz gebieb: ... bieb ... bieb! Säi get nuus on fingt dos Dierche schonn halb erfore ... bieb ... bieb ... hebts of on lähts on ähre Dutze, oms zo wärme, bee e god Samariterin. Dodernoch nimmt se's met nien, lähts onger ähre Bettdeck on hotts oongehaucht: Hch, hch, ... bieb ...bieb ... On Schwuppdich, is us däm Veechelche on schenner strammer Borsch geworn. Elisabeth läht sich of die Knie on reft: »Heilich Rosalie, du Scheenst aller Heiliche ... boß soll ich met dä Jingling bloß mach?« Die Rosalie aantwort: »Bieb, bieb, behal ähn ruhig, samt sinnem Veechelhänsje.« Si isses gewäse!
190 MENSCH Alles scheen on good! Dann däänken säi, hä wär der Mörder ... Piep Piep ... und machen wieder einen Stieglitz aus ihm.
191 MENSCH Dos is kei schläächt Idee ... ähn zo verkleide.
192 MENSCH Jo, dos is der jong Mann vom Priefdeenst. Der Dutzefiehler.

193 MENSCH Guck emol do onge im Gorte ... im Labirint ... die Wachposte ... on enner is of der Flucht.
194 MENSCH Dos wird der Schwäinehound säi, der in dinn Zimmer wollt kletter.
195 MENSCH Jo, machen mäi ons of die Socke. *(Sie folgt der Königin.)* Gott verdimmich, bee ofräächend. Alle Oocheblicke boß anneres. Ich komm mäi vor, bee im Dheater ...
196 MENSCH Ich möcht gewiß, bee där sich emgebroocht hat.
197 MENSCH Eu, Bee geschmackvoll. Jeu! Dos is scheen, bee im Dheater.
198 MENSCH Hee – kletter of die Gassesstelze.
199 MENSCH Sit abbedittlich uus!
200 MENSCH Himmel! Herrgott! Die Lamp is innen Kamin gefalle. *(Sie hebt den Leuchter auf. Elisabeth nimmt einen Krug Wasser und schüttet ihn in den Kamin).*
201 MENSCH Doch net met Wasser! Do qualmts jo noch vill schlimmer!
202 MENSCH Aach, aaach, aaaaach! aaaach, aaaaach, – Do brellt enner im Kamin!
203 MENSCH Wird dann in Englaand au der Wäind noch gefoltert?
204 MENSCH Guck mo doo, e Flööt... *(Sie spielt auf der Flöte.)*
205 MENSCH Erscht kreh ich e Kißje!
206 MENSCH E Kißje...
207 MENSCH Meegääre? Zo mäi? Du nennst mich Meegääre? Do soll dich doch der Blitz treffe, dos du so klin wirst. Ein Minizwerg. *(Mensch ab)*
208 MENSCH *(kommt wieder herein, sieht den Jungen am Boden liegen und erschrickt vor dem Mörder)* Zo Hilf! En Kerle! En Porr, verkleid als Mörder! Mörder!
209 MENSCH Blie, bo de bist, Keenichin, verrammel die Dääre. Hee is en Mörder, der äich socht!
210 MENSCH Blie mäi vom Ranse, du Daibel, oder ich erschiß dich met Wespestacheln!
(Der Mörder schießt. Das Mensch springt zur Seite und öffnet seine Dosen) Do host's net annerscht gewollt du Kanallje!
211 MENSCH Dos sinn die Wespe!
212 MENSCH Komm net rien, Keenichin, die Wespe sin los! *(Der Mörder öffnet die Luke am Hinterteil des Pferdes und kriecht hinein. Von oben kommen zwei Wachen die Treppe herunter. Sie schlagen um sich, als müßten sie sich der Wespen erwehren. Zur Königin nach draußen)* Baßt of! Läht äich en Lappe ofs Gesicht!

213 MENSCH Ähbe isse noch dogewäse. Ich glaub, hä is innen Schornstein gekroche ...
214 MENSCH Nä, dos wor en echter Pope. Enner von däne Finatiker fär die Relischon, mit enner Haand hallen säi däis Kritz zom Kisse hin on mit der anner Haand dinsen se om Strick mit däm se dich ofhängen, die mit enner Haand dos Holz onger dinne Feß oonstecken on mit der anner Haand däi der Sääche gebben ... massich ville Häng disse Pastore honn!
215 MENSCH Nee, wort, ich honn hee die Keenichin von däne Wespe ... bann die annere Wespe die spiern ... schwärmen se all ins Kerbje zoreck ... verdimmich ... jetzer is die Keenichin au noch onne. Bo flieht die hin? Do guck nur ... Säi krabbelt dem Gull direkt ins Nosoloch ... on die annere Wespe all hingerhär ... *(Sie deutet mit Armbewegungen an, wie die Wespen in der Nase verschwinden.)* Äi könnt äich weder ofgedeck. Entwarnong!
216 MENSCH Bos där bloß schwatzt ... hä hot werklich sinne Sinn net bäisomme, der orm Irre.
217 MENSCH Dos wird net weder good. Mausedot is där, abber zofreede ... hä lächelt.
218 MENSCH Jo, en zofällicher Onfall ... ein Onzofall! Jetzer guckt emo, boß die hohe Herrschafte fär e Gleck honn ... Erscht nemmen säi sich der Jingling mit ins Kannepee, on dodernoch läßt sich disser Olbel au noch obstech! Gewissermoße als Trinkgääld. Abber bann onsereins von sonem Kerlje en Kuß honn will, do heßt me glich: Meegääre!!
(Haggerton mit zwei Wachen. Kurz darauf die beiden Frauen.)
219 MENSCH Guck nur! Der Gull hott der Datterich!
220 MENSCH Als ob hä ebergeschnappt wär. Sicher wäje däne ville Wespe, die in die Noos nien sinn.
221 MENSCH Bäim Däibel! Beruhicht äich, Herrlichkeit!
222 MENSCH Guck hee! Bos ich fär e scheen Ofgoob derf ebernemm, om airer Hoheit zo gefalle.
223 MENSCH Versteh ich schonn, dos is normal, bann e Keenichin erschrocke is ... domet se sich weder obräht, brucht säi nur e Dienerin on de Feß ofzohänke on glich gets ähr vill besser.
224 MENSCH Doderfär hot mich allwill dos groß Gezitter gepackt ... Ich honn gebullert ... entschuldicht mich ...
225 MENSCH Schon weder met de Feß om Kleiderhoke ... jetzer meßt äi mäi helf, Sör Häggerden, ich sitz in der Fall.
226 MENSCH Soll ich die Wachmänner rif?
227 MENSCH Boß fär en Schloumeier!

228 MENSCH Stimmt! Ich schwatz, ich nemm Mooß, ich begroob.
229 MENSCH En Don hott die drof, dis Dämlichkeit ...
230 MENSCH Jo, mäi rofen äich weder.
231 MENSCH Martha, Martha, ich glaub, es wär net so gefährlich, bann du nem Diecher die Hoore om sinnen Sack rem uusropp würdst ...
232 MENSCH Oh jo, äier Hoppeler konn gaanz beruhicht gesäi, so verrockt, bee äi nooch däm soid. Hä konn getrost in sinner Kutsch doremgefohr, äi deckt jo jed Schandoot von däm. Ich derf doch e wink ebertrieb?!
233 MENSCH Ohne mich met de Feß am Megsterhoke ofzohänke? *(Elisabeth macht eine zustimmende Geste.)* Dann will ich äich ebbes sprech: Äier Mailord is so hochgestoche, doß hä meint, hä könnt sich alles erlaub, sogor, sich of äiren Kopp zu hocke ... abber vorsichtshalber met nem Kisse dronger, domet hä sich net on de Zacke von äirer Kron der Hingerschte ofrißt. *(Zu Martha)* Stimmts?
234 MENSCH Absolut?
235 MENSCH Gekofft!
236 MENSCH Oh, die Lieb, die sogar dän Herrgott besoffe macht, bis der Dräiangel of sinner Stirn oonfängt sich zo drähe. Hä hott also net ebertreebe, dinner Donsicht nooch? Himmel! Herrgott! Hä sommelt fär en Ofstaand, macht so, als bann hä äich die Referenz wollt erweis, on nimmt doderfär äire Minister in Haft, on haut die Eskort dot...
237 MENSCH Zo mäi derf en Kerl schwatz, boß hä will ... ich wär e domm Ginsel ... e schlampich Nutt ... dos könnt ich begriff ... villicht sogor geniss. »Du Nutte!« – »Ich vergeb dir!« ... Abber bann enner spricht, ich wär aalt ... Kopp ob!
238 MENSCH Dos is en Ground, desterwäje ich net Keenichin will wäär. *(Martha führt Haggerton herein)*
239 MENSCH Dos honn ich schonn mo irjendbo gehort. Ich weß net, boo.
240 MENSCH Of gets met däne korze Särch.
241 MENSCH Potz Essex on Schäkschpär!
242 MENSCH Dos honn ich au schonn emo gehort, abber ich weß es net meh so räächt.
243 MENSCH Immer kerzere Särch ...!
244 MENSCH Dos dot dos in der Seel weh, abber mäi missen se opfer, disse onsre Bridder! Amen! E Kissje fär die Witwe, ens fär die Waisekinner on der Hound werd gedemmelt ... *(Es jault wie ein Hund)*

245 MENSCH ... on ei Staatsbegräbnis ...
246 MENSCH Ojeh! Mit däm hott ses werklich!
247 MENSCH *(holt eilig eine kleine Wanne herbei)* Do, stellt äire Feß ins heiß Wasser.
248 MENSCH Dismo griffen mäi räächtzietich ien. Gebb mäi dos Kampfereel ...
249 MENSCH Komm, ich massier äich a wink ... scheen deef geschnuuft ... deef von onge rof geschnuuft ...
250 MENSCH Mäi schetten ebbes Kampfer eber die Häng ...
251 MENSCH Hee, ebbes Eel drof, ... oder nä, met Seffebreh, do rutschen se besser. Se gen net ob. Ogott, ogott, ähre Finger loffen gaanz blou oon ...
252 MENSCH Sie phantasiert ... orm Keenichin. Däi hott Fieber.
253 MENSCH Oh, Jesses, es get schoon weder mit de Alptraim on de Hirngespinste los.
254 MENSCH *(geht zum Fenster)* Zom Däibel, se bringen sich gäjesittich em ... Jetzer kemmt die Kavallerie ... sogar met Kanone schissen die ...

Isabella, drei Karavellen und ein Scharlatan*

Personen:

Zwei Zimmerleute
Begleiter, Henker
Der verurteilte Schauspieler, zugleich Columbus
Frau, Verwandte des Verurteilten
Drei Mägde der Königin
Königin Isabella
König Ferdinand
Herolde, Fahnenträger
Pater
Gelehrte
Quintinilla, Schatzmeister der Königin
Pater Diego
Pater Neugier
Pinzon
Bischof Fonseca
Johanna die Verrückte
Maria, Frau des Infanten
Zwei Ankläger
Statthalter
Schauspieler aus der Truppe des Verurteilten
Zuschauer, Seeleute, Patres, Volk

* Uraufführung: 6. September 1963, Theater Odeon, Mailand

Erster Aufzug

Bei geschlossenem Vorhang hört man kräftige Schläge, wie sie im französischen Theater den Beginn einer Aufführung ankündigen. Wenn der Vorhang geöffnet wird, erkennt man, daß die Schläge von zwei Zimmerleuten erzeugt werden, die einen Galgen aufbauen. Die Bühne ist ein weiträumiger Platz des spanischen 16. Jahrhunderts. Im Hintergrund Ruderboote. Der Galgen, der gerade fertiggestellt wird, steht in der Mitte, auf einem Podest. Der eine Zimmermann steht oben auf einer Leiter, der andere arbeitet unten auf dem Podest. Die Hammerschläge im Rhythmus gleichmäßig gegeneinander versetzt.

1. ZIMMERMANN Also ich sage dir, es ist geschmacklos; eine Hinrichtung im Karneval!
2. ZIMMERMANN Ach was! Zum Sterben ist ein Tag so gut wie der andere. (*Schlag unisono*)
1. ZIMMERMANN So, sterben, wenn die Zuschauer lachen! (*Schlag*) Nicht einmal vorm Galgen haben die Leute mehr Respekt. (*Wechselschlag*)
2. ZIMMERMANN Mag sein. Aber der, den sie heut aufknüpfen, wird sich trotzdem wie zu Hause fühlen (*Wechselschlag*) auf dem Podest, trotz Karneval: Ein Schauspieler soll er sein. (*Schlag unisono*)
1. ZIMMERMANN Einen Schauspieler wollen sie aufhängen? Heiliger Henker! (*heftiger Schlag*) Die einzige respektable Sache, die es in Spanien gibt: der Galgen ... (*Wechselschlag*) den müssen sie auch noch entweihen. Eine Inquisition ist das! (*langer Schlag*)
2. ZIMMERMANN Wieso? Kann ein Schauspieler kein anständiger Ketzer sein?
1. ZIMMERMANN Ich bitte dich. (*Langsame Schläge begleiten die Phrase.*) Wie kann jemand ein Ketzer sein, der nur das beherzigt, was er auswendig gelernt hat? (*Er nimmt eine große Säge und beginnt eine Latte zu bear-*

beiten.) Isabella hätte eine solche Mißwirtschaft nicht geduldet.
Im Karneval hat man gelacht, in der Fastenzeit hat man gedarbt, und ein Possenreißer gehörte nicht an den Galgen; der wurde geviertelt. Aber heutzutage? Es gibt keine echte Frömmigkeit mehr. (*Man hört Gesang.*)
2. ZIMMERMANN Mach dich ab, sie kommen.

(*Aus dem Hintergrund nähert sich ein Zug, halb karnevalesk, halb trauermäßig. Er ähnelt den Prozessionen von Goya und Ensor. Kapuzenmänner, Mädchen mit weißen Masken, schwarze und silberne Standarten, Weihrauchgefäße und mittendrin der Verurteilte, mit der klassischen spitzen, weißen Kapuze und der Aufschrift »Häretiker«, im weißen Totenhemd. Am Hals und an den Gelenken trägt er eine schwere Kette. Am Ende der Prozession eine große, vier oder fünf Meter lange Standarte, eine Art Gobelin, beidseitig an langen Stangen befestigt, die ebenfalls von zwei Kapuzenmännern hochgehalten werden. Alle singen:*)

Fides fidelis,
bereue deine Sünden, wasch deine Seele,
wird Glück dir geben.
Der Ketzer heult vor Qualen schon,
bald schreit er laut, bald lacht er vor Hohn.
Das Weinen steigt mit dem Lachen empor,
mit Salz vermischt sich das Zuckerrohr:
Weil im Karneval treibt es jeder mit jedem.

(*Der Gobelin, der eine Allegorie der heiligen Inquisition darstellt, wird hinter dem Podest angebracht und bildet jetzt die Rückwand einer Bühne. Die Prozession hält an. Einige stehen auf dem Schafott, einige auf der Bühne. Der Verurteilte hat versucht mitzusingen.*)

BEGLEITER (*trägt eine schwarze Kapuze und eine runde Maske ohne Nase*) Halt du dich da raus! Wieso singst du mit?
DER VERURTEILTE Darf ich nicht?

BEGLEITER Nein! Du bist verurteilt! Du bist still und beschäftigst dich mit dem Jenseits. Wir singen, um dich etwas aufzuheitern.
DER VERURTEILTE Ich versuch mich auch etwas aufzuheitern. Ich helf euch ein bißchen!
BEGLEITER Nein, du gehst in dich und denkst an deinen Tod!
DER VERURTEILTE Aber wenn ich nicht dran denken möchte?!
BEGLEITER Dann stirb so! Macht den Strick fest. (*Zwei Kapuzenmänner führen den Befehl aus.*)
DER VERURTEILTE Wieso? Werd ich nicht verbrannt?
BEGLEITER Keine Sorge! Du kriegst den kompletten Service: Wir hängen dich auf, und gleichzeitig wirst du verbrannt.
DER VERURTEILTE Es geht doch nichts über den technischen Fortschritt, nicht wahr? (*Sie nehmen ihm die Kapuze ab, legen ihm die Schlinge um den Hals und beginnen, um ihn herum Reisigbündel aufzuschichten. Ein Bote tritt ein.*)
BOTE Halt! Hört auf! Befehl vom Großinquisitor!
CHOR Die Begnadigung! Die Begnadigung!
BEGLEITER Soll das ein Scherz sein? Der wird begnadigt?!
DER VERURTEILTE (*lacht*) Ist eben Karneval!
CHOR Paß auf, die haben uns einen Streich gespielt. Wir kommen her, singen, trösten ... und dann: Begnadigung.
BEGLEITER (*liest den Tenor des Schriftsatzes, den ihm der Bote überreicht hat*) Gnaden-Erlaß ... (*zu einem der Fackelträger*) Halt ein bißchen tiefer, ich kann nicht sehen.
DER VERURTEILTE Ich wußte es, ich wußte es, es war alles ein Scherz ... Zu behaupten, ich wäre ein Häretiker! (*lacht*) Wo ich kaum weiß, was ein Häretiker ist ... Und alles nur, weil ich eine Komödie aufgeführt habe, von Rojas. (*Er hängt die Kette an zwei Haken, die sich an den Pfosten befinden, konstruiert damit eine Art Schaukel, setzt sich drauf und schaukelt.*) Rojas! Woher soll ich wissen, daß Rojas verboten ist?! He! Wenn mir einer hier runterhelfen könnte! Ich will nach Hause!

BEGLEITER (*nachdem er eine Weile in dem Erlaß gelesen hat*) Nein, du bleibst, sie haben dich nur teilweise begnadigt.

DER VERURTEILTE Ach, ja?

CHOR Ein Glück.

DER VERURTEILTE Wieso: Ein Glück?

BEGLEITER Du hast gebeten, mit deiner Truppe eine Komödie über Christopher Columbus und Königin Isabella aufführen zu dürfen? Gut. Du darfst sie aufführen, aber nur hier und sofort. Damit du einsiehst, daß in Spanien jeder tun und lassen kann, was er will! Auf diesem Schafott gibt es keine Zensur!

DER VERURTEILTE Ein Moment! Ich habe nie darum gebeten, den Christopher Columbus aufzuführen.

BEGLEITER Und was für eine Komödie wolltest du statt dessen aufführen?

DER VERURTEILTE Gar keine! Ich habe nie eine Erlaubnis beantragt, weder alleine noch mit meiner Truppe.

BEGLEITER Dann hat jemand für dich um Erlaubnis gebeten.

EINER Sie haben dir einen Streich gespielt! (*Er lacht.*)

ANDERER Einen Karnevalsstreich!

NOCH EIN ANDERER Ha, ha, wie schön: Eine Aufführung unterm Galgen ... und der Henker spielt den Theaterdiener. (*Allgemeines Gelächter.*)

DER VERURTEILTE Tut mir leid, aber ich habe nicht die Absicht, für euch den Possenreißer zu spielen. Ich hab Besseres zu tun: Ich muß meditieren ... mich vorbereiten auf einen hübschen Tod. (*Er singt.*) Fides fidelis ...

BEGLEITER Du bereitest dich auf die Aufführung vor! Befehl ist Befehl, und ich will keinen Ärger! Der Großinquisitor hat dir gestattet, den Columbus aufzuführen, und das tust du. Sonst ...

DER VERURTEILTE Sonst was? (*Ironisch*) Willst du mich umbringen?

BEGLEITER Schau, so ein Scheiterhaufen ist kein Vergnügen. Wenn du brav bist ... statt Aufhängen mit Feuerwerksuntermalung ... (*Entreißt einem der Kapuzenmänner mit rascher Bewegung ein Richtbeil*) laß ich dir nur den Kopf abhauen! Zack!

DER VERURTEILTE Nicht solche Späße!

BEGLEITER Ich hau ihn dir sogar selber ab, wenn du willst. Ein ordentlicher Hieb (*Er weist auf das Richtbeil.*) und du bist bedient! (*Er befühlt seinen Hals.*) Laß mal fühlen ... ooh! Das schafft ein Anfänger ... Das spürst du gar nicht. Du machst keinen Piep! (*Eine Frau tritt näher, während er das Beil zurückgibt.*)

FRAU (*halblaut*) He, du!

DER VERURTEILTE (*ebenfalls halblaut*) Was ist?

FRAU Sag, daß du spielst; versuch Zeit zu gewinnen ... Mein Vater hat Beziehungen zur Kirche und versucht, einen Aufschub zu erreichen.

DER VERURTEILTE Ist das wahr?

BEGLEITER Was ist wahr?

DER VERURTEILTE (*laut*) Wer sagt das?

BEGLEITER Du.

DER VERURTEILTE Was hab ich gesagt?

BEGLEITER Du hast gesagt: Ist das wahr?

DER VERURTEILTE Das muß mir rausgerutscht sein ... Oh, nein, es stimmt, ich habs gesagt ... ich fragte ... (*Die Frau gibt ihm ein Zeichen zu schweigen.*) Ist das wahr, fragte ich, daß ich nicht einmal piep sage, wenn Ihr mir den Kopf abschlagt?

BEGLEITER Glaubst du, ich belüge einen, der schon stinkt?

DER VERURTEILTE Also, dann räumt die Bühne, bitte: Wir fangen an ... (*Er verscheucht die Kapuzenmänner mit energischen Bewegungen von der Richtstätte.*) Wo sind meine Schauspieler? (*Einige bereits kostümierte Schauspieler betreten die Szene. Sie tragen einen Vorhang für den Hintergrund.*)

SCHAUSPIELER Hier sind wir.

DER VERURTEILTE Wo? Ah, da! Man erkennt euch kaum in diesen Kostümen. Sehr gut ... Die Fahne der Inquisition; bringt sie nach vorne. (*Zwei Kapuzenmänner heben die Stangen auf und tragen den Gobelin vor das Schafott, so daß er jetzt wie der Vorhang für ein absurdes Theater wirkt.*) Hier in die Löcher steckt ihr die Stangen, das ist für den Vorhang. (*Zu den Leuten, die das Schafott umlagern*) Macht euch weg, Platz da. (*Die Zuschauer machen Platz und setzen sich auf die Vorder-*

bühne mit dem Rücken zum Publikum.) Habt ihr alles dabei?

KOMIKER Fang ruhig an mit deinem Prolog, bis du fertig bist, sind wir soweit ...

DER VERURTEILTE (*zum Publikum*) Erster Aufzug, erster Akt. (*Zu einigen Zuschauern, die auf der Bühne direkt vor dem Schafott sitzen*) Nein, nein, bitte, hier vorne könnt ihr nicht bleiben; die da hinten sehen doch gar nichts, obwohl sie bezahlt haben und ihr nicht. (*Er meint das Publikum im Theater.*) Rückt was auf die Seiten, ja? (*Sie rücken meckernd beiseite.*) Oder besser, ihr kommt rauf, um mitzuspielen ... wir haben leider nicht genug Schauspieler. (*Einige gehen hinauf und postieren sich hinter der Fahne. Darunter auch der Begleiter.*)

BEGLEITER Ich spiele auch mit!

DER VERURTEILTE Warum nicht ... (*Er lacht.*) Pulcinella in Trauer ... (*Er spielt damit auf das völlig schwarze Kleid des Begleiters an, das wie das Gegenteil des Kostüms des Pulcinella wirkt.*) Vielleicht finden wir auch für euch ein Röllchen.

BEGLEITER Ich will den Liebhaber spielen, verstanden? Den Liebhaber!

DER VERURTEILTE Natürlich, den Liebhaber.

Nun denn, liebe Zuschauer, stellt euch vor, ihr wärt dreißig Jahre jünger. Wir springen zurück und leben exaktement im Jahre eintausendvierhundertsechsundachtzig. Ein hübscher Sprung! Viele von euch waren damals noch gar nicht geboren. Aufgepaßt, ich zähle bis drei: Eins, zwei und ... Hoppla! Da wären wir. (*Die beiden Kapuzenmänner tragen den Vorhang beiseite.*) Wir befinden uns im Gemach der Königin Isabella; die Mägde bereiten das Bad vor und singen.

(*Auf dem Schafott ist an einem Querträger ein Baldachin mit Zeltwänden bis auf die Erde befestigt worden. Die Mägde singen und vervollständigen dabei mit Unterstützung der zwei Zimmerleute das Bühnenbild. Einige einfache Stühle werden gebracht, ferner einige Hemden, die mit Bändern und Spitzen verziert sind.*

Königin Isabella tritt auf, gefolgt von einem schäbigen Badezuber, der wie eine ironische Abwandlung eines Thronsessels wirkt, da er eine hochgebaute Rückenlehne aufweist, in die ein Adler eingearbeitet ist. Die Wanne wird auf dem Schafott abgestellt und mit Wasser aus leeren Eimern gefüllt, die von außen über eine Kette hereingereicht werden. Das Ganze soll anmutig aussehen, wirkt aber eher grotesk. Ein Mädchen breitet zu Füßen der Königin ein Schaffell aus, ein anderes hilft ihm dabei. Als die Königin Anstalten macht, sich hinter dem Vorhang zu entkleiden, stellt ein Junge sich auf die Zehenspitzen, um zu spannen. Er wird mit Tritten in den Hintern verjagt. Die Wachen an den Seiten, die ebenfalls spekulieren wollen, werden von den Mädchen vertrieben. Die Mägde singen:)

Ein Jüngling aus Tunesien
der schwarz wie eine Auster war
verliebte sich in sie.
Sein Aug glich einem Edelstein,
sein Körper einer Gottheit glich,
sein Blick war jungfräulich und rein,
doch war er ziemlich ängstlich:
doch sie verliebte,
verliebte sich in ihn.
Lenore weiß wie Lilien,
die Erbin von Kastilien,
verliebte sich in ihn.
Der Jüngling aus Tunesien,
der schwärzer als die Auster war,
erblich, als er sie sah.
Mit seinen Armen, austerngleich,
umschloß er sie ganz fest.
Mit Lippen zitternd, liebeswund,
küßt Lenore, lilienbleich,
ganz fest auf seinen Mund,
ganz fest auf seinen Mund.
Doch ihre Brüder schossen vom Turme
ganz zornentbrannt die Pfeile um sie her.
Der Jüngling aus Tunesien

stürzt mit ihr in das Meer,
stürzt mit ihr in das Meer.
Er hält sie fest und stürzt ins Grab.
Er schwarz wie eine Auster war,
sie weiß wie eine Lilie war,
Wie eine weiße Lilie.
So sanken sie hinab.
Jedoch im Meer umfaßt er sie,
die Todesbleiche wie noch nie,
zur Austerperle wurde sie.

(*Die Zuschauer applaudieren.*)

EIN ZUSCHAUER Was is'n das für eine, die sich da wäscht?
EIN ANDERER Isabella von Kastilien.
EIN ZUSCHAUER Isabella? Die durfte sich doch nur waschen, wenn ein Bischof gestorben war?
EIN ZUSCHAUER Hitt werd eben ein Bischof gestorben sein.

EIN ZUSCHAUER Halts Maul! (*In überladener Königskleidung tritt ein Schauspieler auf.*)
EIN ZUSCHAUER Da schaut emal: Der starke Ferdinand! (*Ferdinand überquert die Bühne mit stupiden Bewegungen, die königlich wirken sollen, langsam und schwer, als ob eine Fanfare ihn begleitet, wie sie bei religiösen Prozessionen üblich sind.*)
EIN ZUSCHAUER Ob der sich auch waschen will?
EIN ANDERER Nee, der Ferdinand hat sech doch nie gewaschen!
NOCH EIN ANDERER Endlich mal ein demokratischer Herrscher! (*Gelächter und Zischen im Publikum. Ferdinand und Isabella sprechen bei Hofe Hochdeutsch. Zu Hause, auch vor den Mägden, sprechen sie ein dialektal eingefärbtes Deutsch.*)
FERDINAND (*lüpft den Vorhang*) Schon wieder ein Bad?
ISABELLA Ja, wieso?
FERDINAND Wieso: Wieso? Das ist schon das zweite in dieser Woche! Wenn das Volk erfährt, wie oft du dich wäschst... und daß du dich überall abrasierst, sogar unter den Achselhöhlen, wie die arabischen Weiber...
ISABELLA Es ist eine zivilisierte Sitte; glaub mir!
FERDINAND Ja, aber wir sind Katholiken.

ISABELLA Alles, was von den Arabern kommt, ist Sünde, nicht wahr? Wirklich sehr originell!

FERDINAND Schon wahr, aber da die meisten deiner Untertanen meinen, schlecht sei das, was dir gut erscheint, wäre es für uns nicht schlecht, wenn du dich etwas besser benehmen würdest.

ISABELLA Du gehst mir auf die Eierstöcke, mein Bester, also hör auf damit.

FERDINAND Nur weiter so mit diesen Ausdrücken ... Du bist wahrhaft königlich.

ISABELLA In meinem Hause rede ich, wie es mir Spaß macht.

FERDINAND In deinem Haus? Soweit ich weiß, gehört dieser Palast immer noch dem Alkalden Medira.

ISABELLA Ja, und wir können nicht einmal die Miete zahlen. Es ist unvorstellbar: Die Königin von Spanien ohne Dach über dem Kopf, haust wie ein Zirkuspferd, einen Monat hier, einen da. Alle naselang, wenn die Fische zu stinken beginnen, frische Luft, die Sachen packen. (*Eine Kammerzofe tritt ein.*)

KAMMERZOFE Gnädige Frau, draußen wartet Pater Galeros mit diesem Genuesen.

ISABELLA Sag ihnen, sie sollen in einer halben Stunde wiederkommen ... Oder nein: Morgen, ein andermal. Sag ihm, ich hätte keine Zeit. (*Das Mädchen geht ab.*)

FERDINAND Ist das wahr, Liebste? In einer halben Stunde ist die Parade der Bücklinge.

ISABELLA Was für Bücklinge?

FERDINAND Die Kratzfüße; der Empfang des diplomatischen Corps. Heut sind die Botschafter dran.

ISABELLA Mach du das für mich, leck du ihnen die Hände ... meinetwegen auch die Füße, wenn du magst ... ich bleib hier.

FERDINAND Warum das?

ISABELLA Weil ich das Geglotze nicht mag, wenn ich nakkend bin!

(*Die beiden Diener fahren die Badewanne mit einem Karren hinaus und winken, als stünden sie an der Reeling eines Schiffes, das in See sticht. Tubageräusche, wie von einer Schiffssirene. Die Mägde und sogar das Königspaar winken hinterher.*)

FERDINAND Nackend?

ISABELLA Was soll ich denn anziehn? Schon wieder den roten Schabrackenfummel aus Malaga, oder das lange Erdgrüne mit den Puffärmeln? Ist dir klar, daß ich seit fast einem Jahr kein Kleid mehr gekriegt habe? Ich bin die Frau des Königs und muß mich einschränken wie eine Krämersgattin. (*Der letzte Satz wird vom König mitgesprochen, der ihn schon auswendig kennt.*) Ich habe Hofdamen, die kriegen alle Monat ein neues Gewand. Sogar in Perugia und Venedig lassen die nähen, und ich: nichts da.

FERDINAND Leih dir eins!

ISABELLA Wunderbar! Und was glaubst du, von wem das Kleid war, das ich letzte Woche anhatte, bei der Schlüsselübergabe in Cordoba? Dieses hübsche Hellgelbe? Die allerkatholischste Königin, die Befreierin der Christenheit von der Tyrannei der Sarazenen, ist so heruntergekommen, daß sie sich von ihrer Hofdame eine Strickweste leihen muß! Und alles nur, weil du die Araber vertrieben hast!

FERDINAND Fängst du schon wieder an mit den Arabern. Man könnte meinen, es tut dir leid, daß ich Spanien von ihnen gesäubert habe.

ISABELLA Natürlich tut's mir leid. Ich hab dir immer gesagt, laß die Araber in Ruhe. Sie sind unser wichtigster Partner für den Handel mit Ägypten und Persien. Ohne die sind wir pleite. Aber du: Immer drauf!

FERDINAND Ich mußte es tun. Gewisse Kompromisse mit der Religion sind mir selber zuwider.

ISABELLA Nicht immer diese Gemeinplätze.

FERDINAND Was heißt hier Gemeinplätze?

ISABELLA Weil du nur redest, um dich reden zu hören, ohne vorher zu überlegen, was du sagst! Ich könnte dich in den Hintern treten.

FERDINAND Großartig! Erst werde ich beleidigt und dann bedroht – vor dem gesamten Gesinde.

ISABELLA Sei unbesorgt: Die verstehen kein Kastilisch.

FERDINAND Und wenn sie kein Wort verstehen; ich erlaube dir nicht ...

ISABELLA Was erlaubst du mir nicht? Du halbe Portion! Glaub ja nicht, du wärst hier bei deinen böotischen Saufkumpanen!

FERDINAND Böoten nennst du Helden, die mit mir gekämpft und gesiegt haben?!

ISABELLA Nur mit Hilfe meiner Kanonen! (*Die Mägde wickeln Isabella in ein Bettuch.*)

FERDINAND Das nennst du Kanonen ... dreiunddreißig ausrangierte Feldschlangen mit je drei Kugeln.

ISABELLA Ja, drei Kugeln für jede, aber vor Sevilla hat eine Breitseite ausgereicht, und die Araber sind gerannt wie die Hasen ... Ich weiß genau, wie gerne du diese Feldschlangen hättest. Aber nichts da! Mein Bester, nichts da! Die Artillerie habe ich von meiner Mutter geerbt, die gehört zu meinem Brautschatz: Und wehe, du rührst sie an! Manchmal glaub ich, du hast mich nur geheiratet, weil ich die Artillerie meiner Mutter mit in die Ehe gebracht habe. Du Glückspilz!

FERDINAND (*mit einer zornigen Geste*) Spotte nur! Ich bin sowieso nur dein Zuchtbulle. Und dann behauptest du noch, du liebst mich ...

ISABELLA Aber mein Lieber, wie könnte ich anders ... So ein hübscher Junge wie du ...

FERDINAND Du gibst mir noch nicht mal einen Hausschlüssel!

ISABELLA Aber, Liebling, du vergißt, daß ich im Gegensatz zu dir die Tochter eines wirklichen Königs bin! (*Ferdinand macht eine Geste, als halte er das Gespräch nicht mehr aus und lächelt spöttisch.*) Daß mein Bruder schon König war, als du noch ...

FERDINAND Ein schöner König! Heinrich der Vierte, genannt der Impotente! Der seinen Thron an seine Schwester abgegeben hat! Bei deiner Krönung haben die Leute gerufen: Endlich haben wir einen König, an dem alles dran ist! (*Er imitiert den Trommelschlag.*) Es lebe der König! (*Er imitiert eine Fanfare.*)

ISABELLA Sprich nicht so in Anwesenheit einer Dame!

FERDINAND Einer Dame?! Ein Monster bist du, ein Tyrann. Ich brauche deine Unterschrift unter ein Dekret; du willst es erst sehen, überprüfen, beglaubigen. Ich mache einen Vorschlag, der Kronrat bestätigt ihn ... dann kommst du und läßt mich abblitzen ... Und bei Hofe schauen sie mich an, als wollten sie sagen: Was für ein jämmerlicher König!
(*Die Kammerzofe tritt wieder ein und gibt der Königin eine Briefschaft.*)
KAMMERZOFE Madame, das gab mir Pater Galero.
ISABELLA (*weist auf den Brief*) Von deinem Freund, dem Grafen von Medina. (*Zur Magd*) Sag dem Pater, ich werde ihn nicht empfangen, nun gerade nicht, weil er mit einem Empfehlungsschreiben kommt. Es muß endlich Schluß sein mit den Referenzen, Empfehlungsschreiben, Trinkgeldern für Kanzleiboten etc. (*Das Mädchen ab.*)
FERDINAND Da siehst du's! Der Brief war an mich, und du zeigst ihn mir nicht mal. Dabei ist dieser Genuese ...
ISABELLA Der übliche Scharlatan, der eine Entdeckungsreise machen will, die ich bezahlen soll.
FERDINAND Es hätte dich jedenfalls nicht viel gekostet, mir zu sagen, was du davon hältst.
ISABELLA Aber Liebster, ich will doch nur vermeiden, daß du dich überanstrengst. Du weißt genau, wenn du nachdenken mußt, leidet deine Verdauung.
FERDINAND Oh, nein! (*Er dreht sich erregt im Kreis und stößt mit dem Kopf gegen einen Pfosten.*) Es reicht!
ISABELLA Aber ja, Liebster, es reicht, es reicht ... Komm her zu deiner kleinen Isabella, wir schließen Frieden.
FERDINAND Nein.
ISABELLA Ferdinand, sei nicht störrisch.
FERDINAND Nein.
ISABELLA Zu deiner kleinen Isabella.
FERDINAND Nein!
ISABELLA (*wechselt abrupt den Tonfall; herrisch*) Du kommst sofort her! (*Sie beginnt sich eine Paste ins Gesicht zu schmieren.*)
FERDINAND Ich frage mich: Warum wäschst du dich, um

dich anschließend mit diesem Zeug zu verschmieren? Nur weil du das bei den Arabern gesehen hast? Und dann behauptest du noch, du wärst katholisch.

ISABELLA Ferdinand, schau, katholisch ist nicht dasselbe wie blöd! Wenn ich mir die Araber anschaue, sind sie in vielen Dingen zivilisierter als wir. Von ihnen habe ich gelernt, daß religiös sein nicht gleichbedeutend ist mit schmutzig sein oder stinken wie ein Ziegenbock.

FERDINAND Was schaust du mich so an?

ISABELLA (*ohne ihn zu beachten*) Durch sie habe ich sogar Platon und Aristoteles kennengelernt.

FERDINAND Wie schön, Platon und Aristoteles. Du als Frau. Außerdem ist die Lektüre heidnischer Texte eine Todsünde.

ISABELLA Bist du wirklich überzeugt davon?

FERDINAND Überzeugter geht's nicht.

ISABELLA Da hast du dein Fett. (*Versetzt ihm einen Arschtritt*)

FERDINAND Was ist jetzt los?

ISABELLA Ich mußte einfach: du bist die überzeugendste Ansammlung von Vorurteilen, die ich kenne! Scheinheilig wie ein Küster mit Rachenkatarrh!

FERDINAND Jetzt tritt sie mich schon vor dem ganzen Gesinde!

ISABELLA Ich hab dir gesagt: sie verstehen kein Kastilisch.

FERDINAND Weißt du was? Du bist verrückt!

ISABELLA Ach so, ich bin verrückt, weil ich dich behandele, wie du es verdienst, und mir nichts vormachen lasse? Aber die Protzerei ist vorbei.

FERDINAND Was für eine Protzerei?

ISABELLA Bis vor kurzem hatten wir Krieg, da mußte ich die Dinge laufen lassen und so tun, als sähe ich nichts ...

FERDINAND Was hast du bemerkt, was du nicht bemerkt haben willst?

ISABELLA Stell dich nicht dumm, Ferdinand! Meine Kanonen; die du an die Bank von Florenz verpfändet hast. Für dreihunderttausend Maravedi. Donnerstag ist die erste Rate fällig ... (*Zu Ferdinand, der aus ihrem Schmuckkoffer ein Schmuckstück genommen hat*) Laß meinen Schmuck in Ruhe! Danke.

FERDINAND Wer hat dir diesen Blödsinn erzählt mit den Kanonen?
ISABELLA Die Florentiner, mein Lieber, die bei mir waren, um sich die Unterschrift bestätigen zu lassen: meine Unterschrift, die du gefälscht hast. Eine Sauerei ist das!
FERDINAND Diese Gauner ... Schau, Teuerste, ich schuldete meinen Soldaten einen Monat rückständigen Sold. Da dachte ich, diese alten Feldschlangen brauchten wir nicht mehr. Ich hab Schluß gemacht mit dem Kriegführen, Ende. Ich hab keine Lust mehr. (*Er hält sich vorsichtig auf Abstand von der Königin.*)
ISABELLA Wirklich? Mal angenommen, ich glaube dir; wenn nun irgendein anderer Krieg spielen möchte, und auf einmal haben die Florentiner ihm Kanonen verkauft und du schaust geradewegs in die Mündungen deiner Kanonen?
FERDINAND Meinst du wirklich? Diese verdammten Itaker! Was ist das für ein Königreich, das wir regieren müssen?! Diese Toskaner verschieben Darlehen, kassieren ab ... Hast du eine Ladung zu verschicken? Wende dich an die Genueser. Ein Schiff willst du ausrüsten? Geh zu den Vicentinern oder den Piacentinern. Wegen Waffen sprich mit den Mailändern. Alle diese Hungerleider, die sich zu Hause mühsam durchschlagen, und dann kommen sie zu uns, um abzusahnen. Wir mußten einen Krieg führen, wir haben gekämpft, bis uns der Arsch ...
ISABELLA Ferdinand!
FERDINAND Bis uns die Zunge zum Hals raushing! Aber sie – kommen her, schön wie die Sonne, die sie bei uns genießen.
ISABELLA Gut so, Liebster, daß du es endlich begreifst. Und jetzt geh runter, laß dir die Hände ablutschen ... Und behandle sie gut, mit Anstand. Nun geh schon!
FERDINAND Ja.
ISABELLA (*zu einer Hofdame*) Den Hut, Arabel. (*Zu Ferdinand, während die Hofdame ihm den Hut reicht*) Im doppelten Boden meines Schmuckkästchens ist eine Geldbörse mit dreihunderttausend Maravedi. Aber gib acht: Es sind die letzten. Mehr kriegst du nicht.

FERDINAND Dreihunderttausend Taler? Bist du sicher?

ISABELLA Ich habe sie für dich aufgehoben. (*Zu Ferdinand, der aufgeregt mit dem Geldsäckchen klimpert*) Mach nicht solchen Krach, mich langweilt dieses Geklimper.

FERDINAND Ja, aber, wo hast du das her?

ISABELLA Lauf, und streng dein Köpfchen nicht so an; da ist nicht genug drin, Liebster.

FERDINAND Schon wieder! Du behandelst mich wie einen Dummkopf, der nur gut ist fürs Bett.

ISABELLA Oh, nein ... muß das sein, solche Gespräche vor den Dienstboten?

FERDINAND Aber du sagst selbst, sie verstehen nicht Kastilisch.

ISABELLA Das Wort Bett verstehen sie immer. (*Eine Magd befestigt am Hals der Königin einen Spitzenkragen.*) Nicht so fest! Du erwürgst mich! (*Ferdinand ab. Von draußen ist ein Schrei zu hören.*)

FERDINAND (*kehrt eilig zurück*) Was ist, warum hast du geschrien?

ISABELLA Ich hab nicht geschrien! (*Columbus tritt ein. Er trägt die Kammerzofe auf dem Arm. Das Mädchen sieht schlecht aus. Der Pater stützt ihren Kopf.*)

COLUMBUS Verzeiht, Majestät, das Mädchen ... Ich weiß nicht, was ihr fehlt ... Wir müssen sie hinlegen ... meine Verehrung, Madame. (*Columbus und der Pater knien nieder, das Mädchen auf dem Arm.*)

ISABELLA Was soll das? Eure Reverenz könnt ihr ein andermal erweisen. Kommt her.

COLUMBUS Verzeihung, Majestät: einen Tisch bitte. Rasch einen Tisch, um das Mädchen hinzulegen.

ISABELLA Wozu einen Tisch? Legt sie auf mein Bett.

COLUMBUS Mit Verlaub; bei Leichenstarre hilft nur ein Tisch.

ISABELLA (*gibt ihren Mägden ein Zeichen*) Eijeijei! Was mag sie nur haben? Es ging ihr so gut vorhin.

COLUMBUS Sie fiel plötzlich hin ...

FERDINAND Sie wird doch nicht vom Teufel besessen sein, das dumme Ding?

DIE KRANKE (*jammert*) Fort, fort! ... Fort, fort!

DIE MÄGDE Der Teufel! ... Hört ihr, der Teufel! Segnen Sie sie, Pater! (*Columbus steckt dem Mädchen ein Taschentuch in den Mund.*)

PATER Da hilft nur Weihwasser ... Wir bringen sie in die Kapelle!

FERDINAND Großartig! Ihr bringt den Teufel in die Hofkapelle!

ISABELLA Bitte, schweig still! Vielleicht hat sie einen epileptischen Anfall? (*Zu einer Magd*) Lauf und hol den Doktor. (*Mädchen ab*)

COLUMBUS Bringt mir eine Blase mit kochendem Wasser und eine mit eiskaltem. (*Ein Mädchen läuft, die beiden Gefäße holen.*)

ISABELLA Was habt ihr da in ihren Mund gestopft?

FERDINAND Ein Taschentuch, damit sie nicht schreit.

COLUMBUS Nein, damit sie sich nicht die Zunge durchbeißt!

ISABELLA Glaubt Ihr auch, es ist Epilepsie?

FERDINAND Der Teufel ist es, der Teufel.

COLUMBUS Nein, ich glaube eher, es handelt sich um einen zerebralen Blutandrang, eine hysterische Krise.

ISABELLA Ein hysterischer Anfall?

COLUMBUS Pater, in meiner Satteltasche ist ein Kästchen mit kleinen Flaschen. Holt sie mir bitte.

PATER (*geht los, hält aber erschrocken inne*) Ja, aber das Maultier schlägt aus ... Mit einmal krieg ich einen Tritt in den Bauch ...

COLUMBUS Ihr geht einfach rückwärts an ihm vorbei!

PATER Oh, ja, oh, ja, so geht es. Mit Eurer Erlaubnis ... (*Er kniet nieder und verbeugt sich vor Isabella*)

ISABELLA Geht nur, Pater.

(*Pater geht ab.*)

MAGD Hier ist die Blase mit heißem Wasser.

COLUMBUS (*nimmt sie*) Gut so, jetzt die ...

MAGD Vorsicht, heiß.

COLUMBUS Was ist heiß?

MAGD Die Blase.

COLUMBUS Ahii! Mamma! (*Er reicht die Blase entsetzt einem Mädchen, das sie ebenso eilig weiterreicht. Die Blase geht durch mehrere Hände. Alle Mädchen tun so, als hätten sie sich verbrannt. Schließlich endet die Blase bei der Königin.*)

ISABELLA Das Wasser ist kalt.

MAGD (*probiert*) Oh, ja, das ist tatsächlich die Blase mit dem kalten Wasser. Hier ist das heiße Wasser.

COLUMBUS Na bitte, dann gebt sie mir. (*Nimmt die Blase*)

MAGD Vorsicht, heiß!

COLUMBUS Wie heiß?

MAGD Kochend heiß.

COLUMBUS Ahiii! (*Stellt die Blase rasch auf den Bauch der Kranken, die entsetzlich zu schreien beginnt*) Es brennt, ich weiß, es brennt. Wir haben verstanden, es brennt, deshalb braucht sie nicht so zu schreien! (*Deutet auf die Blase mit dem kalten Wasser*) Würdet Ihr bitte das da auf ihre Stirn stellen?

MAGD Laßt mich machen.

KRANKE Fort! Fort!

COLUMBUS Und das Kohlenbecken unter ihre Füße.

ISABELLA (*während eines der Mädchen das Kohlenbecken näher rückt*) Wollt Ihr sie rösten?

COLUMBUS Nein, ich will nur etwas Weihrauch entzünden. Ihr habt doch Weihrauch?

ISABELLA (*holt eine Schachtel und reicht sie ihm*) Sogar Sandelholz, wenn es was hilft. Nehmt nur.

COLUMBUS Verbindlichsten Dank.

FERDINAND Was soll das, sind das Hexereien?

ISABELLA Schweig!

COLUMBUS (*nimmt ein Büchlein aus der Tasche und liest laut vor, wobei er gemessenen Schrittes um den Tisch läuft, auf dem das Mädchen liegt. Im Vorbeikommen streut er Weihrauch in das Kohlenbecken.*)

»Erubuit: Decet alba quidem pudor ora, sed iste, si simules, prodest; verus obesse solet. Cum bene deiectis gremium spectabis ocellis, quantum quisque ferat, respiciendus erit. Forsitan immundae ...

Labitur occulte fallitque volatilis aetas et celer admissis labitur Annus equis.

MÄGDE (*im Chor*) Amen.

PATER (*tritt ein und hält eine Schachtel*) Ist es das hier?

COLUMBUS Ja, danke. (*Entnimmt der Schachtel ein Fläsch-*

chen) Würdet Ihr das Mädchen bitte etwas davon riechen lassen?
ISABELLA Gebt es mir. Einen Stuhl für den Pater!
PATER Nein, danke, ich kann mich nicht setzen.
ISABELLA Ihr könnt nicht sitzen? Warum das?
PATER Diese Maultiere haben keinen Respekt ... (*Er tut einige humpelnde Schritte rückwärts. Isabella entkorkt die Flasche und hält sie dem kranken Mädchen unter die Nase.*)
COLUMBUS Nicht zu nahe unter die Nase: sie muß sonst niesen.
ISABELLA (*riecht selber an der Flasche*) Man muß niesen? Haa ... hat ... haat ... Aihjeihjeih! ... (*Die Königin muß niesen; eine Hofdame stellt sich so hin, daß die Königin sie sehen muß, und niest ihrerseits.*) Danke, meine Liebe ...
HOFDAME Gern geschehn, Majestät.
FERDINAND Gibs mir, gibs mir. (*Entreißt ihr das Fläschchen*) Ich niese für mein Leben gern. (*Er schnüffelt, muß niesen, hält angestrengt inne, bevor er losniest und schaut besorgt.*) Es ist doch keine Sünde, nicht wahr, Pater?
PATER Ich glaube nicht.
COLUMBUS Wenn überhaupt, dann befreit uns das Niesen von allen bösen Neigungen des Körpers.
PATER Also auch von der Boshaftigkeit.
FERDINAND Nieder mit der Boshaftigkeit.
(*Ferdinand niest entsetzlich. Columbus läßt auch den Pater riechen, riecht selber, reicht den Flacon an Isabella, die ihn ihren Hofdamen weiterreicht. Es beginnt ein rhythmisches Niesen im Chor, mehrstimmig.*)
DIE KRANKE (*erwachend*) Mamma, was ist passiert?
ISABELLA Nichts, nichts, wir haben nur geniest ... Leg dich hin, du bist krank.
COLUMBUS Nein, nein, laßt sie ruhig aufstehen: Sie ist geheilt. Ein hysterischer Blutandrang, sonst nichts.
ISABELLA Ihr seid Arzt, nicht wahr?
COLUMBUS Nein, Majestät, nur Seemann. Ein Seemann muß sich überall durchlavieren können.

FERDINAND Ihr nennt durchlavieren, auf Lateinisch Psalmen zu rezitieren?
COLUMBUS Sehr gütig.
FERDINAND Nicht so bescheiden!
COLUMBUS Zu gütig!
ISABELLA Ihr seid der Genuese, der mich sprechen wollte?
COLUMBUS Der bin ich.
ISABELLA Christopher Columbus ...
COLUMBUS Cristóbal Colón nennt man mich hier.
FERDINAND Gut, gut und schön ... Christopher Cristóbal. Ich muß gehen, man erwartet mich.
COLUMBUS Auf Wiederschaun, Majestät.
FERDINAND Oh, ja ... ja. Vielleicht sehen wir uns wieder. Pater, warum kommt Ihr nicht mit mir? Etwas Gesellschaft, bei diesen Stiefelleckern ...
PATER Gerne ... wenn es gestattet ist ... Madame? (*Die Königin erlaubt ihm mit einer Kopfbewegung, sich zu entfernen.*)
FERDINAND (*zum Pater*) Alle Achtung, euer genueser Freund geht aber ran ... (*Zu Isabella*) Auf später, Isabella.
ISABELLA Bis nachher, mein Würmchen.
FERDINAND (*betroffen*) Oh, nein ... Jetzt auch schon, wenn Ausländer dabei sind ... du bist böse.
ISABELLA Und du legst sofort das goldene Medaillon wieder hin, das du hier weggenommen hast!
FERDINAND Bitte, sie demütigt mich vor allen ...
COLUMBUS (*grüßt den König gedankenverloren, der jetzt endgültig geht*) Würmchen ... ehem: Majestät!
ISABELLA Nehmt Platz, Columbus. Hat Euch der Pater gesagt, daß sich Don Ferdinand von Hexenkünsten beeindrucken läßt?
COLUMBUS Ich verstehe nicht, Hoheit ... wirklich.
ISABELLA (*mit einem fast ironischen Lächeln*) Aber Ihr werdet rot ... Seid unbesorgt, ich bin nicht beleidigt ... Ich muß Euch sogar sagen, daß ich für Komödianten etwas übrig habe. (*Fast vertraulich*) Warum habt Ihr diesen Exorzismus gelesen?
COLUMBUS Es war kein Exorzismus, Madame, sondern ein Gebet.

ISABELLA Ein Gebet von Ovid?
COLUMBUS (*überrascht*) Ihr kennt die Verse?
ISABELLA Warum nicht? (*Sie rezitiert, ohne groß nachzudenken.*)
Als sie dem lüsternen Blick nun frei von Umhüllungen dastand,
nirgend ein Fehl zu erspähn war an der ganzen Gestalt:
Was für Schultern und Arme zu sehn, zu befühlen gelang mir!
Für die umspannende Hand schienen die Brüste gewölbt.
COLUMBUS Woher kennt Ihr die Verse?
ISABELLA Von einem meiner Höflinge. Ich hielt sie für ein Liebesgedicht, dann stellte ich fest, daß sie aus den Ratschlägen einer alten Kupplerin stammen, die einem jungen Mädchen die Freuden der Prostitution erklärt.
COLUMBUS Ich schwöre, das habe ich nicht gewußt.
ISABELLA Jedenfalls habt Ihr profane Verse für ein Gebet ausgegeben, und die anderen sagten auch noch: Amen!
COLUMBUS Ich weiß, es war nichtswürdig, aber ich mußte das Mädchen beeindrucken, und da eignet sich jedes Gewäsch, natürlich nur auf lateinisch.
ISABELLA Auch die Ratschläge einer Kupplerin?
COLUMBUS Wenn die Absicht ehrenhaft ist ...
ISABELLA Ihr wißt, wie das Gedicht endet? »Wenn du dich so hingibst, erreichst du alles, was du von ihm willst. Wenn der Zweck es erfordert, scheue dich nicht, zu lügen.«
Ich halte mich selbst an dieses Rezept. Manchmal.
COLUMBUS Ihr beliebt zu scherzen.
ISABELLA Nicht im geringsten. Die Menschen bei Hofe sind so stupide, daß sogar ich zuweilen, zu ihrem allerbesten, so tun muß, als wäre ich eine bigotte Frömmlerin. Stellt Euch vor: ich mußte die Ungeheuerlichkeit verbreiten, daß ich mich nur einmal im Monat wasche, und das nur, weil meine Untertanen etwas seltsame Vorstellungen vom Duft der Frömmigkeit haben. Ihr seht, ich habe Verständnis, wenn Ihr Euch als Hexenmeister ausgebt, um meine Sympathien zu erringen. Ich

mag Männer mit Phantasie, mit neuen Ideen, ohne Vorurteile.
COLUMBUS Gut, Madame. Wenn Ihr erlaubt, ich bin hier, eben um Euch eine großartige Idee zu unterbreiten. Wenn Ihr mir gütigerweise zuhören wollt ...
ISABELLA Was für eine Idee? Sprecht.
COLUMBUS Ich möchte auf dem entgegengesetzten Weg nach Indien fahren!
ISABELLA Heißt das, die Küsten Afrikas entlang? Diesen Plan hat auch mein Cousin, Johannes von Portugal.
COLUMBUS Nein, ich spreche nicht von der Umsegelung Afrikas, sondern von einem sehr viel kürzeren Weg: direkt Richtung Westen übers Meer und nach Indien von hinten herum ...

(*Zwei Herolde mit dem üblichen Teppich-Vorhang treten auf und befestigen ihn wie zuvor; ihnen folgen zwei Mägde, die mit Isabella und Columbus das folgende Singspiel aufführen.*)

MÄGDE UND HEROLDE Da seht, wie Columbus erzählt!
  Isabella lauscht leise erbebend.
  Sie fühlt sich mit ihm auf dem Meer.
  Das Meer, wie es rauscht so erhebend.
  Und das Zimmer schwankt um sie her.
ISABELLA Oh Columbus, was für ein Wunder:
  Die Welt ist vom Himmel umgeben.
  Die Leute fallen nicht runter,
  und das Meer bleibt einfach dran kleben.
(*Columbus nimmt eine Kanne Wasser, füllt sie und läßt sie fast tänzerisch schwingen, ohne einen Tropfen Wasser zu vergießen.*)
COLUMBUS Nehmt ein Gefäß und schleudert es schnell,
  kein Tropfen Wasser fällt runter.
  Das Beispiel ist zwar nicht originell,
  doch überzeugt es mitunter.
(*Die Mägde entzünden eine Kerze und reichen sie ihm, zusammen mit einem Apfel.*)
MÄGDE UND HEROLDE Nun deutet er ihr den Lauf der Gestirne.

COLUMBUS Die Erde ein Apfel (*Beiseite*) oder Birne
Die Kerze sei unsere Sonne.
So kreist alles, nichts bleibt verschont.
(*Beiseite*) Holder Busen du bist eine Wonne.
Ich meine den Mond.
MÄGDE UND HEROLDE Die Zeit vergeht mit dem Gerede:
COLUMBUS In Asiens Weiten, im fernen Land,
HEROLD (*zum Publikum*) Es ist dunkel und wird schon später!
COLUMBUS Lebt ein Vogel, Phönix genannt,
mit einem Antlitz, madonnengleich,
die goldenen Federn mit Diamanten.
Wer ihn besitzt, wird glücklich ...
und reich.
ALLE Der Klang seiner Stimme macht froh,
es ist, als läget Ihr irgendwo
auf einer Wiese, geliebt und berauscht.
Eurer Liebsten Stimme Ihr lauscht.
MÄGDE UND HEROLDE Doch weit ist es noch bis Indien.
Er wird's heute nimmer finden.
COLUMBUS Ach mein Gott, sie ist eingeschlafen.

(*Er bemerkt, daß Isabella schläft, erschrickt, stolpert über die Kanne und pustet vor Schreck die Kerze aus. Völlige Dunkelheit.*
Trompetenstöße. Das Licht geht wieder an. Die Herolde nehmen den Vorhang beiseite. Columbus sitzt unter einem Bogen in der Mitte, wie ein Angeklagter.
Auf zwei kleineren Sesseln die Königin und der König. In Isabellas Nähe wird ein Tisch gestellt, auf dem sich verschiedene hölzerne Hände befinden, die alle eine andere Handhaltung aufweisen. Eine Hand mit ausgestreckten Fingern, eine Hand an der nur der Zeigefinger ausgestreckt ist etc. Isabella nimmt die Hand mit dem ausgestreckten Finger, als wolle sie auf jemanden deuten. Gelehrte und Theologen stehen herum.
Einer von ihnen macht Anstalten, Columbus zu verhören. Er wird gefolgt von einem Diener, der einen Schirm mit einer langen Stange über ihn hält.)

1. GELEHRTER Lieber Colom oder Colum oder Columbus ... oder wie zum Teufel Ihr Euch zu titulieren beliebt, je nach den Umständen, Ihr behauptet, ein Schiff kommandiert zu haben, eine Art Handelsschiff. Ihr wart nicht zufällig auch Seeräuber?
COLUMBUS (*ohne eine Miene zu verziehn*) Selbstverständlich! Ich war Korsar. (*Gemurmel im Publikum*)
EIN ZUSCHAUER Höh! Höh! Columbus ein Seeräuber. Das hab ich noch nie gehört!
COLUMBUS Doch, ich war Seeräuber, im Dienst der Anjou, während des neapolitanischen Erbfolgekrieges. Wir haben aragonische Schiffe gekapert und ausgeraubt ...
FERDINAND Die Schiffe von Onkel Alfons? Geschieht ihm recht, diesem dicken Stinker!
ISABELLA Ferdinand, benimm dich! (*Der König sinkt in sich zusammen und brummelt vor sich hin. Sie legt den ausgestreckten Zeigefinger der Holzhand an die Lippen.*) Ssst!!
1. GELEHRTER Und Ihr habt nicht versehentlich auch gelegentlich ein nicht-aragonesisches Schiff gekapert?
ISABELLA Was sollen diese Fragen? Diskutieren wir hier über einen neuen Seeweg nach Indien, oder sitzen wir zu Gericht über einen Hühnerdieb?
1. GELEHRTER Hühnerdieb? Das kommt der Sache recht nahe, Madame. Fragt einmal unseren Genuesen, was er auf dem Piratenschiff gemacht hat, das am 13. August 1476 unter französischer Flagge vor San Vincente die Genueser Galione angriff, die fünftausend Sack Getreide und dreitausend lebende Hennen an Bord hatte.
FERDINAND Trotzdem ... Hühnerdieb, aber en gros ... (*Die Königin macht eine drohende Gebärde, worauf er sich völlig in sich zusammenzieht.*)
ISABELLA Schweig still! (*Sie versetzt ihm eine Ohrfeige mit der Holzhand.*)
1. GELEHRTER Zum Unglück für die Angreifer, ehem, fing die Galione Feuer, und so wurden die Angreifer und die Angegriffenen geröstet, zusammen mit dreitausend Hähnchen, Hennen und Kapaunen.
STIMME AUS DEM PUBLIKUM Mamma, ich habe Hunger!
1. GELEHRTER Unser Columbus war einer der wenigen

Überlebenden. Was haltet Ihr jetzt ... (*Zum Diener, der nicht aufgepaßt hat, so daß der Gelehrte den Schirm nicht mehr über sich hatte.*) Wie haltet Ihr denn den Schirm?! (*Der Diener hält den Schirm wieder richtig.*) Was haltet Ihr jetzt von einem Mann, der seelenruhig ein Schiff seines Vaterlandes ausplündert? Wie nennt man einen Menschen, der seine eigenen Landsleute röstet?

STIMME AUS DEM PUBLIKUM Großinquisitor!

BEGLEITER (*ruft aus der Kulisse hervor*) Wer war das? Wer hat das gesagt?!

1. GELEHRTER (*zeigt auf den Verurteilten, der den Columbus spielt*) Er wars!

BEGLEITER Der Verurteilte? Gut, fahrt fort, hinterher wird er sowieso ... Zack! (*Deutet durch eine Geste an, daß ihm der Kopf abgeschnitten wird, und zieht sich zurück.*)

1. GELEHRTER (*deutet auf den Verurteilten, der den Columbus spielt*) Wollt Ihr die Schiffe unserer katholischen Königin (*erinnert sich an den König*) und des Königs ... der ebenfalls katholisch ist, einem Mann anvertrauen, der so ohne Vaterlandsliebe ist?

FERDINAND Natürlich nicht! Das Vaterland ist wie eine Mutter. (*Gibt dem Diener mit dem Schirm ein Zeichen, ihn zu begleiten*) Ein Mensch, der seine Mutter nicht liebt, ist entweder der Sohn einer Hure ... und dann hat er nicht einmal unrecht ... oder ein Waisenkind ... und dann hat der Ärmste unser ganzes Mitgefühl ... aber deshalb können wir ihn doch nicht, bloß weil er etwas demoralisiert ist, zum Admiral ernennen ... Unsere Marine ist kein Waisenhaus. (*Die Königin zieht ihn am Ärmel und zwingt ihn, sich hinzusetzen.*)

ISABELLA Ferdinand, sei artig. Komm her, setz dich und schweig! (*zu Columbus*) Columbus, man beschuldigt Euch, ein Verräter zu sein! Also bitte, rechtfertigt Euch, sonst Ade liebes Indien.

COLUMBUS Was soll ich sagen? Alles Lügen! Vor San Vincente war ich nicht bei den Seeräubern, sondern auf dem Schiff, das angegriffen wurde!

1. GELEHRTER Aber gewiß, er war bei den Hühnern ... oder nein, bei den Hähnen, aber verkleidet als Gockel!

(*Alle lachen. Das Gelächter geht in ein Glucksen über. Columbus übertönt sie alle und imitiert ein gackerndes Huhn, wobei er auch so herumläuft. Das Ganze endet in einem übertriebenen Lachen des Königs, das große Ähnlichkeit mit einem Kikeriki hat.*)

FERDINAND (*noch immer lachend zu Columbus*) Gut, wirklich, das ist gut.
COLUMBUS Ein Späßchen, Majestät.
FERDINAND Also dann ... ich muß Euch leider verlassen, so leid es mir tut um die angenehme Gesellschaft.
ISABELLA Aber, Liebster, was soll das?
FERDINAND Die Pflicht ruft, meine Gute. (*Isabella wechselt das Holzhändchen, nimmt eine ausgestreckte Hand und reicht sie ihm zum Kuß.*) Ich muß zur Belagerung von Malaga! Aber bitte, laßt Euch nicht stören ... Bleibt sitzen, bleibt sitzen.

(*Er springt auf das Podest, an dessen Querlatten eine Rüstung, ein Helm, die Armschützer und andere Dinge hängen, aus denen eine Ritterrüstung besteht. Der König wird angezogen und verwandelt sich in eine eiserne Marionette.*)

ISABELLA Zur Belagerung von Malaga?
ALLE Hurra! Hurra! Malaga ist besetzt von den Mauren. (*Kurze Pause*) Tod den Ungläubigen ... Tod!
ISABELLA Schon wieder Krieg?
ALLE Ja!
ISABELLA Willst du uns unbedingt ruinieren?
ALLE Tod den Mauren!
ISABELLA Reichen dir nicht die Schulden, die wir haben!
ALLE Tod den Ungläubigen!
FERDINAND Beruhige dich, Liebste! Laß mich in Ruhe Krieg führen.
ISABELLA Beruhige dich, Liebster, beruhige dich! Ich habe schon verstanden: Ich krieg wieder kein neues Kleid.
FERDINAND Das ist nicht gesagt. Diesmal werden wir von einem Bankenkonsortium aus Pisa und Genua finanziert. Wenn ich Malaga erobere, verdienen wir einen

Haufen Geld ... Das gibt mehr als nur ein Kleid ... Diesmal können wir uns ein eigenes Haus kaufen!
ISABELLA Dein Wort in Gottes Ohr ... Leb wohl, Ferdinand, und sei vorsichtig, ich bitte dich ... vor allem, wenn sie das kochende Öl runterschütten.
FERDINAND Sei unbesorgt, Liebste.
(Zwei Herolde halten zwei Stangen auf den Schultern. Er steigt hinauf, als wäre es ein Pferd und reitet hinaus.)
ISABELLA Schreib mir, sobald du kannst ... Und laß dich nicht mit den Mädchen aus Malaga ein ... du weißt, du bist gegen sie allergisch!
ALLE Hurra! Hurra! Malaga ist besetzt von den Mauren! *(Pause)* Tod den Ungläubigen! Tod! *(Eine Weltkarte wird hereingebracht. Ein zweiter Gelehrter baut sie auf.)*
2. GELEHRTER Einverstanden, einverstanden mit der Kugelförmigkeit der Erde ... und ich stimme auch zu, daß man, theoretisch, nach Indien gelangen kann, wenn man nach Westen fährt. Doch wie schon das Sprichwort sagt: Das Meer hat keine Balken.
ALLE Und was für ein Meer!

(Ferdinand tritt auf, begleitet von zwei Fahnenträgern mit Stöcken und Trommeln. Auf der anderen Seite erscheint der Sarazene, ebenfalls gerüstet und mit einem langen Stock bewaffnet. Ferdinand und der Sarazene kämpfen, während die zwei Fahnenträger zum Rhythmus der Trommeln deklamieren.)

FAHNENTRÄGER Und Ferdinand ... zog mit seiner Streitmacht ... zur Belagerung der Stadt. Mit Feuer ... und mit Eisen ... schlug der König ihre Stadt. Doch der Araber ... teilte hundert Hiebe aus! Die Köpfe verstümmelt und abgeschlagen ... Also feierten auf beiden Seiten ... Kreuz und Halbmond ... ein Schlachtfest!
FERDINAND *(unterbricht den Kampf)* Jetzt sind wir aber müde. Laßt uns etwas Atem holen. *(Der König und der Sarazene holen keuchend Luft.)* Und nun mit neuer Kraft ins Gefecht. *(Die beiden Fahnenträger kämpfen miteinander.)* Eisenklirren, Schläge hallen, Stöcke hämmern, Piken stechen, Rammen donnern, Panzer schep-

pern ... und weinende Frauen. (*Eine Araberin zeigt sich auf dem Turm und schickt ein kleines Lächeln herab.*)

1. FAHNENTRÄGER (*schaut die Frau an*) Nicht übel, was?
2. FAHNENTRÄGER (*durchbohrt sein Gewand und heftet ihn an die Wand*) Nicht übel, was?

FERDINAND Jetzt sind wir aber erschöpft. Zum Rückzug ...

FAHNENTRÄGER Zum Rückzug!

FERDINAND Alles sammeln! Stillgestanden! Morgen machen wir ein Fest: Im ganzen Lager tobt die Pest. (*Der König und die Soldaten gehen ab. Die Gelehrten disputieren weiter.*)

2. GELEHRTER Nach den alten Texten öffnen sich hinterm Horizont des westlichen Meeres ...

CHOR DER GELEHRTEN Mit Namen Ozean ...

2. GELEHRTER Abgründe (*Trommelschlag*), Strudel (*Trommelschlag*) und qualmende Sümpfe aus brodelndem Pech (*Trommelschlag*) ... schrecklich tobt dieses Meer mit lautem Gebrüll!

ANDERE GELEHRTE Wütende Krater schleudern gewaltige Felsen, gefolgt von schäumender Lava ... (*Der Chor keucht.*)

1. GELEHRTER Schaum, der sich aufbläst, wie ein riesiger Ball ... noch ein Ball und noch einer, immer größere Bälle aus Schaum, größer als Wolken und plötzlich ... ein Schlag, eine Explosion. (*Großer Trommelschlag*)

DREI GELEHRTE Zerstört alle Schiffe, egal welcher Größe und Flagge! (*Wieder vor Malaga. Text unterlegt mit Trommelschlägen*)

FERDINAND UND FAHNENTRÄGER Tod! Tod! Die Pest, die Räude, die Krätze und sogar ein Fall von Fußpilz!

FAHNENTRÄGER Überall Wanzen, Flöhe, Läuse!

FERDINAND Sogar in den Standarten!

FAHNENTRÄGER Ein elender Krieg!

FERDINAND Ein Dreckskrieg! Drei Monate liegen wir schon und belagern. Um die Soldaten zu bezahlen, muß ich das letzte Hemd verkaufen!

FAHNENTRÄGER Deshalb sind Könige manchmal unsterblich!

FERDINAND Ein elender Krieg!

FAHNENTRÄGER Ein elender König! (*Marschieren hinaus zum Schlag der Trommel*)
COLUMBUS Wenn Ihr erlaubt ...
BEGLEITER (*im Kostüm eines Gelehrten; mit leiser Stimme*) He, wie hab ich gespielt? War ich gut?
COLUMBUS Ihr seid der beste Schauspieler, den ich je gehabt habe.
BEGLEITER Krieg ich jetzt die Rolle des Liebhabers?
COLUMBUS Ruhe!
ISABELLA Still!
DIE GELEHRTEN Schscht!
COLUMBUS Wenn Ihr erlaubt ... Ich habe das Meer gesehen. Ich war in den entlegensten Ländern, die Thule genannt werden ... oder auch Island.
CHOR DER GELEHRTEN Sehr gut, und was habt Ihr gesehn?
COLUMBUS Alles habe ich gesehn. (*Ein Gelehrter tritt ein. Er trägt einen unerhört struppigen Bart und hat einen entsetzlichen Blick.*) Das heißt: Fast alles. Nicht nur den Rauch und den Dampf am Horizont. Ich habe die Einbeiner gesehn.
ISABELLA Einbeiner? Was ist das?
COLUMBUS Madame, das sind Menschen mit einem Bein und einem Fuß.
EIN GELEHRTER Und die Frauen?
COLUMBUS Auch die Frauen, bedauerlicherweise ... Sie ähneln den Meerjungfern, nur daß sie nicht in einem Fischschwanz enden mit den dazugehörigen Schwimmflossen, sondern in einem Bein mit dem dazugehörigen Fuß und den Zehen ...
1. GELEHRTER Und wie laufen sie?
COLUMBUS Sie laufen ... oder besser, sie springen wie Mädchen, die Himmel und Hölle spielen.
1. GELEHRTER (*ironisch, frotzelnd*) Oh, zeigt uns das mal, wie sie hüpfen ... wie geht das? (*Er lacht.*)
COLUMBUS (*nimmt einen Stab und stößt ihn fest auf einen Fuß des Gelehrten*) So! (*Der Gelehrte schreit und springt auf einem Bein umher.*) Genau so, perfekt ... Mein Kompliment. (*Gelächter*)
ISABELLA Seid vorsichtig, Columbus ...
COLUMBUS Verzeiht mir, Königin. (*Er fährt ernsthaft fort.*)

In jenen Fernen habe ich auch das Nasobem gesehn. Lebewesen mit enormen Nasen. (*Er erblickt einen Gelehrten mit einer sehr großen Nase.*) Sehr viel größer. Einige sind so groß, daß sie zum Naseputzen einen Bettbezug für ein zweischläfriges Bett brauchen ... die Ärmsten.

ISABELLA (*unangenehm berührt*) Nein! Wie degoutant!

COLUMBUS (*spielt die Sache herab*) Ohne Inlett natürlich.

ISABELLA Was für eine Vorstellung. Bitte hört auf.

COLUMBUS Verzeihung, Madame, ich verstehe, daß ein Gespräch über so große Bettücher Euch lästig fallen muß.

ISABELLA Nein, nein, Ihr braucht Euch nicht zu entschuldigen. Es ist nur, weil ... ich bin schwanger, das ist es.

(*Drei Mägde treten auf und führen die Königin mehrfach im Kreis. Nach jeder Umdrehung ist der Bauch der Königin etwas stärker aufgedunsen. Ihr Gang paßt sich ihrem Zustand an.*)

ALLE (*mit Paukenschlägen*) Hurra! Hurra! Die Königin ist Mutter. (*Kurze Pause*) Es lebe der König! Nein! Es lebe der Vater! Ja!

EIN GELEHRTER Die Anhörung geht weiter. Jedoch mit Rücksicht auf den delikaten Zustand unserer Königin, Donna Isabella, werdet Ihr ersucht, im Gebrauch der Sprache und Eurer Beispiele etwas sorgfältiger zu sein. Wenn Ihr von Nasen sprecht, werdet Ihr unterbrochen.

COLUMBUS Darf man über Frauen reden?

DIE GELEHRTEN (*nach kurzer Beratung*) Nein.

COLUMBUS Über Schwalben?

DIE GELEHRTEN (*nach kurzer Beratung*) Was für Schwalben?

COLUMBUS Normale Schwalben ... ohne Nasen.

DIE GELEHRTEN (*nach Beratung*) Das ist erlaubt.

(*Isabella tritt wieder ein. Sie wird gestützt von den Mägden und setzt sich. Mit ihr betritt ein Fahnenträger die Bühne, der eine Gitarre hat. Auf ein Zeichen begleitet er leise den folgenden Text, wobei er an den entscheidenden Stellen etwas lauter spielt.*)

COLUMBUS Danke. Von Palos an des Meeres Küsten sah ich in diesem Herbst die Schwalben fliegen. Und wohin flogen sie? Sie flogen hin zum Occident, zu jenem Horizont, jenseits desselben nichts anderes wäre als Flammen, widerwärtiger Rauch, so meint unser gelehrter Freund, und Krater, die erbrechend sich ... (*Er bemerkt die vorwurfsvollen Blicke der anderen.*)

ISABELLA Ohh!

DIE GELEHRTEN Nein, also nein!

COLUMBUS Kurz: ein Inferno. Wie könnten unsere zierlichzarten Schwalben durchfliegen eine solche Höllenwelt? Tatsache ist, es gibt sie nicht, es hat sie nie gegeben. An ihrer Stelle liegt dort hinten fern das Paradies, ein ewiggrüner Frühling: Der Frühling, den die zierlich-kleinen Schwalben uns Jahr für Jahr, wenn es April wird, wiederbringen. Von dort her übers Meer.

ISABELLA Wundervoll, Columbus; wundervoll. Ihr seid ein Dichter. Erzählt mir, erzählt mir mehr von den Schwalben.

COLUMBUS Sehr gerne.

VORSITZENDER GELEHRTER Ich möchte an seiner Stelle sprechen, wenn es erlaubt ist.

ISABELLA Über die Schwalben? (*Die Gelehrten beraten sich.*)

VORSITZENDER GELEHRTER Ja, auch über die Schwalben ...

ISABELLA Ohne Nase?

VORSITZENDER GELEHRTER Ja, ohne Nase.

ISABELLA (*sie geht ab*) Es sei Euch gestattet.

VORSITZENDER GELEHRTER Danke. Nun, meine Herren, so seltsam es auch erscheinen mag, ich ... (*Zum Gitarristen, der ihn begleiten will*) Nein, ohne Begleitung ... So seltsam es auch erscheinen mag, ich stimme voll überein mit Columbus.

DIE GELEHRTEN Oh, nein.

COLUMBUS Danke, Herr Kollege.

VORSITZENDER GELEHRTER Gern geschehen. Natürlich existiert jenseits des Horizontes kein unsagbares Inferno.

COLUMBUS Bitte, kein Inferno.

DER GELEHRTE Und auch kein Abgrund.
COLUMBUS Kein Abgrund.
DER GELEHRTE Keine explodierenden Lava-Wolken.
COLUMBUS Keine Lava-Wolken.
DER GELEHRTE Sondern vielmehr ein Meer, das völlig dem gleicht, das wir bereits kennen.
COLUMBUS Könntet Ihr das wiederholen?
DER GELEHRTE Ein Meer, das völlig dem gleicht, das wir bereits kennen. Natürlich viel größer.
COLUMBUS Viel größer, natürlich.
DER GELEHRTE Sicher viel tiefer.
COLUMBUS Viel tiefer, gewiß.
DER GELEHRTE Vielleicht auch mit sehr viel größeren Fischen.

(*Die Königin kehrt zurück mit dickem Bauch. Man bringt ein Bett herein, auf dem sie sich ausstreckt.*)

COLUMBUS Danke, danke!
DER GELEHRTE Ich bitte Euch, Columbus. Ich bin völlig einverstanden mit Euch ...
COLUMBUS Bitte, er ist völlig einverstanden.
DER GELEHRTE Man kann auch Richtung Westen nach Indien gelangen. Aber nicht in einem Monat, wie Ihr glaubt.
COLUMBUS Man fährt nicht in einem Monat nach Indien?
DER GELEHRTE Aber nein, Columbus, wenn Ihr die mittlere Geschwindigkeit eines Schiffes mit der einer Schwalbe vergleicht ... (*Er deutet auf einen Stuhl.*) Bitte, nehmt Platz! (*Columbus setzt sich.*) Ergibt sich, daß Ihr mindestens vier Monate braucht für diese Entfernung.
COLUMBUS Vier Monate?
DER GELEHRTE Und jetzt erklärt mir bitte, welcher König besitzt ein Schiff, das so ausgestattet ist, daß es vier Monate lang ununterbrochen auf See bleiben kann, ohne an Land zu gehen, um Verpflegung und Wasser aufzunehmen? Ganz zu schweigen von dem Problem mit den Frauen.
EINE MAGD Etwas leiser bitte. Die Königin hat sich hingelegt.

EIN GELEHRTER Warum nutzen wir das nicht aus und reden über das Frauenproblem? *(Sie senken etwas die Stimmen und diskutieren weiter, um das Bett herum, wobei sie den aufgeblähten Bauch unabsichtlich als Globus behandeln.)*

COLUMBUS Ich will mich nicht damit brüsten, aber ich habe mit eigenen Augen die Landkarte gesehen, die Toscanelli, der größte Kartograph der Welt... *(Der Gelehrte, der das Problem der Frauen diskutieren wollte, macht eine unzufriedene Geste.)* Bitte, unterlaßt diese Geste, wenn ich den Namen Toscanelli erwähne. Was soll das! Ich sage Toscanelli, und der bewegt seine Hand..., die Toscanelli gezeichnet hat und zwar auf ausdrücklichen Wunsch... *(Sie kommen am Bett vorbei und knien sich allesamt hin.)* Und zwar auf ausdrücklichen Wunsch... *(Sie knien wieder.)* ... auf ausdrücklichen Wunsch... *(Sie knien noch einmal.)* ... seines Königs Johann des Zweiten von Portugal. Also gut, diese Karte enthält einen Vermerk von seiner Hand, der völlig meine These bestätigt: Man gelangt nach Indien in 25, maximal 26 Tagen, wenn man von den Kanarischen Inseln Richtung Westen segelt. Nicht in vier Monaten. Ein Viertel, ich sage: ein Viertel der Zeit. Die Entfernung entspricht einem Viertel des Erdumfanges. Das heißt, nur etwa 640 Meilen. *(Er legt voller Eifer einen Zeigefinger auf den Bauch der Königin. Die stößt einen Schrei aus.)* Verzeiht... hab ich Euch wehgetan?

ISABELLA Nein, nicht Ihr... Das sind die Wehen... Geht etwas beiseite. *(Columbus setzt sich unachtsam auf den Schoß eines der Gelehrten. Der stößt einen Schrei aus.)*

COLUMBUS Mein Gott, habt Ihr denn alle die Wehen, kaum daß einer etwas zu dick wird?

EIN GELEHRTER Könntet Ihr uns die Landkarte zeigen oder wenigstens eine Kopie davon?

COLUMBUS Ich muß Euch leider enttäuschen, aber es wäre ein Vertrauensbruch gewesen, wenn ich sie kopiert hätte. Tut mir leid, aber ich habe die Karte zurückgegeben. *(Zwei Fahnenträger kommen mit einer Trommel.)*

FAHNENTRÄGER Die Wahrheit war, die Wahrheit war, er konnte es nicht wagen, die Karte vorzuzeigen. Dann hätt' der Portugiese den Raub bemerkt. Johann von Portugal hätt' ihn sogleich erschlagen.

(*Währenddessen haben sich die Mägde dicht um das Bett der Königin gestellt, um sie vor den Augen des Publikums zu verbergen, und ziehen aus einer Kiste eine große Wickelpuppe hervor.*)

MÄGDE Er ist geboren! Er ist geboren! Es ist ein Junge! (*Sie überreichen das Neugeborene den Gelehrten und gehen mit der Königin ab.*)

CHOR DER GELEHRTEN Es lebe der Infant! (*Trommelschlag*) Schießt die Böllerschüsse ab! (*Pause. Trommelschlag*)

FAHNENTRÄGER Am selbigen Tag, da der Infant geboren wurde, ergab sich Malaga!

CHOR DER GELEHRTEN Es lebe hoch! Das Kind lebe hoch! (*Die Gelehrten werfen sich das Neugeborene zu wie einen Ball.*)

EIN GELEHRTER (*fängt es auf*) Das Ärmste. Grade noch.

EINIGE GELEHRTE Die Beute lebe hoch! (*Pause*)

EIN FAHNENTRÄGER Es gibt keine Beute. (*Pause*) Die hat der König unter sich verteilt. Nicht unter die Leute. (*Pause*)

CHOR DER GELEHRTEN So ein Reinfall!

2. GELEHRTER (*unbeirrt; weist auf den Kopf des Kindes*) Ihr nehmt also an, daß 640 Meilen einem Viertel des südlichen Umfanges der Erde entsprechen? Wißt Ihr nicht, daß wir dann einen Erdball hätten, dessen unterer Teil etwa 500 Meilen weniger umfaßt als der obere? Daß die Erde mithin die Form einer umgedrehten Birne hätte, mit dem Stengel nach oben? (*Er dreht das Kind um und hält es gedankenverloren an den Beinen.*)

EIN GELEHRTER Ganz zu schweigen von den Frauen.

ISABELLA (*tritt ein und sieht ihr Kind kopfüber nach unten in der Hand des Gelehrten*) He, seid ihr verrückt geworden ... Mein armes Kind! Ist das eine Art, ein Kind zu behandeln? (*Sie nimmt es in den Arm, wiegt es ein bißchen, sagt ein paar oberflächliche Koseworte und übergibt es dann einer Magd, wobei sie es ihrerseits achtlos mit dem Kopf nach unten hält.*) Trags weg.

COLUMBUS Ich habe nie behauptet, daß die Erde nicht tatsächlich birnenförmig ist!
2. GELEHRTER (*läuft zur Gruppe um die Königin*) Hört Ihr? Habt Ihr's gehört? Columbus behauptet, die Erde sieht aus wie eine Birne! (*Der Gelehrte übertreibt seine Geste, so daß er das Gleichgewicht verliert. Er verharrt in der Waagerechten: Die Füße auf dem Podest, mit den Händen hält er sich an der Stange fest.*)
ISABELLA (*während die anderen höhnisch lachen*) Wirklich? Also ich fürchte, Columbus, jetzt übertreibt Ihr ...
1. GELEHRTER Herrschaften, mir langt's! Ich gehe!
2. GELEHRTER Ich auch! Seit vier Jahren führen wir uns jetzt die Albernheiten dieses Scharlatans zu Gemüte!
COLUMBUS Wer ist hier der Scharlatan?! Ich will Name und Vorname!
ISABELLA Ruhe, meine Herren! Vier Jahre, das stimmt, aber bitte nehmen Sie wieder Platz. Bisher hat Ihnen niemand gestattet, sich zu erheben. Columbus, könntet Ihr uns vielleicht demonstrieren, daß die Erde, wie soll ich sagen, leicht birnenförmig ist?
COLUMBUS Birnenförmig? Ja, mittels der Theorie der Projektion des Schattens unter Verwendung einer Lichtquelle. (*Zu den Mägden*) Könntet ihr mir bitte eine Birne bringen?
EIN ZUSCHAUER Jetzt siehst du das berühmte Experiment mit der Birne des Columbus ... er stellt sie hin, ohne umzufallen ...
(*Columbus nimmt eine Kerze.*)
ANDERER ZUSCHAUER Ja, ja, davon hab ich gehört. Aber es ist ein Trick dabei. Er nimmt eine gekochte Birne statt einer rohen!
SOLDAT Ruhe im Zuschauerraum!
COLUMBUS Bekomme ich jetzt endlich meine Birne?
MAGD Roh oder gekocht?
COLUMBUS Egal, gekocht oder roh.
MAGD Will noch jemand eine Birne? (*Ferdinand tritt auf, das Kind auf dem Arm, gefolgt von Mägden, denen er das Kind übergibt.*)
OBERSTER GELEHRTER Ich hätte gerne ein belegtes Brötchen, wenn möglich.

GELEHRTER Also nein, Majestät, ich weigere mich, an Vorführungen teilzunehmen, die bestenfalls eines Schaustellers auf einer Kirmes würdig sind, und lehne es auch ab, auf einer Birne zu leben. Ich bin doch keine Raupe!
FERDINAND Entschuldige mich, Isabella, aber die Pflicht ruft. Ich muß fort, wir erobern Baza.
ISABELLA Auch noch Baza? Aber nein!
FERDINAND Aber ja.
HEROLDE (*wie zuvor, nur kräftiger und mit Paukenschlägen*) Hurra! Hurra! Für Vaterland und Kreuz!
GELEHRTE UND COLUMBUS Aber nein!
FERDINAND UND DIE HEROLDE Aber ja!
GELEHRTE UND COLUMBUS Aber nein!
FERDINAND UND HEROLDE Aber ja!
COLUMBUS UND DIE GELEHRTEN Also gut. (*Ferdinand und die Herolde ab*)
ISABELLA Liebe Freunde, wenn ihr mir jetzt gestattet, einen Augenblick an eurer Diskussion teilzunehmen: ich glaube, es ist an der Zeit, unserem lieben Columbus auch ein wenig Vertrauen zu schenken.
COLUMBUS Danke, Madame.
ISABELLA Wenn seine mehr als überzeugenden wissenschaftlichen Argumente nicht reichen sollten, vergeßt bitte nicht die Tatsache, daß er bereit ist, sein Leben zu riskieren auf dem Meer.
COLUMBUS Und zwar persönlich!
2. GELEHRTER Er riskiert aber auch die Schiffe und das Leben der tapferen Seeleute, die wir ihm anvertrauen sollen.
GELEHRTER Ganz zu schweigen von den Frauen ...
2. GELEHRTER Was haben die damit zu tun! Ich meine die Seeleute, für deren Leben wir Verantwortung tragen, gegenüber ihren Müttern und Bräuten ...
GELEHRTER Da seht ihr! Die Frauen haben immer was damit zu tun!
1. GELEHRTER Mörder! Werden sie schreien. Wahnwitzige Bluthunde! Was habt ihr getan mit unseren Söhnen, mit unseren Männern? ...
2. GELEHRTER Unseren Vätern! ...
1. GELEHRTER Unseren Brüdern! ... (*Die Gelehrten stellen*

sich mit grotesken, theatralischen Gesten zusammen und rufen im Chor:)

DIE GELEHRTEN Und was sagen wir den Frauen?!

ISABELLA Bravo! Ihr habt mich überzeugt! Aber warum habt ihr dieses Lamento nicht angestimmt gestern und vorgestern, als ihr zugesehen habt, wie unsere braven Soldaten nach Baza zogen, um sich von den Sarazenen hinmetzeln zu lassen? (*Über die Bühne laufen Soldaten, Mauren und Christen, die mit Säbeln aufeinanderschlagen. Einer stirbt in den Armen des zweiten Gelehrten. Sie bilden ein merkwürdiges Kriegerdenkmal.*) Für diese armen Krieger fehlen euch nicht die Worte, um die Mütter und Bräute zu trösten.

OBERSTER GELEHRTER Aber das ist ein heiliger Krieg. Wir kämpfen um Spanien! (*Ein toter Soldat wird hereingetragen. Er hängt an zwei Stöcken. Ihm folgen Frauen und Männer in Mänteln und Kapuzen.*)

ISABELLA So?! Und wenn die Beute verteilt wird, schicken wir dann einen Teil an die Witwen? Oder von dem Erlös aus dem Verkauf der Sklaven; schicken wir einen Teil an die Waisenkinder? Die Hafengebühren, die Steuern und Abgaben, wer streicht die ein? Los redet! Wir streichen sie ein! Und die Witwen? Nix da! In der Kirche ein paar Opferkerzen, drei Vaterunser und ein Rosenkranz.
Hört mir gut zu: Auch die Entdeckung einer neuen Route nach Indien ist ein heiliger Krieg ... Wenn wir nicht rasch einen Weg finden, um die türkische Handelsblockade zu umgehen, die wir uns mit der Vertreibung der Araber aus Spanien eingehandelt haben, gehen wir allesamt unter. Da ist es immer noch besser, wir geben dem Herrn Columbus ein paar Schiffe und riskieren, daß er untergeht.

COLUMBUS Zu gütig, Madame! (*Zwei Herolde mit Trommeln treten ein.*)

HEROLD Sieg! Sieg! Baza ist gefallen! Es hat sich ergeben!

FERDINAND Ich habs geschafft! Ich habs geschafft!

CHOR DER GELEHRTEN (*zerstreut*) Hurra! Hurra! Für Vaterland und Kreuz! (*Pause*) Jawohl!

FERDINAND Heute heißt der Held der gesamten Christenheit ...

ISABELLA (*gelangweilt, trocken, vorwurfsvoll*) Ferdinand ... Du hast mich unterbrochen ...

FERDINAND Aber ich glaube, ich habe das Recht dazu.

ISABELLA Du hast mich nicht zu unterbrechen, Flegel.

FERDINAND Du darfst mich nicht unterbrechen; das ist gegen das Zeremoniell!

ISABELLA Komm du mir nach Hause!

FERDINAND Wir haben gekämpft für das Kreuz und gesiegt für das Kreuz!

CHOR DER GELEHRTEN (*immer mißmutiger*) Hurra! Hurra! Für Vaterland und Kreuz!

ISABELLA Armes Kreuz, wie viele Grausamkeiten in deinem Namen ... (*Wieder entschieden*) Aber ich sage euch: Die Fettlebe ist bald vorbei! Bald habt ihr nicht mehr den heiligen Vorwand des Befreiungskrieges, der euch gestattet, hübsche Mohrenknaben und Mädchen zu fangen und zu Höchstpreisen auf dem europäischen Markt anzubieten ...

OBERSTER GELEHRTER Nicht übertreiben!

ISABELLA Wieso übertreiben; sogar an den Vatikan haben wir sie verkauft!

OBERSTER GELEHRTER Dem Vatikan haben wir sie geschenkt!

2. GELEHRTER Einhundert Jungfrauen im Alter von 18, die gleichmäßig an die verschiedenen Bischöfe und Kardinäle verteilt wurden.

BEGLEITER Lüge! Ketzerei! Auf den Scheiterhaufen mit dem Häretiker! Hängt ihn auf!

2. GELEHRTER Häretiker? Ich referiere nur, was der Historiker geschrieben hat!

BEGLEITER Welcher?

2. GELEHRTER Las Casas, der Bischof.

BEGLEITER Ach so. (*Verschwindet*)

ISABELLA Schluß jetzt mit den Unterbrechungen, wenn ich Theater spiele!

ZUSCHAUER Ja, genau!

ISABELLA (*wieder königlich*) Gebt acht! Die Araber sind bald alle in Spanien, nur in Granada sitzen noch ein paar.

FERDINAND (*bleibt abrupt stehen*) Genau: Granada! Das hätte ich fast vergessen!

CHOR DER GELEHRTEN (*kaum noch verständlich murmelnd*) Hurra, hurra, nach Granada. Als letzte wirst befreit auch du!
HEROLD Hurra! Hurra! Für Vaterland und Kreuz! Nach Granada!
COLUMBUS Aber beeilt euch! Demnächst habt ihr keine so billige Ausrede mehr. Jedesmal, wenn es schlecht steht um Spanien, sagt ihr: Das ist nicht unsere Schuld; schuld sind die Araber, die Juden, diese Würger und Halsabschneider! Nein! Bald zieht das nicht mehr. Demnächst werden sie eure Köpfe verlangen!
ISABELLA (*im Abgehen, gefolgt von ihren Mägden*) Und die unseren auch.
COLUMBUS Dieser Tag ist nicht mehr fern, glaubt mir!
STIMME (*hinter dem Vorhang*) He, Columbus! Spiel nicht den Schwarzseher!
COLUMBUS Wir sprechen uns! Wir sprechen uns, wenn Granada gefallen ist.
HEROLDE (*treten ein mit Trommeln*) Granada ist gefallen! Hurra! Es ist gestürzt, gefallen und zusammengebrochen. Es lebe Granada!
CHOR DER GELEHRTEN (*von draußen*) Für Vaterland und Kreuz! Jawohl!

(*Sämtliche verfügbaren Schauspieler betreten die Bühne, gekleidet als Leute aus dem Volk. Ferdinand sitzt auf dem Podest und verteilt Almosen, die er wie Konfetti ausstreut. Viele ausgestreckte Hände.*)

FERDINAND (*begeistert*) Doppelter Sold für alle Soldaten! Zweitausend Sack Roggenkörner an das Volk, ebenso an die Pferde ... Schenkt, schenkt! Ein Geschenk für dich, eins für dich! Dir auch eins! Nimm und friß, mein treues Volk! Da nimm: Kürbiskerne; sind gut für die Verdauung.

(*Columbus bleibt stehen. Vier oder fünf Bettler versuchen, die Kerne zu schnappen und vollführen dabei fast einen Tanz. Zwei Bettler machen sich gegenseitig einen Sack mit Kürbiskernen streitig.*)

EIN BETTLER He, laß los! Mir hat er den gegeben!

DER ANDERE Nein, mir hat er ihn gegeben, du Hungerleider!

COLUMBUS (*steckt sich Kürbiskerne in den Mund, knackt sie auf und spuckt die Hülsen während des Redens in der Gegend umher. Sein Begleiter macht es ebenso; lachend*) Da, jetzt streiten sie sich schon um die Kürbiskerne, dabei schmecken sie nicht einmal besonders ... Wenn die Königin auf mich hören würde, ich könnte sie allesamt satt machen ... Riesige Schiffsladungen würde ich heimschicken, ganz zu schweigen von den Muskatnüssen, dem Zuckerrohr, den Ingwerstäbchen! Au! Immer wenn ich an Ingwer denke, beiße ich mir in den Finger. (*Er hält dem Geistlichen seine Hand hin.*) Ein Küßchen!

PATER Nein! (*Geht ab*)

BEGLEITER Sag, wie habe ich meine Rolle gespielt als Gelehrter, bin ich gut gewesen?

COLUMBUS Sehr gut, aber jetzt mußt du dich umziehn, du mußt einen Geistlichen spielen.

BEGLEITER Nein! Ich will endlich den Liebhaber spielen.

COLUMBUS Einen geistlichen Liebhaber.

(*Beide ab. Wenn die Almosen-Szene beendet ist und das Volk die Bühne verläßt, tritt Isabella wieder auf, setzt sich am rechten Rand des Podestes nieder und beginnt mit einem großen Rechengerät zu hantieren.*)

ISABELLA Unmöglich! Da fehlt ein riesiger Haufen Geld ... ein Sack voll!

FERDINAND Ich wars nicht, ich schwöre dir, Liebste, diesmal hab ich nichts angerührt. Bei meinem Kopf!

ISABELLA Laß diese leeren Schwüre. Auf jeden Fall ist hier einer, der klaut, und zwar nicht nur einer: man kommt sich vor wie in einer Gaunergesellschaft, wie in Irland ...

FERDINAND Was hat das mit Irland zu tun?

ISABELLA Ich kann nicht gut sagen: Italien. Das wäre abgedroschen.

FERDINAND Das stimmt. Aber wer klaut hier, deiner Meinung nach?

ISABELLA Wenn ich gesagt hab: Gesellschaft!

FERDINAND Setzen wir eine Untersuchungskommission ein?

ISABELLA Bravo, eine Kommission! Was meinst du, wie viele hochgestellte Persönlichkeiten dabei entdeckt werden, sogar die Mitglieder der Untersuchungskommission, ganz zu schweigen von deinen Ministern etc.

FERDINAND Du hast recht, es ist wie in Irland.

ISABELLA Am besten, wir lassen die Sache auf sich beruhen.

FERDINAND Das geht nicht. Da sind Millionen und Abermillionen verschwunden.

ISABELLA Vergiß es.

FERDINAND Und meine Schulden? Wer bezahlt meine Armee?

ISABELLA Du wirst schon zurechtkommen.

FERDINAND Worte, Worte! (*Er hat eine Idee.*) Wir könnten es einmal mit diesem Genuesen versuchen ... Wie heißt er? Columbus!

COLUMBUS (*tut so, als komme er ganz zufällig herein*) Da bin ich! Ihr habt mich gerufen? Ich kam zufällig draußen vorbei ...

ISABELLA Steht bequem, Kapitän. (*Sie spricht weiter, als wäre Columbus gar nicht da.*) Das wäre nicht schlecht.

FERDINAND Aber nein, wie komme ich nur darauf.

COLUMBUS Warum?

FERDINAND Weil bis zur Ausrüstung der Schiffe drei oder vier Monate vergehen, mindestens.

COLUMBUS (*untertänig und hoffnungsvoll*) Vielleicht weniger. Ihr könntet Eure Entscheidung zurückdatieren.

FERDINAND (*ohne auf ihn einzugehen*) Nein, ich brauche das Geld sofort.

ISABELLA Laß dir raten, gib ihm Befehl, die Schiffe auszurüsten.

COLUMBUS (*aufgeregt*) Oh, Mamma ...

FERDINAND Und mein eiliges Geld?

COLUMBUS Dieser Kleinlichkeitskrämer!

ISABELLA Diesen Monat finden wir schon einen Weg, das Loch zu stopfen.

COLUMBUS (*halblaut zum Publikum, anerkennend*) Ist sie nicht wundervoll im Löcherstopfen?

FERDINAND (*geht zur Kulisse*) Quintilla! (*Von der anderen Seite her tritt Quintilla auf.*)
QUINTILLA Zu Diensten, Majestät!
FERDINAND Was macht ihr hinter der Tür da?
QUINTILLA Oh, nichts! Ich habe gelauscht.
FERDINAND (*geht nicht darauf ein*) So, dann wißt Ihr schon alles.
QUINTILLA Oh, ja, durch die Tür hört man bestens.
FERDINAND Wunderbar, dann besprecht bitte alles mit Columbus persönlich, notiert seine Wünsche, macht mit ihm einen Vertrag und legt ihn mir dann vor.
ISABELLA Und bitte, macht schnell.
COLUMBUS Danke, allerkatholischste Königin. Allah segne Euch. (*Er geht mit Quintilla ab.*)
FERDINAND Es ist immer dasselbe. Ich gebe einen Befehl, und bei ihr bedanken sie sich.
ISABELLA Ferdinand, du bist langweilig. Überleg lieber, woher wir das Geld für diesen Monat kriegen.
FERDINAND Wir verdoppeln die Schiffsgebühren, den Zoll und knallen eine hübsche Steuer auf alle Waren im Transitverkehr.
ISABELLA Hast du dir überlegt, wer die Leidtragenden wären?
FERDINAND Tja, die Venezianer und vor allen Dingen die Genuesen.
ISABELLA Großartig. Vor allem. Und weißt du was? Wenn wir das machen, schickt uns Innozenz VIII. die Exkommunikation ins Haus und dazu eine schöne Ampulle Gift mit der Aufforderung, jeden Morgen auf nüchternen Magen ein Täßchen davon zu trinken.
FERDINAND Wieso?
ISABELLA Weil der Papst auch aus Genua stammt und verwandt ist mit sämtlichen Genueser Reedern, Kaufleuten und Bankiers.
FERDINAND Gott, diese Genuesen!

(*Columbus und Quintilla setzen sich auf die eine Seite der Bühne, während Königin und König auf der anderen Seite sitzen bleiben.*)

COLUMBUS Hier sind meine Forderungen. (*Liest von einem*

Blatt, das Quintilla abschreibt) Sobald ich die Küste Indiens erreicht habe, verleiht mir der König die goldenen Sporen ...

ISABELLA Vielleicht bring ich meine Krone ins Pfandhaus!

COLUMBUS ... und den Titel eines Ritters der Krone.

FERDINAND Ich verkaufe die Pferde.

COLUMBUS Ritter Columbus! Klingt gut, nicht wahr? Ferner gebührt mir der Rang eines Großadmirals ...

QUINTILLA Kotzadmiral ...

ISABELLA Die paar Schiffe, die wir noch haben, verkaufen wir auch.

COLUMBUS Vize-König aller von mir entdeckten Inseln.

ISABELLA Ich besitze noch zwei unverheiratete Töchter, was mach ich mit denen?

COLUMBUS Fünfzehn Prozent des Goldes und fünfzehn Prozent aus dem Verkauf der Sklaven. Für Sklaven, die während des Transports untergehen oder beschädigt werden, übernehme ich keine Haftung.

FERDINAND Die konvertierten Juden ... Was hältst du davon? Die sind steinreich. Wir fordern sie auf, Spanien zu verlassen und beschlagnahmen ihren Besitz.

ISABELLA (*ironisch*) Ferdinand, ich wundere mich über dich! Du bist wirklich auf den Hund gekommen. Nicht einmal dein Onkel in Neapel macht so etwas. Schäm dich!

EIN PRIESTER (*kommt schreiend mit ausgebreiteten Armen herein*) Ketzerei! Ketzerei!

ISABELLA (*zu Quintilla*) Was gibts?

QUINTILLA Nichts von Bedeutung, Majestät. Streitigkeiten zwischen Geistlichen. Franziskaner gegen Hieronymiten!

FERDINAND Aber die Hieronymiten sind doch fast alles Juden?!

ISABELLA Ja, die zum christlichen Glauben übergetreten sind. (*Es kommen weitere Franziskaner auf die Bühne, dann Leute aus dem Volk; alle verfügbaren Schauspieler.*)

ALLE Ketzer! Ketzer!

EIN PATER Jagt die Ketzer! Nieder mit den Verfluchten, die an die apokryphen Evangelien glauben!

EIN ANDERER PATER Sie lesen Platon, Aristoteles und sogar Lukian, diese Epikuräer!
EIN MANN An die Wände der Kirchen malen sie nackte Frauen!
SPASSVOGEL Nackte Frauen? Nichts wie hin!
VERSÖHNLER Alles dummes Zeug! Es sind anständige Frauen, Heilige!
EIN MANN Nackend?
VERSÖHNLER Heilige Märtyrerinnen!
SPASSVOGEL Nackte!
PATER Eben! Was solls, wenn sie nackt sind!
VERSÖHNLER Natürlich, es waren heidnische Soldaten, die sie ausgezogen haben.
SPASSVOGEL Ein Hoch auf die Heiden!
VERSÖHNLER Der Papst in Rom hat an die Wände seiner Kirchen bergeweise nackte Frauen malen lassen.
SPASSVOGEL Ein Hoch auf die Berge!
VERSÖHNLER Wir leben in der Renaissance.
SPASSVOGEL Ein Hoch auf die Berge der Renaissance!
VERSÖHNLER Gewisse Anschauungen sind überholt heutzutage ...
SPASSVOGEL Recht so. Schaut euch die römischen Bauwerke an, lauter Kuppeln, Kurven, eine über der anderen, daß sie förmlich überquellen ... Bei uns würde man mindestens eine spanische Wand davor errichten, oder ihnen Büstenhalter anziehen ... diese Römer ... nehmen sie überhaupt nicht wahr.
PATER Das stimmt nicht. Savonarola hat in Florenz Hunderte von nackten Frauen verbrennen lassen!
SPASSVOGEL Nackte Frauen?
PATER Bilder von nackten Frauen.
EINER AUS DER MENGE Nieder mit den nackten Frauen!
SPASSVOGEL Ruhe, du Geisteskranker! Ich sage, mit diesem Savonarola nimmt es ein böses Ende! Nennt mich einen Hellseher, aber ich rieche schon den Rauch des Scheiterhaufens.
DIE MENGE Ketzerei! Ketzerei! Nieder mit den falschen Christen. Juda verrecke! Weg mit den Judenstinkern! Gebt uns unser Geld zurück, das ihr uns geraubt habt! Ausbeuter! Kinderschänder! Fressen Fisch die ganze

Woche, nur Freitag nicht! Freitag nur rohes Schweinefleisch! Nieder mit den falschen Konvertiten!

FERDINAND (*während die Menge die Bühne verläßt*) Da, siehst du! Wir haben nicht einen Finger gerührt. Die Vorsehung ist mit uns! Komm, Isabella, unterschreib das Dekret über die Vertreibung der Juden.

ISABELLA Nein, mir ist nicht danach. Ich bin eine Königin. Meine Mutter war eine anständige Frau.

FERDINAND Du tust gerade, als ob meine Mutter ...

ISABELLA Du bist ein Waisenkind, du Ärmster. Was weißt du über deine Mutter. Außerdem bist du Soldat.

FERDINAND (*beleidigt*) Was bin ich?

ISABELLA Dir sind gewisse Dinge erlaubt: Plündern, Vertreiben ... Das gehört zum Krieg. Du hast immer eine Entschuldigung: Vaterland! Familie! Moral! Das Blut der Helden! Und ... Hoppla! Stehst du da wie eine Eins!

FERDINAND Ja, wie eine Eins, die bis an den Hals in der Scheiße steckt.

ISABELLA Ach, deshalb tragen die Generäle den Kopf immer so hoch ... um die Scheiße nicht essen zu müssen, in der sie stecken! Hier in Spanien, versteht sich.

QUINTILLA (*tritt auf, gefolgt von Columbus, und legt der Königin einen Bogen Papier vor*) Bitte, Majestät, der Vertrag mit Herrn Columbus. Wenn Ihr ein Auge darauf werfen wollt ...

COLUMBUS Und hier bitte unterschreiben ...

ISABELLA Sofort. (*Sie überfliegt das Papier und nimmt einen Gänsekiel.*)

FERDINAND Erst wirfst du ein Auge auf mein Judendekret, Liebste. (*Er legt sein eigenes Papier auf den Tisch und nimmt das von Columbus fort.*)

ISABELLA (*sauer*) Ich habe gesagt: nein! Da, schau mal, was ich mache mit deinem Dekret!
(*Sie zerreißt es.*)

FERDINAND Ach so?! Dann schau du einmal, was ich mit deinem indischen Vertrag mache! (*Er zerreißt das Blatt ebenfalls.*)

COLUMBUS (*betroffen. Versucht, die Fetzen einzufangen, die wie Konfetti herumfliegen*) Oh, nein! Warum?! Was

hab ich damit zu tun? (*Ferdinand setzt sich in eine Ecke.*)
Und nun?

ISABELLA Nehmt es nicht so schwer, Columbus. Er mußte sowieso umgeschrieben werden. Den Vertrag hätte ich nie unterzeichnet.

COLUMBUS Nun, wenn Ihr mir vielleicht einige der Punkte nennen würdet ... man könnte darüber reden.

ISABELLA Versteht Ihr nicht, Columbus? Der Augenblick ist nicht günstig! Draußen tobt eine nationale Revolution! (*Man hört Schreie von draußen.*) Ein Pogrom ... Und ich soll mit Euch darüber diskutieren, ob Ihr Ritter werdet oder nur Weihbischof.

STIMMEN Spanien den Spaniern! Verteidigt die spanische Rasse! Gott mit uns!

COLUMBUS Aber das sind doch die üblichen armen Irren!

FERDINAND Wie redet Ihr über die heiligsten Gefühle der Nation? Achtet auf Eure Worte, Columbus!

ISABELLA Und dann Eure Forderungen: Zehn Prozent für die Sklaven, acht Prozent vom Gold, Vize-König ... Wenn Ihr wollt, danke ich ab. Ihr heiratet Ferdinand ... laßt Euch zur Königin krönen, und wir vergessen die ganze Angelegenheit.

COLUMBUS Nun ja, ich habe etwas übertrieben, aber ich dachte ...

ISABELLA So ists recht: Denkt nach, denkt etwas nach ... und in ein paar Monaten, wenn ich Zeit und Lust habe, sprechen wir uns wieder. Lebt wohl. (*Macht Anstalten hinauszugehen*)

COLUMBUS In einigen Monaten? Majestät, ich will nicht aufdringlich erscheinen, aber bei meiner derzeitigen Lage ... ich könnte nicht einmal mehr einen Ochsen zum Tanzen bringen.

FERDINAND Haltet Ihr das für den richtigen Moment, den Stier bei den Hörnern zu packen?

ISABELLA (*zu Ferdinand*) Sei brav, mein Bübchen! (*Zu Columbus*) Ich hülf Euch gern, jedoch, es geht mir schlechter noch als Euch, und ich weiß beim besten Willen nicht, wo ich das Geld hernehmen soll.

FERDINAND Ihr glaubt wohl, meine Frau hätte einen Dukatenesel?

ISABELLA Er weiß, daß ich mit einem ganz gewöhnlichen Esel verheiratet bin. Lebt wohl, Columbus ... und wenn Ihr hinauskommt und diese armen Irren trefft, straft sie nicht mit Verachtung, sondern macht mit, schreit so laut Ihr könnt; das ist im Augenblick in Spanien die einzige Möglichkeit, zu Geld zu kommen.

(Isabella und Ferdinand gehen ab. Leute aus dem Volk mit Stöcken kommen schreiend herein. Es findet ein Judenpogrom statt. Columbus und Quintilla stimmen in den Gesang ein.)

Das Lied vom Dalli-Dalli

Dalli, dalli, dalli, dalli, dalli, dalli!
Oh, wie schön, dann und wann,
man erschlägt ein paar Mann,
ein paar Mann, ein paar Mann,
tobt sich aus, ganz legal,
fühlt sich stark und vital,
ja so stark und vital!
So geborgen in der Niedrigkeit.
Auf, singt auf!
Und mit Fürzen übertönen wir
das Geschrei des kriechenden Getier.
Auf, erschlagt sie ohne Schamgefühl!
Auf,
auf, erschlagt sie ohne Schamgefühl!

Oh, wie schön ist ein Feind
ohne Waffen, vogelfrei, vogelfrei.
Dank dem Herrn, der uns hat
ihn geschenkt in seiner Gnad!
Herzlich danken wir dem Führerhaus.
Auf, singt auf!
Danket auch der Polizei,
die nicht stört bei dieser Völlerei.
Alles ist nach unserem Geschmack!
Alles,
alles richtet sich nach uns:

Uns wohlanständigen Bürgern!
Uns Moralaposteln!
Uns Mitläufern und Konformisten!

Denn Christus starb für uns.
Denn wir ließen ihn kreuzigen.
Doch dann ließen wir ihn vergolden,
auf Kreuzchen aus Silber und Bildchen,
(*gesprochen:*)
Auf Waffen und Orden aller Art.

Dalli, dalli, dalli, dalli, dalli, dalli!
Daß man weiß, jeder Christ
kommt ans Kreuz allemal, allemal.
Wer wie Jesus, wer wie Christus lebt,
schlagt ihn tot, ganz legal.

(*Am Ende des Liedes treten zwei Herolde ein und übertönen die Schreie der Fanatiker mit lautem Trommeln, als wollten sie sich Gehör verschaffen.*)

COLUMBUS Dieser Ferdinand ist ein Mäusegeier ... ein Räuber und Stinktier. Er hat mich ruiniert, dieser Bastard!

QUINTILLA Und die Königin? Ist die besser? Nach außen hin menschenfreundlich und derweil unterzeichnet sie das Dekret über die Judenvertreibung.

COLUMBUS Nein!

QUINTILLA Wieso nein? Alle Juden müssen Spanien binnen zwei Monaten verlassen. Ihre Habe dürfen sie verkaufen; Gold, Geld, Silber und Edelsteine müssen sie abgeben.

COLUMBUS Und womit sollen sie sich ihre Häuser bezahlen lassen?

HEROLD (*der bisher leise gesprochen hatte*) Es ist den Juden strengstens untersagt, Geld und andere Wertsachen mitzunehmen. Sie dürfen jedoch für den Verkauf ihrer Habe folgende Gegenstände in Zahlung nehmen: Schafe und Maulesel, alle Arten von einheimischen Waren sowie Ablaßbriefe in beliebiger Höhe, die bei den zuständigen Behörden erworben werden können.

ISABELLA Du verbietest sofort den Erwerb von Ablaßbriefen für die Juden. Das ist skandalös.

FERDINAND Aber Liebste, das bedeutet fast 30 Prozent unserer Einnahmen!

ISABELLA Interessiert mich nicht! Ich will nichts davon wissen ... (*Sie bricht in Weinen aus.*) Diese Schande!

FERDINAND Schon gut, schon gut, wenn du willst, kriegen sie das Geld zurück.

ISABELLA Großartig! Und was gebe ich meiner Tochter als Mitgift, nächsten Monat? Wo die Arme schon so häßlich ist ...

FERDINAND (*umfaßt liebevoll ihre Schultern und führt sie hinaus*) Schade, daß es so wenige Juden gibt, die man vertreiben könnte.

ISABELLA Die armen Leute! Weiß man, wo sie hingehen werden?

FERDINAND Fast alle nach Italien. Einigen ist es gelungen, Kreditbriefe aus Venedig und Mailand zu kriegen; die Italiener haben dafür ihre Grundstücke en gros aufgekauft.

COLUMBUS Da sieht mans, die einzigen, die von der Sache profitieren, sind die Italiener ... alle Italiener, bloß ich nicht.

QUINTILLA Weil du schläfst, mein Junge. Du bist nicht mehr so geistvoll wie früher, als du ankamst. Mein Gott, du belügst die Leute nicht einmal mehr!

COLUMBUS Ich sag dir die Wahrheit. Eine faustdicke Lüge hätte ich noch auf Lager, aber sie ist zu gefährlich ...

QUINTILLA Wenn man so in der Klemme sitzt wie du ..., gefährlich oder ungefährlich ... Und außerdem: die großen Taten begeht der Mensch aus Verzweiflung. Und dich haben sie wirklich weichgekocht.

COLUMBUS Das stimmt. Hast du Lust, mich zum Kloster von Radiba zu begleiten?

QUINTILLA Wen willst du sprechen?

COLUMBUS Den Hauslehrer des Kronprinzen ... vielleicht kauft er mir eine Geschichte ab.

QUINTILLA Wer? Pater Diego?

COLUMBUS Ja, ich weiß, er ist nicht dumm, aber von einer Ehrlichkeit, die einen ankotzt. Es heißt, er macht karitative Sammlungen, und dann verteilt er das Geld wirklich an die Armen! (*Ein Mönch, Pater Neugier, erscheint an der Treppe, die aufs Schafott führt und hält eine Glocke in der Hand. Columbus nimmt sie ihm ab und läutet.*)

PATER DIEGO (*als käme er angelaufen, um die nicht vorhandene Tür zu öffnen*) Ich komme.

COLUMBUS So einem kannst du alles erzählen.

(*Sie sitzen an einem Tisch mit Pater Diego. Händeschütteln. Gesten, die Komplimente ausdrücken. Die Frau, die Columbus am Anfang des Stückes geraten hatte, das Schauspiel aufzuführen, um Zeit zu gewinnen, bringt Wein und schenkt ein. Columbus nutzt die Gelegenheit, um mit der Frau zu reden. Sie steht jetzt gegen die Kulissen gelehnt.*)

COLUMBUS (*ruft halblaut*) He! Gibts was Neues? Was macht mein Gnadengesuch?

FRAU Nicht schlecht. Pater Cohen war persönlich beim Inquisitor. Sie gehen zusammen zum König. Er wirds schon schaffen.

COLUMBUS Ich wünschte, es wäre wahr. (*Quintilla will ihn bewegen, endlich weiterzuspielen.*) Sie sollen sich beeilen, der erste Akt ist fast zu Ende. (*Quintilla zieht ihn an den Tisch.*)

FRAU Ihr habt noch einen ganzen Akt zu spielen, aber nicht so schnell. Du wirst sehn, der Gnadenerweis kommt.

DIEGO (*laut*) Ihr seid also entschlossen, abzureisen, Columbus?

COLUMBUS (*zu Diego*) Ja, morgen. Spätestens. Nach England. Es scheint, als ob mein Bruder, Bartolomäus, sich mit König Heinrich geeinigt hätte. (*Columbus und Diego versuchen mehrfach, sich abzusondern, werden aber dauernd von Pater Neugier gestört, der die Glocke gebracht hat und jedes Wort mitzuhören versucht.*)

DIEGO Wegen des Seeweges nach Indien?

COLUMBUS Um Euch die Wahrheit zu sagen, es war gar nicht mal so schwierig ... Natürlich konnte er etwas freimütiger reden als ich am spanischen Hof.

DIEGO Wieso? Habt Ihr der Königin etwas verheimlichen müssen?

COLUMBUS Leider ja. (*Sie setzen sich. Der neugierige Pater streckt den Kopf zwischen sie.*) Versteht mich richtig, aber es wäre nicht korrekt gewesen, der Königin ein Dokument zu zeigen, das einem ihrer Verwandten gehört, Johannes von Portugal ... außerdem ist er sehr rachsüchtig ... (*Er steht auf, sofort nimmt der neugierige Pater seinen Platz ein. Columbus setzt sich auf den Schoß des Paters. Er steht ebenso plötzlich wieder auf und schreit.*) Er, Johannes, hätte mir seine Halsabschneider geschickt mit dem Befehl, einen Rosenkranz zu beten, mit meinen Därmen ...

DIEGO Ihr hättet es vertraulich machen können.

COLUMBUS Vertraulichkeit am Hofe Isabellas ...! Ich bitte Euch! (*Er setzt sich wieder auf den Schoß des Paters, schreit abermals leise und steht wieder auf.*) Bei all diesen Hofschranzen und Spionen ... Spionen und Aberspionen, die ihre Ohren überall haben. (*Er betrachtet vorwurfsvoll den neugierigen Pater.*)

DIEGO Ihr hättet mit ihr so vertraulich reden können wie mit mir.

COLUMBUS Gut, aber mit Euch rede ich auch nur, weil ich schon morgen nach England reise, und dort bin ich in Sicherheit. Glaubt mir, Isabella wird es noch bedauern, die Gute. Aber es geschieht ihr recht. Sieben Jahre hat sie mich warten lassen: Nichts als einen Haufen schöner Worte! (*Er überprüft einen anderen Stuhl, ob auch niemand drauf sitzt, und nimmt dann Platz.*) Alles für die Katz! (*Springt wieder auf, wie von einer Tarantel gestochen, besessen von der Vorstellung, daß auf jedem Stuhl ein Pater sitzt.*) Da, ein Pater, ein kleiner Pater!

DIEGO Wo?

COLUMBUS Da! Ein klitzekleiner Pater. Mein Gott, ein Paterchen! (*Untersucht den Stuhl*) Was für ein winziger, klitzekleiner Pater! Oh, nein! Es ist eine Nonne!

DIEGO Ach so.

COLUMBUS Die Haare wird sie sich raufen, die gute Isabella, und Ferdinand die Fußnägel.

DIEGO Ihr redet, als ob der Erfolg Eurer Reise nach Indien schon feststünde.

COLUMBUS (*plötzlich ernst*) Natürlich steht er fest! Da, schaut! (*Holt eine Kartenmappe hervor*)

PATER NEUGIER Was ist das für eine Karte?

QUINTILLA (*senkt die Stimme, mit halblauter Stimme*) Eine Kopie der Karte Toscanellis aus dem Geheimarchiv Johannes' II. von Portugal.

DIEGO Außerordentlich!

COLUMBUS Versteht Ihr jetzt? Es wäre nicht höflich gewesen, der Königin zu sagen: Ich habe etwas stibitzt, was euch überzeugen wird. Ich wollte die Königin überzeugen, ohne sie zu kompromittieren.

DIEGO Und Ihr seid sicher, daß allein der Name Toscanelli... (*Der neugierige Pater steckt seinen Kopf tief in die Kartenmappe. Diego schlägt sie unerwartet zu und klemmt den Kopf des Paters ein.*) ... genügt hätte, um jeden Zweifel auszuräumen?

COLUMBUS Wenn Toscanelli nicht gereicht hätte, hätte ich immer noch das hier gehabt. (*Er holt mit geheimnisvollem Gesichtsausdruck und den Gesten eines Zauberkünstlers eine schwere, goldene Gesichtsmaske hervor.*) Damit hätte ich sie sogar dazu gekriegt, sich auf ein Kohlenbecken zu setzen! (*Hält sich die Maske vors Gesicht*)

QUINTILLA UND DIEGO Was ist das?

COLUMBUS Hab ich Euch einen Schrecken eingejagt? (*Er lacht.*) Gibt es einen König auf dieser Seite der Erde, der sich seinen Untertanen mit einer solchen Maske zeigt?

DIEGO Mit Sicherheit nicht.

COLUMBUS Eben, diese Maske stammt von der anderen Seite der Erde. Die Könige von Inkapan pflegen sie zu tragen. Es heißt, sie setzen sie nicht einmal beim Essen ab.

PATER NEUGIER Aber mit so einem kleinen Mund, wie essen sie da?

COLUMBUS (*entsetzt über soviel Dummheit*) Sie essen durch die Nase. Ihre Mahlzeit besteht aus winzigen Früchten, Weintrauben, Beeren, Kirschen.

DIEGO Und die Kirschkerne?

COLUMBUS Die spucken sie durch die Augen aus.
PATER NEUGIER Großartig!
DIEGO Laßt sehn ... (*Er nimmt die Maske und wiegt sie in der Hand.*) Ein schönes Gewicht.
COLUMBUS Sie ist aus massivem Gold.
QUINTILLA Und wo habt Ihr sie her?
COLUMBUS Von einem Araber, unten in Guinea, als ich noch mit Sklaven gehandelt habe. Stellt Euch vor, dieser Araber war der einzige Mann in einem Dorf, das nur aus Frauen bestand.
PATER NEUGIER Lauter Frauen!
EIN ZUSCHAUER Und wie waren sie, diese Frauen?
COLUMBUS Großartig, entgegenkommend und zauberhaft. Ein bißchen ausgezogen, aber sehr anziehend und vor allem unverheiratet und völlig ohne Schmuck. Ich habe mich als Moslem ausgegeben, um mich mit diesem Araber anzufreunden. Ich spreche ganz gut arabisch.
Er glaubt mir, vertraut mir eine Menge Geheimnisse an, und ich erfahre, daß alle diese großartigen, entgegenkommenden, zauberhaften, ein bißchen ausgezogenen, aber sehr anziehenden und vor allem unverheirateten Frauen aus Indien stammten, von wo er sie mitgebracht hat und wo er zufällig gelandet war, dank eines gewaltigen Ungewitters, das ihn nach Westen verschlagen und über den gesamten Ozean getrieben hatte!
In zwanzig Tagen ist er, dank dieses Ungewitters, von Afrika nach Indien und wieder zurück. Ich war sprachlos. Vor meiner Abreise mußte ich schwören, aber beim Koran, versteht Ihr? Ich weiß, das war eine Todsünde! Mußte ich schwören, mit niemandem darüber zu reden, was ich gesehen und gehört hätte.
Dann küßt er mich überall hin, umarmt mich und schenkt mir zum Abschied diese goldene Maske.
DIEGO Ich bin sprachlos. Die Geschichte ist dermaßen phantastisch ...
COLUMBUS Phantastisch, aber wahr!
QUINTILLA Natürlich, die Maske ist überzeugender als jeder Beweis.
DIEGO Aber warum habt Ihr die Geschichte nicht bei Hofe erzählt?

COLUMBUS Daß ich auf den Koran ein Gelübde abgelegt habe? Wißt Ihr, was man mit mir gemacht hätte? Vor allem jetzt, wo es auf den Winter zugeht, und wo jeder Hohlkopf sich dafür begeistert, seinen Nachbarn auf den Scheiterhaufen zu schicken? Weil das die einzige Möglichkeit ist, sich umsonst die Füße zu wärmen? Nein, lieber wandere ich aus. Lebt wohl, Pater. (*Er steht auf und verabschiedet sich von den Mönchen.*)

(*An der Vorderbühne erscheinen zwei Herolde mit Trommeln. Während Columbus und Quintilla abgehen, läuft Diego eilig auf das Podest zu Isabella. Die beiden tuscheln aufgeregt miteinander.*)

HEROLD (*unterstreicht seine Worte durch Trommelschläge*) Der treuherzige Pater glaubt den Lügen des listenreichen Columbus!
Nachts eilt er zu Königin Isabella und weckt sie! Er berichtet ihr von der Karte des großen Gelehrten Toscanelli und der goldenen Maske aus Indien! Er berichtet von der unmittelbar bevorstehenden Abreise des Genuesen nach England und der Absicht des englischen Königs, Heinrich von York, ihm seine Karavellen zu geben! (*Herolde ab*)

ISABELLA Himmel, wir müssen ihn zurückholen! Tut mir einen Gefallen, überredet ihn, hierzubleiben. Sagt ihm, daß wir alle seine Forderungen erfüllen! Natürlich mit Ausnahme meines Vorschlags, an meiner Stelle die Königin von Spanien zu werden. (*Pater Diego geht ab.*) Quintilla!

QUINTILLA (*springt herein*) Hier bin ich! Ich habe schon hinter der Tür gelauscht!

ISABELLA Gebt Anweisung, die Reise des Columbus vorzubereiten! Rasch! (*Ein Edelmann lugt aus den Kulissen*) Was gibts, Pinzón?!

PINZON Wenn Columbus einverstanden ist, würde ich ihn gerne mit meiner Pinta begleiten; eine tadellose Karavelle. So wären wir drei. (*Isabella und Pinzón ab. Columbus tritt auf.*)

QUINTILLA (*geht ihm mit Siegerpose entgegen*) Sie habens geschluckt! Wir haben es geschafft!

COLUMBUS Ja, wir haben sie hereingelegt. Hereingelegt mit einer vergoldeten Bronzemaske vom Jahrmarkt.
QUINTILLA Columbus, du bist der größte Geschichtenerzähler, dem ich je begegnet bin!
COLUMBUS Teurer Freund, in dieser Welt voller Märchenerzähler, wer da nicht das Maul aufreißt, der geht unter.
QUINTILLA Von heute an werden die Leute sagen, Columbus, das war der Mann, der schon viel erzählen konnte, bevor er eine Reise getan hat.

(*An die zehn Schauspieler treten auf, als Seeleute gekleidet, springen aufs Schafott und singen. Während des Liedes verwandeln sie das Schafott in ein Schiff. Die Balken des Galgens werden zu Segelmasten, Wimpel werden hochgezogen, Strickleitern aufgehängt, Fahnen flattern. Die Brüstung seitlich des Schafotts wird in eine Reling verwandelt. Etwa in der Mitte des Liedes treten Isabella, Ferdinand und ihr Hofstaat auf und winken dem Schiff zu, das langsam in See sticht.*)

Columbus, der erzählte viel,
daß sich die Balken bogen.
La-la-lala-la.
(*gesprochen*)
Zwar kriegte er sein Segelschiff,
und fuhr damit nach Indien.
Doch spielte man ihm übel mit,
bis er endlich es kriegte.
Lala la-lala la.

Als er von Meridianen sprach,
da nannten sie ihn Scharlatan,
ja Scharlatan.
Da fing er an zu lügen,
da glaubte ihm ein jeder
und schwenkte seinen Hut.

Das ist die Moral von dem Stück:
Wenn du Vertrauen gewinnen willst,
hab keine Bedenken, belüg und betrüg.
Weil der Mensch schon so lange betrogen wird,

verwechselt er leicht Parfüm und Gestank,
was wahr ist und falsch,
hält Unkraut für Blumen,
und sieht vor lauter Grau nicht die Farbe der Blüten.

Doch sprichst du vom Geld!
Er leckt dir die Füße
und krümmt den Buckel tief!

Columbus, der erzählte viel,
daß sich die Balken bogen.
La-la-lala la
(*gesprochen*)
Zwar kriegte er sein Segelschiff
und fuhr damit nach Indien.
(*gesungen*)
Doch spielte man ihm übel mit,
bis er es endlich kriegte.
La la la – lala la
er glaubt, es wäre Indien,
und fand Amerika.
Und fand Amerika.

Ende des ersten Aktes.

Zweiter Aufzug

Auf dem Schafott, das wie ein Podium angeordnet ist, stehen die Schauspieler im Kostüm von Damen und Herren des Hofes und singen.

CHOR Gloria! Gloria!
    Columbus kehrt wieder aus Indien,
    mit Papageien
    mit Vogelfedern und zehn wilden Menschen
    und Ketten aus Vogeldreck,
    die sie mit großer Anmut tragen!

    (*Columbus tritt auf, gefolgt von einigen Seeleuten.*)
    Aber Gold bringt er gar nicht viel mit.
    Doch seine Heimkehr ist triumphal
    in allen Augen steht großes Erstaunen,
    und jedermann glaubt ihm und schenkt ihm Vertrauen.
    Nur kurz ist die Heimkehr,
    er fährt wieder hin.
    Wer früher voll Spott war, ist nun voller Beifall,
    und gibt ihm die Tochter, die Jüngste, die Schönste,
    und ohne Absicht vielleicht auch die Frau.
    Der König ernennt ihn zum Admiral!

    Gloria! Gloria!
    Ein Jahr ist vergangen; er war schon wieder
    auf den Antillen!
    Nun kehrt er zurück,
    kräftige Sklaven wie Schmetterlinge bemalt,
    und komische Affen, die tanzen und springen,
    aber Gold bringt er gar nicht viel mit.
    Doch seine Kunde weckt noch Erstaunen,
    nur hier und dort unterdrückt man ein Gähnen.
    Aah-aah ...
    Noch eine Reise ist unbedingt nötig!

Nur ein paar Treue vertrauen noch immer,
wer einst ihn lobte, gibt zu bedenken:
Ist die Entdeckung wirklich das wert?
Doch Admiral ist er leider noch immer!

Gloria! Gloria!
Schon dreimal war Christobal auf den Antillen!
Hier steht er in Ketten, wie ein Rebell!
Denn das Schiff quillt über von Gold.
Von Gold, das jetzt alles dem König gehört.
Man klagt ihn an, doch mit halbem Herzen,
denn Isabells Herz ist überaus milde:
Er hat ihre Kisten und Kassen gefüllt!
Die Tugend der Könige ist nicht der Dank.
Wer einst ihn verspottete, speit vor ihm aus:
Columbus, Verbrecher, gemeine Kanaille!
Ein Gauner, Spion, ein Nihilist.
Er liebte nicht einmal die Jungfrau Maria!
Zum Glück ist er auch nicht mehr Admiral!
Wer Jesus nicht liebt,
hat alles versiebt!

(*Während der letzten Strophe beginnen die Höflinge zu tanzen, und zwar auf eine bewußt höfische Weise, wie bei einem Palastfest.*)
CHOR Ein Hoch auf das Brautpaar! Ein Hoch auf die Braut! Hoch! (*Aus dem Gedrängel kommt ein Seemann, der eine Frau im Arm hält. Ihm folgt ein zweiter Seemann, der einen Bischof bedrängt.*)
FONSECA Laßt mich! Laßt mich los!
SEEMANN Verzeihung, Hochwürden!
FONSECA Verzeihung, Verzeihung! Das ist schon das dritte Mal, daß Ihr mich umarmt! (*Alle ab. Nur Columbus und die Soldaten bleiben.*)
COLUMBUS (*in Ketten. Zu dem Soldaten, der ihn bewacht*) Wer heiratet da?
SOLDAT Isabellas jüngster Sohn.
COLUMBUS Johannes? Der ist doch noch ein Kind ...
SOLDAT Das sieht nur so aus, er ist schon neunzehn.
CHOR Es lebe die Braut! (*Johanna die Verrückte tritt auf. Sie wird von derselben Schauspielerin gegeben, die die*

Isabella gespielt hat. Zum Unterschied trägt sie eine riesige schwarze Perücke, während Isabella blonde Haare hatte.)
JOHANNA DIE VERRÜCKTE Nieder mit der Braut!
EIN HÖFLING Schon wieder diese Verrückte!
COLUMBUS *(kniet nieder)* Majestät ... ich ...
JOHANNA Oh, was für schöne Ketten! Sie scheinen zur Zeit sehr in Mode zu sein. Ich muß mir auch ein Paar machen lassen. Man sieht sie jetzt überall. Ich werde mir welche vom Bischof schenken lassen, der die Inquisition macht. Er hat alle möglichen Sorten. Für Alleinstehende, für Ehepaare und für ganze Familien.
COLUMBUS Ihr macht Euch über mich lustig, Majestät.
JOHANNA Ich scherze nicht. Aber warum nennst du mich Majestät? Du hältst mich nicht zufällig für meine Mutter?
COLUMBUS Seid Ihr nicht die Königin?
JOHANNA Nein. Danke für das Kompliment. Sehe ich so alt aus? Ich bin Johanna.
COLUMBUS Johanna die Wahnsinnige! Oh, verzeiht! Es ist mir rausgerutscht!
JOHANNA Aber bitte, das macht nichts. Es gefällt mir sogar, wenn alle mich für verrückt halten. Gefalle ich dir? Ich bin gewachsen, nicht wahr? Komm, sei nicht so förmlich: Soll ich dir ein paar von diesen Lackaffen vorstellen? Der da hinten ... *(Sie deutet in die Kulissen.)* Das ist mein Bruder, der Bräutigam. Er kann vor Geilheit kaum laufen und wartet nur darauf, sie ins Bett zu kriegen. Jetzt stell ich dir meine Schwägerin vor. *(Laut)* Maria!
MARIA Was ist, Johanna?
JOHANNA Ich möchte dich jemand vorstellen! *(Maria tritt auf.)* Schau mal, ist sie nicht niedlich? Glaub mir, sie ist noch keine achtzehn und kann schon Mamma sagen; Pappa und Pippi! Maria, ich will dir unseren Großadmiral vorstellen.
MARIA Ein Admiral in Ketten?
JOHANNA An unserem Hofe ist das normal. Es ist eine Ehre.
MARIA Eine Ehre?

JOHANNA Entschuldige, aber da Schwindler und Blutsauger die Welt regieren, muß man diejenigen, die dem König Reichtum und Ruhm verschaffen, in Ketten legen; das ist doch natürlich.
COLUMBUS Ihr übertreibt, Majestät!
JOHANNA Nicht aufregen, Columbus.
MARIA Das verstehe ich nicht.
JOHANNA Das macht nichts. Deine Aufgabe ist nicht, zu verstehen, sondern mit meinem Bruder zu schlafen.
FERDINAND (*mit forschem Auftreten*) Was machst du hier, Johanna? Liebste Maria, unser Johann sucht Euch überall.
MARIA Ich gehe schon. (*Macht einen Knicks*) Admiral ... Johanna ... Vater ... (*Läuft weg*)
FERDINAND Weißt du, wo deine Mutter ist?
JOHANNA Sie macht das Bett für die privaten Feierlichkeiten der beiden.
FERDINAND Hör auf, so zu reden; das ist ungezogen.
JOHANNA Ungezogen, so. Ich habe unseren Admiral begrüßt, während du so getan hast, als würdest du ihn gar nicht sehen.
FERDINAND Oh, Columbus! (*Bemerkt die Ketten und tut so, als erschrecke er*)
COLUMBUS Zu Diensten ...
FERDINAND Was sollen die Ketten? Seid Ihr verrückt geworden?
SOLDAT Majestät haben selber angeordnet ...
FERDINAND Nehmt sie ihm sofort ab! (*Der Soldat fummelt an den Schlössern herum.*) Verzeiht, Columbus, das muß ein Mißverständnis sein. Der Befehl lautete nicht, Euch in Ketten zu legen.
JOHANNA Sondern mit Öl und Salbei einzureiben und auf kleiner Flamme zu rösten.
FERDINAND (*verärgert*) Sei still, Johanna!
COLUMBUS (*versucht, Konversation zu machen*) Wie geht es der Königin?
FERDINAND Nicht sehr gut. Ihr wißt, daß der Kronprinz tot ist?
COLUMBUS Ja, und ich gestehe, es hat mich außerordentlich ...

FERDINAND Ich glaube Euch. Wir haben alle gelitten.
COLUMBUS Dann kann ich es mir sparen.
FERDINAND Dann unser Sohn, der heute geheiratet hat ...
er ist noch so anlehnungsbedürftig ...
JOHANNA Eine Kinderhochzeit ...
FERDINAND Bitte, Johanna!
JOHANNA Was hab ich denn jetzt schon wieder gesagt? (*Sie geht umher und tut so, als streue sie Körner für nicht existierende Hühner aus und gibt dazu die entsprechenden Töne von sich.*)
FERDINAND Schaut nur. Arme Johanna! Das ist auch etwas, was der Königin viel Schmerz bereitet. Habt Ihr bemerkt, wie verwirrt sie ist?
COLUMBUS Ich fand ihre Verwirrung nicht so groß: Meine Ketten nannte sie eine Ehre für Eure Krone!
FERDINAND Sehr geistvoll, wirklich! Ich frage mich, ob Ihr vor Gericht genauso geistvoll sein werdet.
(*Auf Pritschen werden zwei Beichtstühle hereingefahren. In einem sitzt Bischof Fonseca, im anderen der zweite Ankläger.*)
ZWEI HEROLDE (*mit Trommelbegleitung*) Columbus wurde der Prozeß gemacht, wenn auch nicht offiziös. Jedoch mit aller Vehemenz und philiströs.

(*Schauspieler und Zimmerleute bemühen sich, das Schiff herzurichten, auf dem der Prozeß stattfinden soll. Der Schauspieler, der den Columbus spielt, wird wieder von der Frau angesprochen, die wir bereits kennen.*)

FRAU Du! Es steht gut! Der König hat das Gnadengesuch angenommen und nach dem Großinquisitor gesandt. Er braucht nur noch zu unterschreiben.
DER VERURTEILTE Gut, gut! So eine Scheiße! (*Die Gerichtsszene ist fertig. Bischof Fonseca, der als erster Ankläger fungiert, erhebt sich.*)
FONSECA Christoph Columbus! Wir sind hier versammelt, um über die Taten zu Gericht zu sitzen, die Ihr begangen habt, sowohl als Kommandant der königlichen Schiffe wie auch als Privatperson.
COLUMBUS Warum diese Unterscheidung? Wie soll je-

mand, der unter schwierigen Umständen ein Kommando führt, eine Privatperson bleiben?

2. ANKLÄGER Bitte keine Ablenkungsmanöver. Im Logbuch Eurer ersten Reise berichtet Ihr von einer Meuterei ... (*Gongschlag*)

COLUMBUS Das ist richtig. (*Er stellt sich in Positur wie ein Kapitän an Deck seines Schiffes, umgeben von seiner Mannschaft; sehr statuarisch.*) Da, seht, alle Zeichen sprechen dafür, daß wir bald Land erreichen werden. Das ist ein Landvogel. Da ist sogar eine Nachtigall. (*Er bildet mit Daumen und Zeigefinger ein Fernrohr und schaut hindurch.*) Und dort hinten fliegt, sehr tief, genau in meine Richtung, ein Schmutzfink; ein typischer Festlandbewohner. Also beruhigt euch, spätestens morgen, vielleicht schon übermorgen, erreichen wir die indische Küste.

(*Ein Seemann läutet die Schiffsglocke. Columbus zum Seemann, der neben ihm steht; zerstreut.*) Ich glaube, es hat geläutet. Mach die Tür auf.

1. SEEMANN (*laut rufend*) Wachablösung!

COLUMBUS (*zu dem Seemann, der eine nicht existente Tür aufmacht und hinausschaut*) Habe ich Besuch?

1. SEEMANN Du redst einen Stuß!

COLUMBUS Einen Stuß? Wer hat dir erlaubt, so mit mir zu reden?

1. SEEMANN Hör zu, du genuesischer Spaßvogel! Ich rede, wie es mir paßt! (*Zu einem der Seeleute*) Ich war im Knast und hatte mich drauf spezialisiert, Filzläuse zu knacken wie ein Pascha; da kommt er und macht mir einen Haufen Versprechungen: Ich hol dich hier raus, ich mach dich reich ... Und nu?! Hocken wir auf diesem Kahn, bis wir schwarz werden ...

2. SEEMANN Das stimmt! Er hat uns geäfft! Seit über einem Monat sind wir auf dem Meer, und seit über einer Woche zeigt er uns Zuckerrohre, Paradiesvögel und Flußfische und behauptet, daß wir praktisch nur noch einen Tag vom Land entfernt wären ... bestimmt morgen ... Das ist alles der größte Stuß!

COLUMBUS Redest du auch schon von Stuß?! Hört zu, Leute: Erst einmal mäßigt ihr eure Worte, dann können wir uns verständigen, wie vernünftige Menschen. Ihr müßt Geduld haben ...

1. SEEMANN Nein, mein lieber Herr Kannegießer, mit Geduld kannst du uns auch nicht mehr ködern.
2. SEEMANN Jetzt laß ihn mal ausreden! Schau, wir warten noch einen Tag ...
COLUMBUS (*verbindlich*) Genau das wollte ich euch vorschlagen.
2. SEEMANN Da hörst du's. Das nenn ich mir einen echten Seemann. (*Spöttisch*) Mir gefällt er.
1. SEEMANN Mir nicht.
2. SEEMANN Ich mag ihn; du brauchst nur ein ernstes Wort zu sagen, und ZACK, schon scheißt er in die Hosen.
COLUMBUS Ich bin eben anpassungsfähig. (*Gongschlag. Wieder Gerichtsszene*) Alles gelogen, so war es gar nicht. Ich erzähle euch, wie es wirklich war.
ANKLÄGER Hören wir erst einmal Kapitän Pinzón!
COLUMBUS Pinzón, dieser erbärmliche Lügner ...
PINZON Sobald mein Bruder und ich, der Kommandant der Pinta, von der versuchten Meuterei Kenntnis erhalten hatten, begaben wir uns, noch in der selbigen Nacht, zum Flaggschiff! (*Pinzón und sein Bruder nehmen jeder eine Stange und spielen zwei Ruderer, die mit einer Schaluppe längsseits kommen.*)
COLUMBUS Ich hatte sie heimlich zu mir gebeten. (*Gongschlag: Die beiden Ruderer machen seitlich fest und entern unter Zuhilfenahme der Stangen das Podest, das als Schiff fungiert.*)
PINZON (*zu Columbus, wobei er sich argwöhnisch umschaut, als sei er von einem Komplott bedroht*) Hör zu, Christoph, bist du verrückt geworden? Was ist in dich gefahren, mit diesen Gaunern zu verhandeln?
COLUMBUS Was blieb mir übrig? Sie wollten mich ins Meer werfen. Weißt du, wie tief es hier ist?
PINZON Ich will dir sagen, wie man das macht. Morgen früh hängen wir ein paar von ihnen auf. Das wird sie beruhigen!
COLUMBUS Wäre das nicht etwas übertrieben? Vielleicht haben sie nicht einmal unrecht. Manchmal glaube ich, alles falsch gemacht zu haben. Nach meinen Berechnun-

gen hätten wir vor mindestens vier Tagen ankommen müssen. Vorausgesetzt, die indische Küste hat nicht dieselbe Eigenart wie gewisse Stoffe, einzulaufen, sobald sie naß werden ...

PINZON Die indische Küste soll eingelaufen sein?

COLUMBUS Es hat seit Tagen ununterbrochen geregnet. Weißt du was? Wenn wir morgen kein Land sehen, fahren wir zurück.

PINZON Sag das noch einmal, und du hängst als erster am höchsten Mast.

Hier wird nicht zurückgefahren!

PINZON UND SEIN BRUDER Für Kastilien und die katholischen Könige! Tod oder Sieg! (*Sie unterstreichen ihren Ruf durch heftiges Aufstampfen mit den Ruderstöcken.*)

COLUMBUS (*schreiend*) Himmeldonnerwetter, deshalb braucht Ihr Euch doch nicht gleich so aufzuregen!! (*Er zieht sich die Stiefel aus, die über dem Spann völlig durchlöchert sind.*) Darf man nicht einmal mehr ein Späßchen machen?! Hängt doch auf, wen Ihr wollt. Ich persönlich wohne lieber einer Hinrichtung durch Erhängen bei als einer Frau und wenn sie noch so schön ist! (*Gongschlag. Die Handlung wird abermals unterbrochen. Columbus ist außer sich und bestürmt die Richter.*) Das stimmt nicht, das ist nicht wahr! Jetzt stellt Ihr mich auch noch als impotenten Sadisten hin! Demnächst behauptet Ihr, ich lebte in eheähnlicher Gemeinschaft mit meinem Oberbootsmannsmaat!

FERDINAND Keine Prozeßverschleppung bitte. Weiter! (*Gongschlag. Mit Unterstützung zweier Männer schleppt Pinzón die zwei Seeleute, die sich mit Columbus gestritten haben, herbei und baut sie vor Columbus auf. Die beiden sind gefesselt.*)

PINZON Die sind es, nicht wahr?

COLUMBUS (*unmutig*) Ja, die sinds. Sie und vier andere wollten mich verprügeln.

1. SEEMANN Spitzel, Spitzel! Du bist kein Christ.

COLUMBUS Er ist der Anführer!

1. SEEMANN Der Anführer – wovon? Wir hatten ein vertrauliches Gespräch ... über unser Heimweh ...

2. SEEMANN ... über die Frauen ...

1. SEEMANN Genau, wir haben praktisch nur über die fehlenden Frauen geredet.
PINZON Sei still, du bist ein toter Mann! (*Zu seinem Bruder*) Hol die anderen vier. Die werden auch aufgehängt.
1. SEEMANN Heilige Mutter Gottes, Ihr wollt mich aufhängen, bevor ich gebeichtet habe?
2. SEEMANN Das stimmt! Ohne Priester gilt nicht!
1. SEEMANN Ich hab noch nicht die erste Kommunion gekriegt.
COLUMBUS Bedaure, aber wir haben keinen Priester mit. Sie fühlten sich noch nicht reif, in die ewige Glückseligkeit einzugehen. Also sammelt Euch etwas; das letzte Gebet spreche ich selber: »Oh, Herr, unser Gott, erhöre uns, die wir im Elend sind. Du hast sogar dem vergeben, der dich verraten hat für dreißig Silberlinge, deshalb bitten wir dich, vergib nicht diesen entsetzlichen Stinkern, die wir dir hiermit schicken. Laß dich nicht verleiten von der weitverbreiteten Sentimentalität und mache, daß sie sämtliche Qualen der Hölle erleiden, denn sie sind zwei schreckliche Sünder, Amen!« Hängt sie auf! (*Die zwei haben die Schlinge um den Hals, hängen jedoch auch noch an einem unsichtbaren Gurt, so daß sie tatsächlich aufgehängt werden können.*)
1. SEEMANN Ääähhh! (*Gibt einen langgezogenen Schrei von sich, als ob ihm schon die Luft abgeschnürt würde*)
COLUMBUS Still! Schäm dich! So eine Schande! Wir sind hier auf einem Schiff der katholischen Königin des katholischen Spaniens, da wird nicht gejammert! (*Äfft sie nach*) Ääähhh! Schreit wenigstens etwas musikalischer! Ich geb euch den Ton: »Aaaaahhhh«. (*Die Schiffsmannschaft zieht an den beiden Galgenstricken, als wären es Glockenseiler und zwar im Wechsel; die beiden Seeleute geben musikalische Schreie von sich, wie ein langgezogenes Glockengeläute. Columbus dirigiert das ganze wie ein Kapellmeister.*)
COLUMBUS Zwei, drei, vier: Hoch! (*Die drei werden unter dem beschriebenen Glockengesang hochgezogen. Gongschlag. Die Szene wird abermals unterbrochen. Columbus sehr aufgeregt.*) Wie kann man nur so unverschämt

lügen, Verzeihung, so niederträchtig! (*Zu seinen Richtern*) Ich habe niemals ein derartiges Gebet gesprochen, und auf meinem Schiff ist auch niemand aufgehängt worden. Ich habe die mir anvertrauten Seeleute immer auf das menschlichste behandelt. Sie haben mich geliebt.

2. ANKLÄGER (*mit einem zynischen Lächeln zu den Anwesenden*) Deshalb wurdet Ihr auch mit »Mamma« angeredet.

COLUMBUS Nein, mich nannten sie Pappa, weil Mamma nannten sie meinen Oberbootsmannsmaat, der war auch sehr gut zu ihnen. (*Gongschlag. Die Handlung auf dem Schiff wird wieder aufgenommen. Die Mannschaft steht auf der Brücke. In den Händen Kochgeschirre und Löffel.*)

1. SEEMANN Pappa!

COLUMBUS Ich komme, ich eile. Was wollt ihr denn Schönes essen, meine Kinderchen?

1. SEEMANN Kommt drauf an, was es gibt.

COLUMBUS Schaun wir mal. (*Mit Oberkellnergestus*) Da wäre ein schönes Fritto misto ...

CHOR (*angewidert*) Ähhh!

4. SEEMANN Gibts nichts anderes?

COLUMBUS Dann hätten wir zart gebratene Haifischkoteletts, Haifischbraten im eigenen Fett, Haifischgulasch ...

PINZON Es langt! Begreifst du nicht, daß wir die Nase voll haben von deinem ewigen Fisch? Wir wollen Fleisch!

4. SEEMANN Fleisch!

COLUMBUS Tut mir leid, aber die Ratten sind leider ausgegangen. Die Gefüllten am letzten Donnerstag waren die letzten.

PINZON Lügner! Das stimmt nicht! Du behältst sie für dich!

COLUMBUS Das ist nicht wahr!

PINZON So, und wer hat mir heute nacht die Schuhsohlen angenagt? Da schaut her; war das keine Ratte? (*Zieht sich einen Schuh aus und zeigt ihn herum*)

1. SEEMANN Tatsächlich angeknabbert!

2. SEEMANN Man sieht sogar die Rattenzähne!

3. SEEMANN (*zu Columbus; aggressiv*) Was sagst du nun?!

COLUMBUS Also gut, ich wars.

CHOR Du?

COLUMBUS (*weinend*) Ich konnte nicht widerstehen: Seit fünf Tagen habe ich nichts gegessen. Da sah ich die Schuhe ...

PINZON Hast du denn deine Ration nicht gegessen?

COLUMBUS Meine Ration? Ich habe sie heimlich an euch verteilt; jede Nacht; jedem ein bißchen. Ihr habt es nur nicht bemerkt.

CHOR Ohh!

PINZON Er hat sich das Brot vom Munde abgespart!

CHOR Für uns!

COLUMBUS Nun ja.

CHOR Welch ein Mensch!

1. SEEMANN Ein Heiliger!

CHOR Herr, vergib uns!

1. SEEMANN Erlaube uns, dir die Hände zu küssen!

COLUMBUS Oh, das bin ich nicht wert!

CHOR Du Wertvoller!

COLUMBUS (*heult jämmerlich*) Jetzt muß ich weinen ...

CHOR Die Hände!

3. SEEMANN Ich auch, ich möchte sie küssen! (*Er wirft sich in die Gruppe der Seeleute, die Columbus eng umringt haben und ihm die Hände zu küssen versuchen.*)

COLUMBUS Also gut! Aber nicht knutschen! (*Man hört Schmatzen, plötzlich stößt Columbus einen entsetzlichen Schrei aus und zieht die Hände rasch zurück.*)

3. SEEMANN Verzeihung, das macht der Hunger!

PINZON Also, wenn du schon an den Schuhen nagst, frage ich mich, warum du die Sohle gegessen hast. Das Oberleder ist viel zarter.

COLUMBUS Weil das Oberleder aus fettem Rindsleder ist, und gestern war magerer Freitag ...

CHOR Du Glaubenstreuer!

1. SEEMANN Die Hände! Küßt ihm die Hände!

COLUMBUS Nein!!! (*Die Seeleute stürzen sich auf ihn. Wenn Columbus wieder auftaucht, fehlt ihm die rechte Hand. An ihrer Stelle hat er einen Haken.*)

CHOR Ooohhh!! Ist der gut, der Columbus! (*Gongschlag*)

2. ANKLÄGER Wirklich gut. Aber kehren wir zurück zu den

Erhängten; könnt Ihr uns erklären, warum keiner von ihnen zurückgekehrt ist?

COLUMBUS Ich habe sie drüben gelassen, um die Inseln zu bewachen, nur daß sie mit ihrer Überheblichkeit in den Bäuchen der Inselbewohner gelandet sind, jawohl.

FONSECA In welchem Sinne: In den Bäuchen der Wilden gelandet?

COLUMBUS In dem Sinne, daß jene von diesen aufgegessen wurden.

3. SEEMANN Hör auf mit diesen Märchen! Du bist ein Gauner und Lügner, sonst nichts!

FONSECA Ihr erdreistet Euch, den Angeklagten einen Gauner zu schimpfen ...

3. SEEMANN Ich erdreiste mich, weil es stimmt. Er hat mich um die schöne Summe von 60 000 Maravedi geprellt, die mir zustanden, als Sichtprämie.

2. ANKLÄGER Sichtprämie?

3. SEEMANN Diesen Preis hatte die Königin demjenigen versprochen, der als erster das Land erblickt ... und ich hatte an diesem vierzehnten morgens Wache im Mastkorb ... (*Gongschlag. Er klettert sehr schnell die Strickleiter hinauf und blickt in die Ferne.*) Land! Land in Sicht!

COLUMBUS Großartig. Wurde auch Zeit, daß einer von euch was sagt. Ich habe das Land schon gestern abend gesehen, und seitdem frage ich mich, ob ihr allesamt blind geworden seid ... Natürlich habe ich einen besonders scharfen Blick ...

3. SEEMANN Warum habt Ihr dann nicht sofort Signal gegeben?!

COLUMBUS Ich wollte euch nicht kränken und einem von euch die Befriedigung gönnen.

3. SEEMANN Dann kriegt aber auch einer von uns den Preis!

COLUMBUS Habt ihr gehört? Den Preis will er auch noch! Ich gönne ihm die Befriedigung, als erster zu schreien: »Land in Sicht!«, gestatte ihm, Amerika zu entdecken! Ich trete ihm meinen Platz in der Geschichte ab, und er denkt an Geld! Die Menschen sind unersättlich! (*Gongschlag*)

3. SEEMANN So hat er mich um den Preis geprellt!
2. ANKLÄGER Schämt Euch, Columbus! Für ein paar Groschen so tief zu sinken!
COLUMBUS (*beginnt eine erregte Rede in Gramelot, von der in der Mitte nur zwei Worte zu verstehen sind*) Versteht Ihr?! (*Danach nimmt er seine unverständliche Rede wieder auf und unterstreicht sie mit Gesten. Der Gramelot ist eine Lautsprache, die stark an eine gesprochene Sprache erinnert, so daß der Zuhörer ständig den Eindruck hat, die Worte zu kennen und zu verstehen. Der Sinn der Rede erschließt sich über den Gestus der Sprache, die körperliche Gestik, die Mimik und die Bedeutungsanklänge der Worte.*)
1. ANKLÄGER Was redet Ihr da?!
COLUMBUS (*scharf*) Das geht Euch nichts an.
1. ANKLÄGER (*betroffen*) Oohh!
COLUMBUS Abgesehen davon, daß die gesamte Mannschaft bezeugen kann, daß ich am Abend zuvor Lichter am Horizont gesehen haben will!
2. ANKLÄGER Was nutzt eine Mannschaft, die Ihr gezwungen habt zu schwören, und zwar falsch?
COLUMBUS Das stimmt nicht!
3. SEEMANN Doch! Ich sage Euch sogar wo und wann, lieber Herr Admiral, falls Ihr es vergessen haben solltet.
COLUMBUS So? Wann?
3. SEEMANN Genau auf der Rückfahrt.
COLUMBUS Richtig geraten!
3. SEEMANN Wir hatten gerade die Kanarischen Inseln verlassen, als wir die Schiffsglocke hörten. (*Die Schiffsglocke wird geläutet.*)
Ja, genau so: Es war das Signal zum Appell. Er thronte am Hinterdeck und hielt uns eine freundliche Ansprache. (*Gongschlag*)
COLUMBUS (*gibt sich einen herzlichen Habitus*) Meine lieben Fahrensstinker! (*Die Seeleute lachen herzlich.*) Danket dem Herrn, denn jetzt können wir wirklich sagen, wir haben es geschafft! In wenigen Tagen sind wir daheim! Ich kriege eine Gänsehaut, wenn ich nur daran denke, und ich glaube, euch geht es genauso. Ihr kriegt nachts kein Auge zu, aber nicht vor Heimweh, sondern

weil es euch kratzt, als hätten wir alle die Räude. Ich sehe schon die entsetzlichen Feierlichkeiten vor mir, mit denen man uns in der Heimat empfangen wird. Aber nichts kann uns für die Mühsal entschädigen, die wir erlitten haben, für die Schrecken, die uns die Würmer aus dem Leib getrieben haben – auch sie zittern schon vor Entsetzen –; als das Meer vor Wut überschäumte und wir, mittendrin, unseren Gott auf Knien um Vergebung baten und unseren Geist auskotzten! Nie wird jemand sich rühmen dürfen, Größeres erlitten zu haben zum Wohle der Menschheit! Dafür gebührt uns Ehre, Preis und vor allem Anerkennung. Doch die Anerkennung hängt nicht zuletzt von uns selber ab. Ich bin sicher: sobald wir ankommen, stehen die üblichen Schleimscheißer schon in Zweierreihen angetreten und versuchen, die Bedeutung unserer großartigen Entdeckung herunterzuspielen. Ich kann sie schon hören. Erste Reihe: »Sicher, vom wissenschaftlichen Standpunkt aus betrachtet, handelt es sich um eine bedeutsame Expedition, in finanzieller Hinsicht aber war es ein Reinfall. Ein paar Goldmünzen, wie man sie zur ersten Kommunion kriegt, drei Papageien, die ›ja‹ sagen können und noch ein paar Ausdrücke, aber mit einer ziemlich üblen Aussprache! Und dann erst diese zehn Wilden, die sie angeschleppt haben, total verwahrlost und stupide ...«
Es ist nicht auszudenken und in gewisser Weise haben sie sogar recht. Geht runter in den Laderaum und schaut sie euch an, unsere Wilden, ob sie nicht aussehen wie Schweizer Käse, die zu lange an der Sonne gelegen haben. In diesem Zustand können wir sie unmöglich an Land bringen. Sie müssen ein bißchen herausgeputzt werden, anders angezogen, zurechtgestutzt, so wie unsere wohlmeinenden, vorurteilslosen Landsleute sich einen anständigen Wilden vorstellen. (*Deutet auf einen der Seeleute*)
Du da, komm her. Stell dich wie eine Schaufensterpuppe. (*Er greift in eine Kiste und holt allen möglichen Firlefanz hervor.*) Das bißchen Gold, das wir gefunden haben, hängen wir ihnen an den Hals, und auf den Kopf stecken wir ihnen ein paar Federn. Jetzt schwört, daß

sämtliche Wilden, die wir drüben gesehen haben, mehr oder weniger so ausgesehen haben. Schwört!

CHOR DER SEELEUTE (*verärgert*) Wir schwören es.

COLUMBUS Wenn ihr noch einmal so schwört, laß ich euch allesamt aufhängen. Ihr sollt richtig schwören. Der Schwur ist eine heilige Handlung!! Schwört!!

CHOR DER SEELEUTE Wir schwören!

COLUMBUS Als nächstes schwört ihr auf diese Karte. (*Er zeigt eine Landkarte vor.*)

CHOR DER SEELEUTE Was ist das?

COLUMBUS Das ist die Karte sämtlicher Länder und Inseln, die wir entdeckt haben.

PINZON Das Große da, das aussieht wie eine Halbinsel, was soll das sein?

COLUMBUS Chuana!

PINZON Das die Inder Cuba nennen; aber woher weißt du, daß es eine Halbinsel ist, wenn wir höchstens ein Viertel der Küste befahren haben?

COLUMBUS Wenn Cuba eine Halbinsel ist, gehört es zweifellos zu Catai, dem riesigen, wundervollen Catai, von dem Marco Polo erzählt hat, wo die Straßen mit Gold gepflastert sind und die Höfe aus Silber bestehen. Genug diskutiert, schwört jetzt, daß alles, was hier geschrieben steht, die Wahrheit ist und nichts als die Wahrheit. Schwört! Ohne hinzuschauen!

CHOR DER SEELEUTE Wir schwören es!

COLUMBUS Weshalb schwörst du nicht?!

1. SEEMANN Tut mir leid, aber ich habe keine Lust, einen Meineid zu schwören. Das ist Sünde.

COLUMBUS (*lacht*) So, Sünde? Wir sind doch nicht mehr im Mittelalter ... Paß auf, du Dummkopf, nur wenn wir durchblicken lassen, daß dort drüben riesige Reichtümer auf die Menschheit warten, rüsten unsere Vorgesetzten uns neue Schiffe aus und schicken uns wieder rüber, zum Goldsuchen, und nur so kriegt ihr auch weiterhin zu fressen, zwar schlecht, aber täglich. Ist das etwa nichts, du Analphabet?! Hast du nicht gehört, daß der Hunger die schlimmste Sünde ist, die man sich denken kann? Wer einen leeren Bauch hat, hat auch nicht die wahre Inbrunst beim Beten. Nichts als Flüche bringt ein knurrender Magen hervor, und sein Inhaber landet mit Sicherheit im Fegefeuer!

1. SEEMANN Vielleicht habt Ihr recht, aber ich habe keine Lust.

COLUMBUS Du Dickkopf! (*Gibt einem der Seeleute ein Zeichen, ihn auf der Mandoline zu begleiten*) Als du den ganzen Tag lang in den Armen einer schönen, stets willigen Indianerin lagst, dachtest du da an die Sünde? Schaut, wie seine Augen leuchten, wie er atmet! Genier dich nicht, mein Junge, uns geht es genauso, wenn wir daran denken. Nicht wahr?

CHOR DER SEELEUTE (*seufzend*) Oh, ja!

COLUMBUS (*gibt dem Mandolinenspieler ein Zeichen, etwas leiser zu spielen*) Wenn wir es wagen wollen, in so süßer Gesellschaft zu sterben, mit Blumen im Haar, die Füße in meerblaues Wasser getaucht und den nahen Horizont einer herrlichen gewölbten Brust vor Augen ... dann schwören wir, Freunde! Schwören wir einen Meineid! Im Fegefeuer wollen wir schmoren, aber sterben im Paradies!

(*Johanna, die Wahnsinnige, und Ferdinand treten auf.*)

CHOR Wir schwören! Wir schwören!
Wir schwören, wir haben die Blumen gesehn
mit großen Brillanten!
Die Inseln der lüsternen, üppigen Weiber.
Die lieben im Sitzen und Stehn.

Wir schwören, wir haben alles erblickt!
Hört zu, wir erzählen!
Nur von einer Insel erzählen wir nicht,
die hat uns am meisten beglückt!

Da sind die Frauen so heiß und so wild.
Sie lieben dich, ohne zu zaudern
und ihr Ehemann zahlt noch dafür;
sie zeigen sich nackend, wann immer du willst
und sagen: kommt bald einmal wieder!
Und bedanken sich auch noch dafür!

Da sind so schön, die Weiber, so wild.
Sie schaun dich nur an und blicken.
Kein Pfarrer sagt, wie sündig sie sind.
Und sie wollen immer nur
sein, wie der Wind!
Und bedanken sich auch noch dafür!

(*Gongschlag. Die beiden Herolde tragen den Wandteppich herein, der wiederum als kleiner Vorhang fungiert. Dahinter demontieren die Seeleute das Schiff.*)

JOHANNA Ein hübsches Liedchen. Man sollte es meinem Bruder beibringen, damit er es seiner Braut vorsingen kann. Sie ist genauso leichtsinnig.
FERDINAND (*während die Gelehrten verlegen hüsteln*) Was redest du da, Johanna?
JOHANNA Sie lacht gerne, sie singt gerne, und sie ist gerne nackend ... Was erregst du dich so: Behauptest du etwa, sie würden beten? Seit 14 Tagen sind sie verheiratet, vergelts Gott! Aber sie verlassen ihr Zimmer noch nicht einmal, um in die Kirche zu gehen.
FERDINAND Bitte, Johanna, zieh dich zurück jetzt. Dies ist nicht der passende Ort für dich.
JOHANNA Nein, mein Herr, ich vertrete hier meine Mutter, die Ärmste, die mit den Beichtvätern deines Sohnes darüber berät, ob es nicht gut wäre, die beiden eine Weile zu trennen. Sie vernascht ihn wie eine Eierpflaume!
FERDINAND (*empört*) Johanna!
JOHANNA Ist es unschicklich, von einer Eierpflaume zu reden? Ist das Wort vielleicht zweideutig?
FERDINAND Ganz unzweideutig.
JOHANNA Wie schade. Du mußt dich jedenfalls aufs Schlimmste gefaßt machen. Die Theologen meinen, es sei eine schwere Sünde, sich den Wünschen der Braut zu entziehen; und da unsere allerliebste Maria von Österreich keine Neigung zu einem Waffenstillstand zeigt ... (*Sie deklamiert.*) »Die Zeit ist nah, da sich das Ehebett des zarten Granden wandelt in einen schauerlichen Katafalk!«

FERDINAND Es langt!

JOHANNA Meiner Mutter würdest du nicht das Wort verbieten! Ich vertrete sie hier!

FERDINAND Red keinen Blödsinn. Deine Mutter hat es nicht nötig, sich von einer Tochter vertreten zu lassen, die ...

JOHANNA Verrückt ist. Sags ruhig. Und ob sie mich braucht. Meine Mutter ist dermaßen eingeschüchtert, daß sie nicht einmal mehr an dieser Versammlung blutrünstiger Herrschaften teilnehmen möchte, denen ständig die Galle überläuft ... (*Der Wandteppich wird hinausgetragen und das Schafott wieder sichtbar.*)

FERDINAND Nimm wenigstens Rücksicht auf den Monsignore, Johanna.

JOHANNA Was kann ich dafür, wenn dein Monsignore ein Gallenleiden hat? Wieso regst du dich überhaupt auf? Ich bin doch verrückt! (*Sie beginnt zu weinen.*)
Alle wissen, daß ich verrückt bin ... ich kann sagen, was ich will.

FERDINAND (*nachgiebig, bewegt*) Ja, du kannst sagen, was du willst.

JOHANNA Wirklich?

FERDINAND Ja.

JOHANNA Nieder mit dem König!

FERDINAND Oh!

2. ANKLÄGER Dürfen wir fortfahren?

FERDINAND Bitte.

FONSECA (*mit einem mühsamen Lächeln*) Danke. Wenden wir uns noch einmal der ersten Reise zu: Hauptmann Pinzón, Sie möchten uns etwas sagen?

PINZON Persönlich habe ich festgestellt, daß der Admiral ein geheimes Logbuch hatte, in dem er alles aufführte; die Richtung der Winde, ihre Stärke, die Entfernungen, die Meeresströmungen und ihre Wechselwirkungen, während die Eintragungen im Bordbuch allesamt falsch waren.

COLUMBUS Die üblichen dummen Irrtümer. Ihr wißt, wie das geht bei der Reinschrift.

PINZON Alle Irrtümer und Abweichungen mit größter Akkuratesse ausgedacht!

COLUMBUS Ausgedacht?

FONSECA Welchen Sinn hatten Eurer Ansicht nach diese merkwürdigen Fälschungen?

PINZON Offenkundig wünschte Columbus nicht, daß irgendwer den richtigen Weg nach Indien erfahren sollte.

FONSECA Das heißt, nur er konnte seine Reise wiederholen. Jeder andere wäre dank seiner Aufzeichnungen unvermeidlich vom richtigen Wege abgekommen und wer weiß wo gelandet.

COLUMBUS Nicht wer weiß wo! Es wäre nur auf den Kapitän angekommen ... Außerdem: Eine Seereise ist immer beschwerlich. Schön wäre es, wenn man einfach sagen könnte: ich mache eine Seereise ...

FERDINAND (*unterbricht ihn*) Was hätte passieren können?

PINZON Nach vorsichtiger Schätzung hätte ein Schiff mit etwas Glück Land erreichen können, aber frühestens nach vier Jahren.

COLUMBUS (*exaltiert*) Nach vier Jahren?! (*Er erhebt die Hände zum Himmel.*) Herr im Himmel, ich danke dir, daß du mich geschaffen hast nach deinem Bilde und nicht wie diesen Sohn eines schwanzlosen Ungeheuers! (*Er deutet emphatisch auf Pinzón.*)

CHOR DER RICHTER UND SEELEUTE Schweig, Mörder! Verräter! Verfälscher der christlichen Seewege!

1. ANKLÄGER Verraten habt Ihr den, der Euch sein Vertrauen geschenkt hat und die Mittel, das größte Unternehmen auszuführen, das es je gab!

JOHANNA Hört auf mit diesem dummen Gerede! Eine Schiffsbesatzung aus den Zuchthäusern und drei unwürdige Badezuber, die man als Schiffe herausgeputzt hatte, angefangen bei der »Maria«; ein Wrack, das gleich vor der spanischen Küste, wie soll ich mich ausdrücken, beim ersten etwas kräftigeren Furzen des Windes in seine Einzelteile zerfallen ist! (*Alle lachen.*)

PINZON Nein, Hoheit! Wenn Ihr erlaubt, die Maria war ein gutes Schiff.

JOHANNA Ja, so gut, daß die Seeleute es umgetauft haben, mit einfachen Worten: »Die Schlampe«. (*Erschrecken bei den Herrschaften, abermals Lachen bei den Seeleu-*

ten) Aber was solls? Ich bin verrückt. (*Lacht*) Verrückt! (*Lacht*) Aber noch verrückter als ich ist mein Freund Columbus. Schaut ihn an: er spielt den Geknickten, der zutiefst in seinem Stolz verletzt ist.
COLUMBUS Es ist nicht der Stolz, Hoheit. Diese Dinge bedeuten mir nichts. Die Menschheit ekelt mich an. Die einzigen, die ich nicht aufhören kann zu lieben, sind die Frauen! Aber das ist nur eine Zeitfrage.
JOHANNA Schwachkopf! Das ist genau, was man will.
COLUMBUS Daß mich die Frauen auch noch anekeln?
JOHANNA Sie wollen Euch runtermachen wie Sauermilch und dann in die Käsetrommel rühren. (*Die Seeleute lachen.*)
FONSECA Nicht diese Ausdrücke, Hoheit! Ich frage mich, wer Euer Beichtvater ist.
JOHANNA Derselbe wie Eurer. Und ich sage Euch, er hat mir Sachen erzählt, die Euch betreffen ...
FONSECA Was redet Ihr? Also ...
JOHANNA (*lacht*) Er wird rot! Ich werd verrückt!
EINE MAGD (*stürzt herein, gefolgt von zwei weiteren Mägden*) Er ist tot! Kronprinz Johannes ist tot! Gestorben in den Armen seiner Frau Maria. Die Königin Isabella rast vor Schmerz.

(*Alle reden durcheinander, dazwischen gemurmelte Gebete. Die Menge setzt sich in Bewegung und bildet eine Prozession, während die Mägde singen.*)

CHOR Das Land wie eine Jungfrau schön trinkt von den
                                                                Flüssen
  Der Kronprinz war blaß, er hat sterben müssen.
  Er kam zu leben nur eine kleine Zeit.
  Im weißen Laken schmachtet er jetzt in Ewigkeit.
  Johanna die Verrückte hat's weisgesagt:
  Wie die Magnolie nach Wasser dürstet,
  So würd er nur trinken stets die Liebe.
  Ein großes Kind hat sich totgeliebt.

(*Die Mägde treten in den Hintergrund. Die anderen treten vor. Sie halten riesige Kerzen in den Händen und*

*gehen einen Moment lang auf der Stelle. Dann schreiten
sie am Bischof vorbei, der jedem etwas Asche auf den
Kopf streut.)*

FONSECA Der Prozeß wird fortgesetzt! Wir müssen die Sache mit den Sklaven lückenlos durchleuchten.
2. ANKLÄGER Was für Sklaven?
FONSECA Die Columbus uns geschickt hat, damit wir sie weiterverkaufen. Die Königin hat diesen unwürdigen Handel immer verachtet.
2. ANKLÄGER Wir haben sie trotzdem immer weiterverkauft ... zu einem guten Preis.
FONSECA Ja, aber mit Widerwillen, gegen unsere Absicht. Nur aus Menschenfreundschaft! Sollten wir sie nach Hause zurückschicken? Wir hatten nur eine Wahl: Sie in den stinkenden Bauch der Sklavenschiffe zurückwerfen oder ihnen Brot und Arbeit geben, sie taufen und aufnehmen in unsere geheiligte Zivilisation!
2. ANKLÄGER Als Sklaven!
FONSECA Ist es unsere Schuld, daß der Mensch mit der Erbsünde geboren wird, »im Angesicht deines Schweißes sollst du dein Brot verdienen«, arbeiten, schwitzen, leiden ... unsere Aufgabe ist es, dafür zu sorgen, daß der Mensch das Gottesgebot einhält so gut wie möglich.
2. ANKLÄGER Sorgen, nicht einpeitschen. Deshalb sind wir auch immer bereit, denjenigen auszupeitschen, der uns zwingt, diese armen Menschenkinder zu verkaufen.
FONSECA Genau, wir hassen die Rassisten. Und Columbus ist einer der schlimmsten. Bis heute hat er die hübsche Anzahl von 3000 armen Wilden gefangen und nach Kastilien verschiffen lassen, nur die schönsten und kräftigsten ...
2. ANKLÄGER ... beiderlei Geschlechts ...
FONSECA Die Königin hat sehr darunter gelitten. Ihre Laune hat sich nur leicht gebessert, als sie hörte, daß der Gewinn aus dem Sklavenhandel mehr als 12 Millionen Maravedi betrug. Dann ist sie zur Beichte gekommen.
2. ANKLÄGER Dabei haben diese armen Unglücklichen nur Vorteile bei uns.
Sie verlieren die Freiheit, das stimmt, aber dafür genie-

ßen sie unsere Religion; sie werden zu Sklaven, zugleich aber auch unsere Brüder. Natürlich holen sie sich eine Menge Krankheiten, die sie vorher nicht kannten, doch eines Tages werden sie sich der Gesundheit der Seele erfreuen und glücklich sterben.

BEIDE Glücklich wie der blasse Kronprinz, der uns heute verlassen hat.

FONSECA Columbus muß bestraft werden. Ich habe bereits veranlaßt, daß sein Anteil am Verkauf der Sklaven nicht ausgezahlt wird.

ALLE (*im Chor*) Divinam voluntatem vocamus iustitiam, qua videlicet cuique persone tribuiturius summus.

DIE MÄGDE (*im Chor*) Pietatem tuam, precor, arrogantiam iudices divinae rationis offisium. (*Die beiden lateinischen Sätze, die wie ein Rosenkranz heruntergeleiert werden, begleiten kontrapunktisch das Gespräch der Schauspieler Fonseca und Ankläger. Die Szene bricht plötzlich ab, und der Prozeß geht weiter.*)

2. ANKLÄGER Apropos Begräbnis. Macht es Euch etwas aus, Admiral, uns zu berichten, wie Ihr Kapitän Adriano von Muxica getötet habt?

COLUMBUS Nicht getötet. (*Der Beichtstuhl, auf dem Bischof Fonseca sitzt, wird nach rechts geschoben. Columbus springt auf die Stufe des Stuhles, während er bereits in Fahrt ist.*) Gestattet Ihr, daß ich mitfahre? (*Nimmt seine Rede wieder auf*) Er wurde hingerichtet nach einem regulären Prozeß. Er hat Eingeborene mißhandelt und Mädchen vergewaltigt. Eines Tages wollte er einen goldenen Ring stehlen, den ein Eingeborener durch die Nase trug. Er riß ihn ab, so daß ein Stück Nase dranblieb, aber es schien ihm nichts auszumachen: er reichte ihm sein Taschentuch, seufzte einmal tief und ab. (*Zeigt mit Gesten, wie er sich alles mögliche in die Taschen stopft*) Zu guter Letzt versuchte er, eine Rebellion gegen mich anzuzetteln.

2. ANKLÄGER Was ihm natürlich nicht gelang.

COLUMBUS Natürlich nicht.

FONSECA Anfänger.

COLUMBUS Wie bitte?

FONSECA Ich fragte: Wie starb er?

COLUMBUS Er wurde getötet. (*Sie lachen.*)
FONSECA Ich wollte wissen, ob Ihr ihm Gelegenheit gegeben habt, sich gründlich auf seinen Tod vorzubereiten.
COLUMBUS Ja, aber er mochte nicht beichten, mit der Begründung, kein Beichtvater befinde sich auf der Höhe seiner Sünden. Er wollte auch nicht von dem Turm steigen, auf dem er saß und der wirklich sehr hoch war, um sich unten aufhängen zu lassen, wie üblich. Wir mußten ihn deshalb hinunterstoßen. Ein Hüpfer von dreißig Ellen etwa. Er paßte in einen Kindersarg. Die Schatzkasse hatte uns angewiesen, überall zu sparen. Außerdem, nach dem Sturz war er ziemlich klein.
3. ANKLÄGER Recht so.
2. ANKLÄGER Lassen wir jetzt den Austausch von Höflichkeiten und sprechen wir über den wirklichen und Warenaustausch, ich meine, Eure Tauschgeschäfte. Haltet Ihr Euer Verhalten gegenüber diesen Wilden für ehrbar? Wißt Ihr, was Ihr diesen Hohlköpfen gegeben habt? Spiegel, Glasscherben, Glöckchen und rote Mützen; und dafür habt Ihr eine Unsumme Goldbarren eingehandelt. Das ist Betrug, und bei uns steht darauf die Galeere. Das wußtet Ihr doch hoffentlich?!
COLUMBUS Ja, aber ich weiß auch, daß jeder in die Galeere geht, der die Ware aufkauft, wenn er weiß, daß sie durch Betrug erworben wurde.
FONSECA Was heißt das?
COLUMBUS Der Hehler ist genauso schlimm wie der Stehler. Und da fast das gesamte Gold sich in Eurer Exzellenz Händen befindet, kommt Ihr mit mir auf die Galeere.
FONSECA Ich verwalte nur die königlichen Güter.
COLUMBUS Dann wird der König eben auch verurteilt.
FERDINAND Könnte man nicht das Thema wechseln?
3. RICHTER Sehr wohl. Hört zu, Admiral, Geschäft ist Geschäft, aber konntet Ihr den Eingeborenen keine nützlicheren Dinge verkaufen; was weiß ich: Geräte für die Feldarbeit, Geschirr.
FERDINAND Ja, warum nicht?
COLUMBUS Um ehrlich zu sein, einmal gaben wir ihnen Tischlerwerkzeug und hygienisches Gerät.

3. RICHTER Hygienisches Gerät?
COLUMBUS Ja, Nachttöpfe aus Zink, Kupfer und emailliertem Eisen in verschiedenen Größen, Formen und Mustern. Wir haben es bitter bereut.
3. RICHTER Haben sie es nicht angenommen? Waren sie beleidigt?
COLUMBUS Aber nein, sie waren ganz verrückt danach. Eine Nachfrage, sage ich Euch ...
2. ANKLÄGER Wieso habt Ihr es dann bereut?
COLUMBUS Ich erklärs Euch. Nachdem einer dieser Eingeborenenstämme sich geweigert hatte, Steuern zu zahlen, mußten wir eine Strafexpedition ausschicken; aber sobald wir in ihr Dorf kamen, wurden wir angegriffen, und es war ein Wunder, daß wir nicht allesamt die Haut lassen mußten.
RICHTER Sie waren in der Übermacht?
COLUMBUS Nein, nicht viele, aber sie stürzten sich auf uns mit eben den Äxten, Hämmern, Tischlermessern und Raspeln, die wir ihnen verkauft hatten; ich habe einen Eingeborenen mit einer Säge gesehen, der einen meiner Soldaten von oben bis unten durchgesägt hat, mit einer handwerklichen Kunstfertigkeit, unglaublich, und wenn Ihr das Kreischen der Säge gehört hättet; unerträglich. Ich verschweige Euch, was ein anderer gemacht hat, der einen Hobel zur Hand hatte. Soll ichs sagen?
DIE ANKLÄGER (*entsetzt, im Chor*) Nein!
COLUMBUS Ich sage nichts. Aber der wahre Grund unserer Niederlage war eine neuartige Verteidigungswaffe.
ANKLÄGER Erzählt!
COLUMBUS Die Nachttöpfe! Sie hatten sich die Nachttöpfe aufgesetzt, wie Helme; dagegen waren unsere Schwerter machtlos.
FERDINAND Außerordentlich!
COLUMBUS Ich schwöre Euch, diese Nachttöpfe waren erheblich schlagfester und auch praktischer als unsere Helme. Ihr solltet Eure Soldaten damit ausrüsten, Majestät!
FERDINAND (*grunzend*) Häh?
COLUMBUS Natürlich schön angemalt, in den Farben Eurer ehrenhaften und heiligen Fahne; sie wären auch sehr

praktisch, um auf den unvermeidlichen Sieg Eurer Waffen anzustoßen: da sie einen Henkel haben ... (*Er macht eine Geste, als wolle er sich ein Nachtgeschirr mit dem Griff vom Kopf abnehmen, und stößt an.*) »Er lebe hoch! Ein Hoch auf unseren König! Unser siegreicher König lebe hoch!«

FERDINAND Großartig! Warum schlagt Ihr nicht gleich vor, ich sollte mir auch einen Nachttopf aufsetzen, womöglich mit der Krone oben drauf?

COLUMBUS Mit zwei Henkeln aber. (*Johanna tritt auf. Alle erheben sich.*)

CHOR Hoheit!

FERDINAND Ich habe den Eindruck, Columbus, Ihr seid Euch der Schwere der Anklage nicht ganz bewußt.

JOHANNA (*zu Columbus, mit einem Zwinkern*) Glaubt ihm nicht. Wir tun so, als kennen wir ihn gar nicht.

FERDINAND Erster Punkt der Anklage: Feigheit!

2. ANKLÄGER Ihr wolltet das Expeditionscorps verlassen. Zwölf Jahre Galeere.

COLUMBUS Was?!

KANZLEIBEAMTER (*hat vor sich ein riesiges dickes Gesetzbuch liegen, blättert es flink durch und schreibt dann an die Wandtafel*) Zwölf!

FONSECA Entfernung von der Truppe nach nur zwanzig Tagen Seereise ...

COLUMBUS Ach so? Das gibt aber 14 Jahre.

JOHANNA Dem könnte ich ein Ohr abbeißen!

FERDINAND Zweite Anklage: Strafbare Gewalttätigkeit.

2. ANKLÄGER Ihr habt sechs unserer Seeleute aufhängen lassen.

COLUMBUS Das ist nicht wahr!

2. ANKLÄGER Sechs ... sechs mal vier ...

KANZLEIBEAMTER (*zum zweiten Kanzleibeamten oder sonst jemandem*) Was ist sechs mal vier?

2. KANZLEIBEAMTER Vierundzwanzig!

KANZLEIBEAMTER Soll ich die zwei nach unten abrunden?

2. KANZLEIBEAMTER Nein, nein!

KANZLEIBEAMTER Also gut, vierundzwanzig Jahre.

COLUMBUS Vierundzwanzig Jahre Galeere für sechs Seeleute, von denen der eine winzig war?

KANZLEIBEAMTER Wie winzig?
COLUMBUS So ... er schlief in einem Körbchen!
JOHANNA Zieh sofort ein paar Jahre ab!
COLUMBUS Danke.
KANZLEIBEAMTER Also dann, zwanzig.
FERDINAND Noch ein Fall von Brutalität: Dem Botschafter des Häuptlings Caonabò, der mit Euch verhandeln wollte, habt Ihr die Nase und die Ohren abschneiden lassen.
COLUMBUS Einen derartigen Befehl habe ich nie gegeben! Ich hatte angeordnet, ihn der Länge nach in zwei Stücke zu schneiden, aber der Scharfrichter, ein alter, gichtkranker Mensch, hat schlecht gezielt und ... Zack, hat er ihm nur das linke Ohr abgehauen. Um sich nun vor dem Häuptling nicht zu blamieren und vor allem, weil er eine Schwäche hat für die Symmetrie ... Zack! Hat er ihm auch das andere Ohr abgehaun. Der Botschafter sah gar nicht so schlecht aus ... nur etwas schlanker ...
FERDINAND Und die Nase?
COLUMBUS Daran war der Botschafter selber schuld, weil in dem Augenblick, als die Klinge auf sein linkes Ohr niedersauste, drehte er den Kopf zur Seite, um zu gukken!
Rattattattatt!
KANZLEIBEAMTER Nächster Punkt der Anklage! (*Zwei Mägde bringen Papier und Gänsefedern und reichen sie den Anwesenden, damit sie sich Notizen machen können.*)
FERDINAND Machtmißbrauch! Ihr habt andere zum Meineid gezwungen!
KANZLEIBEAMTER Sechs Jahre.
FERDINAND Unterschlagung.
FONSECA Das Beispiel des Seemanns, den Ihr um die Belohnung betrogen habt, mag reichen.
KANZLEIBEAMTER (*blättert in dem riesigen Buch*) Zum Schaden eines Wohlhabenden ... eines Reitersmannes ... eines Barbiers ... einer Waschfrau ... eines Seemannes! Hier: Zwei Jahre.
COLUMBUS Zwei Jahre für einen Seemann, der Mohammedaner war? Das ist Häresie!

JOHANNA Ja, ein schlimmer Mohammedaner, einer von denen, die Chorknaben fressen.

KANZLEIBEAMTER Das ist was anderes. Streich die zwei Jahre! (*Der andere Kanzleibeamte steht an der Tafel und schreibt die Zahlen auf. Die letzte Zwei streicht er wieder.*)

FERDINAND Mord!

KANZLEIBEAMTER Elf Jahre.

2. ANKLÄGER (*der auch an der Tafel stehen kann*) Elf!

FERDINAND Veruntreuung im Amt.

KANZLEIBEAMTER Neun!

2. ANKLÄGER Neun!

FERDINAND Veruntreuung gegenüber Privaten.

KANZLEIBEAMTER Drei.

COLUMBUS Fünf Richtige! (*Wedelt mit einem Zettel zum König hin, als wäre es ein Gewinnschein*)

FONSECA Ihr spielt mit dem Feuer, Columbus!

FERDINAND Genau: Vorsätzliche Brandstiftung.

2. ANKLÄGER Vier...

FERDINAND Viehdiebstahl, schamlose Reden, nächtliche Ruhestörung... Wieviel haben wir jetzt?

COLUMBUS Über den Daumen...

FERDINAND Immer noch ironisch? Mein Lieber, wenn Ihr eure Unschuld nicht Punkt für Punkt nachweisen könnt, kriegt Ihr genau... (*zum Kanzleibeamten*) Wieviel?

KANZLEIBEAMTER Es geht nicht... (*Er führt gedankenverloren an der Tafel einige Berechnungen durch.*)

FERDINAND Was?!

KANZLEIBEAMTER Sieben durch elf geht nicht...

FERDINAND Dann versuchs andersrum! Nimm sieben mal drei...

KANZLEIBEAMTER Dann gehts... Macht genau siebenundneunzig Jahre, drei Monate und einen Tag...

COLUMBUS Dann riskiere ich siebenundneunzig Jahre auf der Galeere?

JOHANNA Laß dich nicht fertigmachen! Bisher haben sie dich nicht verurteilt. Außerdem gibts bestimmt eine Amnestie.

ZWEI HEROLDE (*Auftritt mit Trommeluntermalung*)
Hurra! Hurra! Prinzessin Alfonsa, Gemahlin des Kö-

nigs von Portugal, hat einem Mädchen das Leben geschenkt!
CHOR Ein Hoch auf die Thronfolgerin!
JOHANNA Was habe ich gesagt?! Jetzt streichen sie dir ein paar Jährchen. (*Zum Kanzleibeamten*) Wieviel macht das?
KANZLEIBEAMTER Amnestie aus Anlaß eines weiblichen Thronfolgers: drei Jahre.
DIE HEROLDE (*nachdem einer der Richter ihnen etwas ins Ohr geflüstert hat*) Berichtigung: Die vorgenannte Tochter hat sich als Sohn erwiesen!
JOHANNA (*zum Kanzleibeamten*) Wieviel Rabatt kriegt er jetzt?
KANZLEIBEAMTER Acht Jahre!
PINZON Aber das Kind ist ganz der Vater!
KANZLEIBEAMTER Dann zehn Jahre!
JOHANNA Zehn Jahre Amnestie.
FERDINAND Ich wette vier, daß er es auf 15 bringt!
ZWEI HERREN Ich halte die Wette!
1. MAGD Er hat dasselbe sonnige Lächeln wie der Großvater! Unser vielgeliebter König Ferdinand!
CHOR Hurra!
KANZLEIBEAMTER Dreizehn!
2. ANKLÄGER Dreizehn!
COLUMBUS Schon dreizehn Jahre Amnestie!
FERDINAND Ich erhöhe auf sechs!
2. ANKLÄGER Sechs!
FERDINAND O. k.
DIE HEROLDE (*treten auf*) Sie leben hoch! Unsere Prinzessin hat sich verlobt mit Philip von Flandern.
CHOR Vivat!
COLUMBUS Wieviel kriegen wir für Flandern?
KANZLEIBEAMTER Fünfzehn.
FERDINAND Ich habe gewonnen!
COLUMBUS Fünfzehn Jahre Amnestie. Das ist wirklich ein schöner Schlag.
RICHTER Und schon erwartet Prinzessin Eleonore ein Kind!
2. ANKLÄGER Wenn sie noch gar nicht verheiratet sind?
JOHANNA Dann gibt es ein Siebenmonatskind!

COLUMBUS Also gut, wieviel macht das?

RICHTER (*konsultiert das kleine Rechengerät – ein Rahmen mit Drähten, auf denen Kügelchen aufgezogen sind – das der König in der Hand hält.*) Das macht, auch wenn Ihr verurteilt werdet, kriegt Ihr lediglich ... wenn man die amnestierten Jahre abrechnet ... genau (*zum Kanzleibeamten*) was habt Ihr raus?

KANZLEIBEAMTER Siebenundzwanzig!

RICHTER Siebenundzwanzig Jahre Galeere, seid Ihr einverstanden?

COLUMBUS Was? Nur siebenundzwanzig Jahre? Das ist ja ein Kinderspiel!

FERDINAND (*erhebt sich*) Ich bedauere, auf Eure angenehme Gesellschaft verzichten zu müssen, aber die Pflicht ruft.

HEROLD Vivat! Hurra! Spanien hat Frankreich den Krieg erklärt!

CHOR Tod! Tod den ungläubigen Franken! Jawohl!

DIE HEROLDE (*gehen ab, machen aber noch vor der Kulisse halt und kehren auf die Bühne zurück*) Sieg! Sieg! Der Franke ist besiegt, geflüchtet ... (*Sie verlassen die Bühne mit Ferdinand.*)

JOHANNA Großartig! Spanien ist befreit!

COLUMBUS Wieso frei? Königliche Hoheit verwechselt den Franken mit Franco.

JOHANNA Natürlich, wir sind ja erst Anfang des sechzehnten Jahrhunderts ... (*Zu sich*) Ich bin wirklich verrückt. (*Laut*) Aber schade ist es trotzdem.
Nun, Columbus, erst solltest du 97 Jahre in die Galeere; jetzt hast du statt dessen hundertsieben Jahre Amnestie; du hast zehn Jahre gut.

COLUMBUS Zu deutsch, auch wenn Ihr mich verurteilen würdet ...

FONSECA Dann hätten wir uns die ganze Arbeit umsonst gemacht?

COLUMBUS Wieso umsonst? Nicht gleich aufgeben! Rechnen wir's noch mal durch! (*Nimmt dem Kanzleibeamten den Rechenschieber aus der Hand und murmelt laut, aber unverständlich vor sich hin, wobei nur einige Worte verständlich sind.*) Das wären dann: zehn. Ich habe noch zehn Jahre gut ... (*Murmelt weiter vor sich hin, verliert schließlich die Geduld und haut Fonseca eine Ohrfeige runter*) Jetzt sind wir quitt! Und wißt Ihr was? Ihr behaltet Eure Titel, den Vizekönig, die Pfründen, die Gewinnbeteiligungen; gebt mir ein abgewracktes Schiff, damit ich zurück kann nach Indien, und seht mich niemals wieder.

DIE HEROLDE (*treten auf, wie üblich mit Trommelschlag*) Columbus ist abgereist. Alle hatten ihn schon vergessen ... Ein Jahr ... zwei Jahre ... drei Jahre ... vier Jahre sind vergangen. Übers Meer ist er abgereist. Er ist wieder zurückgekehrt. Aber sein Name bleibt vergessen. (*Während der Ansage der beiden Herolde haben zwei Diener eine große Standarte entfaltet, hinter der die Szene wechselt, vom Schafott zum Schiffsdeck. Auf der Vorderbühne bleiben nur Fonseca und der zweite Ankläger.*)

FONSECA Columbus? Ich kannte einen gewissen Columbus, im Jahre Elf. Er lispelte.

2. ANKLÄGER Wieso?

FONSECA Er s-prach s-o (*Spricht das »s« wie in dem bekannten Spruch*) »ein Student mit Stulpenstiefeln ...«

2. ANKLÄGER Aber nein, das ist er nicht!

FONSECA Aber er hatte eine Schwester, die lispelte.

2. ANKLÄGER Schwester hatte er auch keine.

FONSECA Wer war das dann mit dem Lispeln?

2. ANKLÄGER (*ungeduldig*) Was weiß ich! Ich rede von diesem Admiral, erinnert Ihr Euch nicht?

FONSECA Ein lispelnder Admiral? Oh, ja! Dieser Schlaumeier, den wir nicht verurteilen konnten ...

2. ANKLÄGER Genau, ja.

FONSECA Der hat gelispelt?

2. ANKLÄGER Mag sein; aber diesmal entwischt er uns nicht. Da hilft ihm kein Unterschleif und keine Amnestie.

FONSECA Was Politisches?

2. ANKLÄGER Hexerei.

FONSECA Blödsinn! Ich dulde keine üble Nachrede. Habt Ihr Beweise, Zeugen?

2. ANKLÄGER Beweise? Zeugen? (*Er deutet auf die Kulis-*

sen, aus denen die zwei Herolde hervortreten.) Das sind sie!

FONSECA Mit dem Lispler?

HEROLDE Begnadigt vom König auf Fürbitten der Königin Isabella, begab sich Columbus am 9. Mai 1502, nachdem man ihm die Rechte über alle seine Entdeckungen abgesprochen hatte, auf seine vierte und letzte Reise.

2. ANKLÄGER Es ist ihm ausdrücklich verboten, die Häfen der Kolonien zu betreten.

EIN HERR Wenn er an Land gehen will, mag er sich andere Häfen suchen und neue Länder entdecken.

2. ANKLÄGER Er wird sie entdecken!

HEROLDE Doch als er die Antillen erreichte ...

2. ANKLÄGER Widersetzte er sich den Anordnungen ...

HEROLD Und bat, im Hafen von Klein-Spanien landen zu dürfen ...

2. ANKLÄGER Unter dem Vorwand, ein Sturm sei im Anzug.

HEROLD Ihm entgegen schritt der Vize-Statthalter.

(*Inzwischen ist hinter der Standarte der Umbau des Schafotts in ein Schiffsdeck abgeschlossen worden. Columbus und einige Seeleute sind mit dem Landungsmanöver beschäftigt. Auf Deck ist auch der Vize-Statthalter. Gongschlag.*)

STATTHALTER Versuch nicht, dich rauszureden, Columbus! Wo ist jetzt das Unwetter? Hältst du mich für einen Dummkopf? Am Himmel nicht eine Wolke und das Meer so glatt wie Öl ...

COLUMBUS Du sagst es, wie Öl: schau hinunter.

STATTHALTER Klar wie Kloßbrühe.

COLUMBUS Siehst du, daß nicht ein Fisch zu sehen ist, geschweige ein Krebs? Nichts. Völlig leer.

STATTHALTER Na und? Sie werden auf Urlaub sein.

COLUMBUS Ja, aber in einer Stunde, höchstens zwei, wird das Wasser in zehntausend Meilen im Umkreis zu kochen anfangen, und von unten nach oben wird es regnen.

STATTHALTER Tu mir einen Gefallen!

COLUMBUS Siehst du die Vögel, wie sie fliegen? Auf und

davon. (*Er hält die Hand über die Augen und blickt in die Ferne.*) Da! Wieder dieser Unglücksrabe.

STATTHALTER Ach was, die Vögel ziehn, das ist die Jahreszeit. (*Lacht*) Weißt du was, Columbus? Du bist ein Komiker! Ein Pirat wie du und erzählt derartige Lügen, bloß um an Land zu gehen!

COLUMBUS Es sind keine Lügen.

STATTHALTER Ich muß zurück an Land. Sieh zu, wie du fertig wirst.

COLUMBUS Was willst du an Land? Willst du Riesenpilze sammeln, um sie dir auf den Kopf zu setzen wie einen Hut? (*Er spielt auf den riesigen Hut des Statthalters an.*)

1. SEEMANN Holt die Schaluppe des Statthalters bei!

STATTHALTER Um Viertel sticht die Flotte in See, und ich muß dabeisein.

COLUMBUS (*begleitet ihn zum Fallreep*) Was für eine Flotte?

STATTHALTER Die Schiffe, die einige deiner lieben Freunde nach Hause bringen, Bobadilla, Roldán, Feziegueres, Xanias ... die dich ins Meer geworfen haben.

COLUMBUS Eine Horde Stinker!

STATTHALTER Offensichtlich sieht niemand von ihnen den Hurrikan, von dem du sprichst, sonst würden sie nicht in See stechen.

COLUMBUS Vielleicht überlegen sie es sich noch einmal und bleiben hier.

1. SEEMANN Nein, schaut, Admiral: Die Flotte verläßt soeben den Hafen!

STATTHALTER Unmöglich! Das wievielte Viertel haben wir?

4. SEEMANN Das sechste, Euer Ehren!

STATTHALTER Dann habe ich mich verspätet! Christoph, du hast mir die Zeit gestohlen mit deinem Geschwätz. Wie steh ich jetzt da. Ich habe sie nicht einmal verabschiedet!

COLUMBUS Du schickst Blumen an ihre Witwen. Sind das Seeleute oder nicht? Die sind blinder als ein Maulwurf, der den grauen Star hat.

STATTHALTER Was regst du dich auf? Wenn du so sicher

bist mit deinem Hurrikan, kannst du dir die Hände reiben.
COLUMBUS Das tu ich auch.
STATTHALTER (*lachend*) Das ist gut.
COLUMBUS Lach lieber nicht. Komm her und schau. (*Er fängt plötzlich an zu rufen.*) Alles bereitmachen! Setzt die Gaffelsegel!
STATTHALTER He, was machst du da?!
COLUMBUS Focksegel! Klüver! Flieger! Setzt das Topsegel!
STATTHALTER Mein Stock, mein Hut, meine Schaluppe!
COLUMBUS Hißt den Anker! Heissa! Der Wind weht vom Land. Leinen los! Schnell! Schnell! Es geht los! (*Seeleute laufen durcheinander, klettern Strickleitern hoch, ziehen an Seilen. Einer schlägt mit einem Schiffsbeil ein Landetau einfach durch.*)
STATTHALTER Fahr sofort zurück! Halt an! Laß mich aussteigen!
COLUMBUS Zu spät! Keine Zeit!
STATTHALTER Nichts da zu spät! Ich befehle dir ...!
COLUMBUS Was befiehlst du? Schau nach Osten, und dann bekreuzige dich erst mal.
STATTHALTER Heilige Mutter Gottes! Was ist das für ein Strich da hinten, der rasch näherkommt?!
COLUMBUS Wellen, mein Lieber, Wellen so hoch wie drei Schiffe, eins auf dem anderen.
STATTHALTER Der Hurrikan?!
STIMMEN Der Sturm bricht an!
COLUMBUS Schließt die Luken! Los. Los! (*Die Personen an Deck spielen Unwetter; sie stemmen sich gegen den Sturm und schaukeln, langsam, aber angespannt. Von Zeit zu Zeit werden sie gerüttelt und geschüttelt.*)
STATTHALTER Alle Wetter! Wir scheinen zu fliegen! (*Gewaltiges Getöse, Wellenschlagen, der Sturmwind pfeift, Stricke surren, Masten knarren.*)
COLUMBUS Festhalten! An den Masten!

(*Vor dem Schiff wird ein etwa zwei Meter hoher blauer Seidenvorhang entrollt, durch den das Schiff wie durch Wasser zu erkennen ist. Der Vorhang wird aus den*

Kulissen wellenförmig bewegt, so daß der Eindruck entsteht, das Schiff werde fortgesetzt von hohen Wellen überspült.)

STATTHALTER Wo fahren wir hin, Columbus?!
COLUMBUS Wir versuchen, den Wellen auszuweichen! Diese Idioten da hinten fahren mitten in den Sturm.
STATTHALTER Von denen rettet sich keiner!
COLUMBUS Was ist das für ein Irrsinniger, der die Flotte befehligt?! Er streicht sämtliche Segel! Großartig! Jetzt drückt der Sturm sie ins Wasser, statt sie herauszuholen!
STATTHALTER Da ist das Admiralsschiff! Es ist umgeschlagen!
1. SEEMANN Sie stoßen zusammen! Drei Schiffe sinken!
4. SEEMANN Da, da sind noch zwei umgeschlagen!
1. SEEMANN Nicht zwei! Es sind drei!
4. SEEMANN Eins treibt kieloben!
1. SEEMANN Vier sind gekentert!
COLUMBUS Was für ein schönes Schauspiel!
Jetzt eilt Euch aber, sonst sind wir auch noch dran! Holt alle Anker, die wir haben! Wie viele haben wir?
1. SEEMANN Vier!
COLUMBUS Gut, werft sie ins Wasser, alle vier!
1. SEEMANN Ohne die Segel einzuholen? Das zerreißt uns!
COLUMBUS Halt dich raus. Wir müssen es machen wie ein Drachen.
STATTHALTER Was heißt, wie ein Drachen?
COLUMBUS Wie ein Papierdrachen, den die Kinder an einer langen Schnur unten auf der Erde festhalten, während er vom Wind getragen wird ... vorausgesetzt, daß die Segel nicht beim ersten Ansturm zerreißen!
1. SEEMANN Die Anker sind unten! Sollen wir Leine geben?
COLUMBUS Soviel ihr habt! Und richtig vertäuen!
1. SEEMANN Es ist vertäut! Achtung, der Schlag! Möge Gott uns helfen!

(Ein gewaltiger Schlag ertönt. Alle Mann an Deck werden durcheinander geworfen. Dann kommt das Schiff zum Stillstand. Die Personen erheben sich, fast wie schwerelos.)

STATTHALTER Was ist passiert? Wieso ist das Schiff auf einmal so ruhig?
COLUMBUS Es hat gehalten! Die Anker haben gehalten! Schaut nur, wie das Schiff auf dem Wasser liegt! Siehst du? Es taucht kaum ein!
2. SEEMANN Wirklich seltsam! Man kann ganz normal laufen.
4. SEEMANN Als wären wir angehalten ...
COLUMBUS Wir werden angehalten, wie ein großer Papierdrachen ... solange die Leinen halten und die Segel ... (*Abermals ein heftiger Schlag*)
3. SEEMANN Die Welle! Die große Welle kommt!
(*Der blaue Seidenvorhang wird förmlich hochgerissen wie eine Welle, die bis unter die Decke spült.*)
COLUMBUS Das war zuviel! Hilfe!
(*Alle werden von Deck nach hinten gespült, bis auf einen. Sie schwimmen in einer Reihe hinter dem ruhig daliegenden Schiff her.*)
3. SEEMANN Ist da wer?
DIE ANDEREN Ist sie vorbei?
3. SEEMANN Ich glaube, ja.
ALLE (*klettern an Deck zurück*) Ein Glück.
COLUMBUS Schau mal, ob das Schiff noch über dem Wasser liegt!
STATTHALTER Wie eine Eins. Der Drachen fliegt. (*Der Seidenvorhang bewegt sich schwächer.*)
2. SEEMANN Gerettet! Wir sind gerettet! Schaut nur: die Wellen werden schwächer, der Wind ist zurückgegangen!
3. SEEMANN Wir sind gerettet! Man kann schon wieder den Horizont sehen!
STATTHALTER Kein Schiff der königlichen Flotte hat sich retten können! Alle sind tot.
COLUMBUS Und du wolltest nicht auf mich hören.
STATTHALTER Christoph: du machst mir Angst! Du hast mir das Leben gerettet, aber du machst mir Angst. Es stinkt nach Hexerei!
COLUMBUS Das ist nur eine Frage der Intelligenz! Die neuen Entdeckungen machen den Dummköpfen zu allen Zeiten Angst. Kniet nieder, Leute! Danken wir Gott,

unserem Herren, für die Klugheit, die er, zu unser aller
Vorteil, mir gegeben hat.
CHOR (*sie singen*) Laudamus domine ...
2. ANKLÄGER Seid Ihr jetzt überzeugt? Ein Hexenmeister
ist er! Habt Ihr gesehen, was für ein schreckliches Ende
die zwanzig Schiffe genommen haben? Ich denke, das
reicht, um ihn unter Anklage zu stellen! Die Tatsachen
belegen ganz eindeutig, daß Christoph Columbus ...
FONSECA Ihr redet Blödsinn! Die Tatsachen beweisen lediglich, daß er der größte Seefahrer ist, den die Welt je
hatte. (*Von hinten kommt Columbus angehumpelt, hüft-
lahm und alt. Er stützt sich auf einen Stock.*) Schaut
Euch an, wie die Welt ihn zugerichtet hat! Und den
wollt Ihr anklagen? Schließen wir diese Geschichte!
COLUMBUS (*auf der Vorbühne*) Die Geschichte ist am
Ende. Hier bin ich, zerfressen wie ein alter Käse. Auf
meinen letzten Reisen habe ich mir sämtliche Krankheiten geholt, die dort unten in Mode sind; einschließlich
der Affen- und der Papageienkrankheit. Immer wieder
habe ich am Tor des Königs angeklopft und nur deshalb
vom Hofzwerg keinen Tritt in den Hintern gekriegt,
weil der Ärmste so kurze Beine hatte.
Es ist allein meine Schuld. Dabei hatte es so schön
angefangen. Aber dann, ein bißchen wegen der Schlech-
tigkeit der anderen und ein bißchen, weil auch ich ein
kleiner Gauner sein wollte – natürlich, in einer Welt
voller Gauner – und auch mein Sesselchen kriegen, ein
Sesselchen unter den vielen Sesseln der hohen Herren ...
(*Lacht*) diese hohen Herren, kaum daß sie mein Stühl-
chen brauchten, um ihre Füße darauf zu legen, haben sie
mich hinuntergestoßen, zurück zu den armen Christen-
menschen, aus deren Menge ich aufgestiegen war ...
Ich habe mich nie entmutigen lassen, nie Furcht gehabt;
immer hatte ich Hoffnung auf die Gutwilligkeit, das
Vertrauen und die Gnade der hohen Herren.
Jetzt stehe ich hier und hoffe noch immer auf Gnade und
bin wieder dort angelangt, wo ich angefangen habe ...
Alles, was mir bleibt, ist ein Resümee, eine Bilanz
meines Lebens ...
HENKER Oh, nein, nein, das geht zu weit. Keine Bilanz. Du

hast die Zeit für die Aufführung schon überschritten. (*Columbus legt sein Kostüm ab und ist wieder der Verurteilte.*)
DER VERURTEILTE (*mit einem Würgen im Hals*) Dich hatte ich ganz vergessen ...
HENKER Los, steig auf.
DER VERURTEILTE Sofort. (*Zu der Frau, die sich für seine Begnadigung einsetzen wollte*) Hast du mir etwas zu sagen?
FRAU Ich brauche dir nichts mehr vorzuspielen. Es war nichts zu machen. Die Antwort ist nein.
HENKER Gehts endlich los? (*Der Verurteilte springt wie ein Verrückter auf der Bühne herum.*) Wo willst du hin, he!?
DER VERURTEILTE (*lacht wie wild*) Und ich warte hier auf die Unsrigen, dabei sind wir selber die Unsrigen! Natürlich! Wenn wir ruhig hier herumsitzen und uns was vorspielen, in der Hoffnung, daß jemand kommt, um uns zu erretten und aus dem Dreck zu ziehen, sind wir für immer verraten!
HENKER Ja, gut! Jetzt hast du dir auch noch den Kopf vollgeschlagen mit ein paar schönen Gedanken. Würdest du jetzt bitte hier heraufkommen, damit ich ihn dir abschlagen kann?
DER VERURTEILTE Nur ein paar letzte Worte laß mich sagen ...
HENKER Schluß mit den letzten Worten! Es reicht!
DER VERURTEILTE Dann wenigstens mit Gesang!
HENKER Also gut, mit Gesang.

(*Alle Schauspieler stellen sich auf, wie am Anfang des Stückes; einige im Kostüm, das sie zuletzt getragen haben, andere in den grotesken Mänteln, Kapuzen und Masken der Inquisition.*)

CHOR Noch nie hat man gesehen
 so einen großen Seemann,
 wie Christobal
 seit Anfang der Welt

Und dennoch war Columbus
so sanft wie eine Taube
verkleidet als Falke
(*gesprochen*)
ein echter Herrschergeist.

Zu Wasser großer Seemann,
und zu Lande feiner Höfling.
Wollte klüger sein
und spielt' mit den Herren!

Als wir zuerst ihn sahen,
hat man ihn abgerichtet
und ihn dann umgeschichtet
und dann ihn zugerichtet.

So wurde aus dem Schlaukopf,
der so gerissen war,
ein armer Mensch in Christo,
(*gesprochen*)
wie man am Ende sah.

Wer stets auf der Seite der Herrschenden steht,
hat doch nicht immer den größten Profit!
Die schlauesten Füchse sind allzeit die Herrn!
Und Opportunisten hat keiner so gern,
(*gesprochen*)
Bist du ein Pfarrer
so mag es genügen,
mehr zu scheinen als zu sein,
(*gesungen*)
und lateinisch zu lügen, lateinisch zu lügen.

Ein ehrlicher Mensch steht jedenfalls
an der Seite der Armen,
und koste es auch seinen Hals!

(*Während des Chores wird der Verurteilte aufs Schafott gebracht, gefesselt und gezwungen, sich vor einem großen Richtblock niederzuknien. Der Henker hebt das Richtbeil; alle sinken in die Knie. Licht aus. Aus der Dunkelheit ein Schrei der Menge.*)

*Licht an. Auf dem Richtblock liegt der abgeschnittene Kopf des Verurteilten.
Columbus steht neben dem Richtblock, ohne Kopf, und legt seine Hand auf das abgetrennte Haupt. Es ist ein Trick dabei, aber man kann ihn erraten. Der Vorhang senkt sich.)*

Ende

Eine historische Nachbemerkung

In »Isabella, drei Karavellen und ein Scharlatan« interpretiert Fo Ereignisse der spanischen Geschichte etwa zwischen 1480 und 1504. 1469 heiratet Isabella, Thronerbin von Kastilien, nicht wie geplant den portugiesischen König, sondern den Thronerben von Aragon, Ferdinand, und legt damit den Grundstein für die Einigung Spaniens und die Entstehung des modernen spanischen Nationalstaats. 1474 werden die beiden zu Königen Kastiliens, 1479 auch zu Königen Aragons gekrönt. Seit 1496 führt das Pärchen den vom Papst verliehenen Ehrentitel »katholische Könige«.

Mit Isabella und Ferdinand wird Spanien zur Weltmacht, die schon 1516 mit der Krönung Karl I. zum spanischen König, der 1519 als Karl V. auch zum deutschen Kaiser gekrönt wurde, ihren ersten Höhepunkt fand.

Die von Fo mehrfach eingeblendete »Reconquista«, die Eroberung und Christianisierung der arabischen Landesteile, hatte bereits im 11. Jahrhundert eingesetzt: 1085 Toledo, 1118 Saragossa, wodurch das von Mauren dichtbesiedelte Ebro–Becken an Aragon fiel; 1236 Cordoba, 1238 Valencia, 1248 Sevilla. Aber erst 1492 erobern die katholischen Könige Granada und vernichten damit das letzte maurische Reich auf spanischem Boden.

Die Vertreibung der »sephardischen« (= spanischen) Juden, von der im Stück die Rede ist, beruhte auf einem Ausweisungsdekret von 1492, das ebenfalls von Isabella und Ferdinand stammt. Die Zahlen schwanken. Man spricht von 200.000 bis 400.000 Juden, die unter Zurücklassung ihrer gesamten Habe Spanien verlassen mußten und sich vorwiegend in Nordafrika, aber auch in Italien, Griechenland, der Türkei und zum kleineren Teil sogar in Nordeuropa niederließen.

Die Vertreibung von Arabern und Juden ging, ebenso wie die Einführung der Inquisition (1484 in Aragon, 1489 in Kastilien), auf den wachsenden Einfluß der Kirche auf die spanische Innenpolitik zurück. Juden hatten bis dahin hohe Ämter bekleidet und sich Verdienste als Mittler antiker und arabi-

scher Kultur an die Christen hervorgetan. Darauf beziehen sich Fos Seitenhiebe gegen Ferdinands Kulturlosigkeit. Das Zusammenleben von Arabern, Juden und Christen war ein einzigartiges Modell kultureller und religiöser Toleranz im späten Mittelalter. Es gehört sicher zu den Treppenwitzen der Geschichte, daß eine Epoche der geistigen Offenheit ausgerechnet in jenem historischen Augenblick gewaltsam beendet wird, in dem Spanien daran geht, sich territorial zu öffnen und zur ersten Seemacht und zum größten Kolonialstaat zu entwickeln.
Der Fall Columbus zeigt aber auch, wie plan- und ziellos, quasi zufällig, politische Entwicklungen von epochaler Reichweite oftmals ihren Anfang nehmen. Die Möglichkeit, Indien auf dem Westweg zu erreichen, wurde schon in der Antike behauptet. Anregungen für seinen Plan erhielt der erfahrene Genoveser Seefahrer aber auch durch Autoren wie Pietro d'Ailly und Marco Polo, sowie den Florentiner Physiker Toscanelli, der schon 1474 der portugiesischen Krone einen analogen Vorschlag gemacht hatte.
Seit 1479 lebte Columbus in Lissabon, war bei der Marine, und befuhr unter anderem die Westafrika-Route. Wie es scheint, trug er sein Projekt jedoch nicht nur den Portugiesen, sondern auch den Engländern vor. Seit 1485 versuchte er, verschiedene spanische Stellen von seiner Idee zu überzeugen. Die Zurückhaltung der Spanier war jedoch nicht nur weltanschaulicher Natur. Eine wichtige Rolle spielten die hohen Forderungen, die Columbus im Erfolgsfall erhob. Der Vertrag, der 1492 in Santa Fe geschlossen wurde, gewährte im schließlich drei kleine Schiffe, den Rang eines Admirals »des ozeanischen Meeres«, sowie die Titel eines Vizekönigs und Gouverneurs der zu entdeckenden Ländereien, mit vollem Erbrecht von Titeln und Privilegien für seine Nachkommen.
Entdeckt hat er Amerika nicht, wie wir wissen, und auch Indien nicht erreicht, wohl aber einige Irrtümer einsehen müssen. Die Erdkugel war größer, als er gedacht hatte, Europa reichte weniger weit nach Westen, als er geglaubt hatte, der Atlantik war deshalb sehr viel breiter, und auch die Inseln, die er auf seiner Reise zu finden hoffte, gab es nicht. Das Empfehlungsschreiben für den Groß-Khan, das er sich auser-

beten hatte, brauchte er nicht, und Japan, das er zu finden gehofft hatte, lag ganz woanders.

Immerhin: Auf den vier Reisen, die er, allen Anfeindungen zum Trotz, ausführen konnte, entdeckte er einiges; Guanahani, Kuba und Haiti (auf der ersten Reise), die kleinen Antillen, Jamaika und Puerto Rico (auf der zweiten), den äußersten Norden Südamerikas auf der dritten und Mittelamerika auf der vierten, aber nie konnte er wissen, ob er Inseln entdeckt hatte oder ganze Erdteile.

Weitreichender waren freilich die Anregungen, die von seinen Abenteuern ausgingen, die er selbst als wunderbare Begebenheiten zu schildern verstand. Ein Heer von seetüchtigen Haudegen folgte seinem Beispiel. Nur fünf Jahre liegen zwischen seiner ersten Reise und der Entdeckung Nordamerikas durch G. und S. Caboto, schon 1499 betritt Amerigo Vespucci, dem der Doppelkontinent den Namen verdankt, südamerikanischen Boden und der Streit zwischen den Kolonialmächten über die Beute ist so alt wie diese selber.

Der päpstliche Schiedspruch über das Recht, die Atlantikroute zu befahren, das bis dahin Portugal zugestanden hatte, datiert ganze zwei Monate nach der Rückkehr des Columbus von seiner ersten Reise und legitimiert Spaniens Aufstieg zur Seemacht. 1525, mit dem Sieg über die Franzosen bei Pavia, ist Spanien-Habsburg europäische Hegemonialmacht, deren Truppen mit der Plünderung Roms 1527, dem »sacco di Roma«, zum Schrecken der alten Welt werden. 1521 werden die Philippinen nach Karls Thronerben benannt. Das Reich, in dem die Sonne nicht untergeht, verdankt Karl V. seinen Großeltern Isabella und Ferdinand und ihrem Scharlatan, Cristobal Colon, auf deutsch Columbus, auf italienisch Colombo.

Prall gefüllt mit Geschichte und Geschichten ist auch das erste Stück dieses Bandes, »Elisabetta« – über 20 Jahre später entstanden, als die »Isabella«. Selbst Randfiguren, die im Stück nur gelegentlich erwähnt werden, sind Protagonisten mit historischem Format, die bei näherem Hinsehen eine Faszination ausüben, wie keiner der Platzhirsche im Gehege von Politik und Kultur unserer trüben Tage.

Das Stück zeigt im wesentlichen die Reaktion Elisabeths I. auf einen Verzweiflungsakt ihres langjährigen Günstlings, Robert Devereux, 2. Earl von Essex, geboren 1566 oder 1567, der also nur etwa acht Jahre jünger als Elisabeth war. Zu den zahlreichen Vergünstigungen, die er erhalten hatte, gehört tatsächlich die Verleihung des Monopols für süße (südliche) Weine. In Tilbury's Armee gegen die spanische Armada, 1588, war er bereits Generalstallmeister, nachdem er sich, eben 18-jährig, in den Niederlanden gegen die Spanier »Verdienste« erworben hatte.

Sein Verhältnis zur Königin war allerdings starken Schwankungen unterworfen. Mal mißbilligte sie seine heimliche Heirat mit Frances Walsingham, mal war es ein verlorener Feldzug, den ihm die Königin verübelte. Aber Intrigen und Rivalitäten gehörten zu dieser Zeit. William Cecil, Baron von Burghley, und Sir Francis Drake, der Sieger über die spanische Armada, begünstigten den Earl of Essex zeitweise, während Sir Walter Raleigh zu seinen Gegenspielern gehörte. Francis Bacon, bei uns vor allem als Verfasser der »Utopia« bekannt, der lange zu Robert's Gefolgsleuten gehört hatte, verriet ihn am Ende und gehörte im Prozeß zu seinen Hauptanklägern.

Sein Abstieg begann schon 1596. Seit der Einnahme und Plünderung von Cadiz, an der er als Kommandeur teilgenommen hatte, gehörte Essex zu den Scharfmachern im Kampf gegen Spanien, was vor allem seine Machtposition beim Militär stärkte. Sein Plan lautete, die spanische Edelmetallzufuhr aus der Neuen Welt zu unterbinden und durch Einnahme eines spanischen Hafens einen Stützpunkt für ein britisches Blockadegeschwader zu schaffen. Er geriet dadurch zwangsläufig in politischen Widerspruch zu William Cecil, der für einen Ausgleich mit Spanien plädierte, wie auch zu Francis Bacon, der Essex vorwarf, er habe sich in Abhängigkeit vom Militär begeben.

Die von Fo angedeutete Beziehungkiste zwischen Essex und Elisabeth scheint sich tatsächlich abgespielt zu haben. Bei einer der erwähnten hochpolitischen Disputationen, bei der es auch um den soeben ausgebrochenen Aufstand Tyrone's in Irland ging, soll Essex Elisabeth den Rücken zugewandt haben und von ihr zum Dank dafür geohrfeigt worden sein. Laut Bacon habe die Königin ihn schon zu diesem Zeitpunkt als unbeherrschbar bezeichnet.

Sein letztes Kommando erhielt er 1599, das jedoch mit einem Desaster endete. Entgegen allen königlichen Befehlen und Ratschlägen schloß er einen Waffenstillstand mit den irischen Aufständischen, verließ seinen Posten und kehrte zurück nach London, um sich persönlich an Elisabeth zu rächen. Er wurde zunächst aller Ämter enthoben und unter Hausarrest gestellt. Im September 1600 wurde der Haftbefehl zwar aufgehoben; gleichzeitig wurde seine Verweisung vom Hof jedoch aufrechterhalten. Im September wurde zudem seine Haupteinnahmequelle, das Südweinmonopol, nicht verlängert.
Der eigentliche Aufstand am 7. Februar 1601 war eine Farce. In der Hoffnung, seine Rolle bei Hofe mit Gewalt zurückerobern zu können, paradierte er mit seinen Gefolgsleuten durch London und rief: »An die Königin! Man trachtet mir nach dem Leben!« Als die Demonstration bei der Bevölkerung keinen Anklang fand, kehrte er nach Essex-House zurück, wurde verhaftet, zum Tode verurteilt und am 25. Februar 1601 hingerichtet.
Sir William Cecil, jahrzehntelang einer der bedeutendsten britischen Politiker und Berater Elisabeths, lebte zu diesem Zeitpunkt schon nicht mehr. Die Reformation in England und der Sieg über Spanien waren im wesentlichen sein Werk. Dabei verlief auch seine Karriere durchaus nicht ohne Widersprüche. Ohne nennenswerte Kursschwankungen überstand er so unterschiedliche Herrscher und Spitzenpolitiker wie Eduard VI., Lady Jane Grey, Maria die Katholische und die Herzöge von Sommerset und Northumberland, bevor er über 40 Jahre lang in Elisabeths Diensten an der Spitze der englischen Politik stand. Während der fünfjährigen Regierungszeit Marias I. wechselte er scheinbar bedenkenlos wieder zum Katholizismus über. Die Hinrichtung Maria Stuarts, Königin von Schottland zwischen 1542 und 1567/68, war ebenfalls ein Werk William Cecil's.
Ob Elisabeth derart unter der Hinrichtung der Stuart, mit der sie über ihren Vater, Heinrich VIII. von England verwandt war, gelitten hat, wie Fo es darstellt, kann dahingestellt bleiben. Maria Stuart war 1568 aus Schottland vertrieben worden und hatte sich zu Elisabeth geflüchtet, wo sie halb Gast, halb Gefangene war. Ihre Hinrichtung mußte Elisabeth geboten erscheinen. Maria vertrat die katholische Partei, was Auswir-

kungen auf die fragile englische Innenpolitik hatte. Elisabeths langes Zögern (Maria war ca. 19 Jahre lang ihre Gefangene) ist nur erklärlich, wenn man bedenkt daß die Schottin ebenfalls eine Königin war. Als Maria Stuarts, noch dazu protestantischer, Sohn Jakob 1587 volljährig wurde, mußte er dagegen als der geeignete Thronfolger der ehe- und kinderlosen Elisabeth erscheinen. Tatsächlich wird die Stuart in eben diesem Jahr hingerichtet und Jakob 1603 Elisabeths Nachfolger auf dem englischen Thron. Die Personalunion Englands mit dem ständigen Rivalen Schottland, Elisabeths Traum, ist damit hergestellt.

Um Mißverständnisse zu vermeiden, die bei Lektüre des Schlußmonologs auftreten könnten: Der englische Sieg über die spanische Armada erfolgte erst ein Jahr nach Marias Hinrichtung. Und noch etwas: Als Piratenflotte konnte man Elisabeths Seemacht nicht bezeichnen, auch wenn sie den Krieg gegen Spanien mit Piratenakten führte. Der englische Sieg, trotz zahlenmäßiger Unterlegenheit, war auf überlegene Schiffsartillerie und seefahrerische Vorteile der Engländer zurückzuführen. Ein großer Teil der spanischen Flotte ging überdies wegen stürmischer See zugrunde.

Verbürgt ist, daß Elisabeth eine sehr unkonventionelle, launenhafte und oft unberechenbare Persönlichkeit war. »Ihre Zunge konnte rauh sein oder süß wie Honig, ihre Schritte waren unberechenbar und ihre Methoden skrupellos«; heißt es in der Enzyclopedia Britannica.

Robert Devereux war nicht ihr einziger Günstling, dem sie amoureus verbunden war. Zu nennen wäre hier auch Robert Dudley, der spätere Earl of Leicester. Was aber ihre Berater betraf, war sie vorsichtig und hielt ihren Kreis bewußt klein. Selbst William Cecil konnte sich nicht immer durchsetzen. Einmischungen von Günstlingen in die Politik widersetzte sie sich hartnäckig.

Betrachtet man die rein objektiven Probleme, die ihre Regierung hatte, so war sie dennoch eine außergewöhnliche Politikerin, die auch eine pragmatische Einstellung zur sozialen Frage hatte. Auf der Weltbühne standen ihr Spanien und Frankreich gegenüber, auf dem britischen Festland die störrischen Schotten und Iren. In religiöser Hinsicht war England in sich zerstritten. Die Katholiken waren ihr ein Greuel. Die

katholische Kirche hatte sie zum Bastard erklärt, da sie der zweiten Ehe Heinrichs VIII. mit Anna Boleyn entstammte (die Heinrich selber hinrichten ließ). Die Protestanten widerstrebten ihr, da sie die Idee der Staatskirche ablehnten.
Für England schuf sie eine Art goldenes Zeitalter, man denke nur an Ben Jonson, Christopher Marlowe und Shakespeare. Zu berücksichtigen ist freilich, daß die politische Kultur ein hohes Niveau hatte. Ein Autor und Philosoph wie Francis Bacon war z.B. Lordkanzler und Southhampton, den Fo mehrfach erwähnt, war nicht nur ein streitbarer Kriegsmann und einflußreicher Höfling, er war auch Mitgesellschafter des Shakespeare'schen Theaters und ein hochgebildeter Freund und Förderer des großen englischen Dramatikers. Ob Elisabeth den »Hamlet« zur Zeit des Essex-Aufstandes tatsächlich schon kannte, ist mir nicht bekannt. Etliches spricht dagegen. Für die Beurteilung beider Stücke von Fo ist ohnedies nicht die historische Authentizität der Fakten entscheidend, sondern das, was der Autor aus ihnen gemacht hat.

Peter O. Chotjewitz

Franca Rame und Dario Fo im Rotbuchprogramm

Franca Rame und Dario Fo, *Nur Kinder, Küche, Kirche*
Dario Fo, *Mamma hat den besten Shit*
Zwei Stücke und ein Bericht über Franca Rame
4. veränderte und erweiterte Auflage
Rotbuch 202. 240 Seiten. DM 12

Dario Fo, *Bezahlt wird nicht*
Eine Farce.
Rotbuch 166. 96 Seiten. DM 8

Dario Fo, *Einer für alle, alle für einen! Verzeihung,
wer ist hier eigentlich der Boß?* /
Zufälliger Tod eines Anarchisten
Rotbuch 188. 192 Seiten. DM 12

Dario Fo, *Hohn der Angst*
Eine Farce über die Entführung einer
hochgestellten Persönlichkeit.
Rotbuch 252. 144 Seiten. DM 10

Dario Fo, *Obszöne Fabeln / Mistero Buffo*
Szenische Monologe
Rotbuch 284. 160 Seiten. DM 12

Franca Rame / Dario Fo, *Offene Zweierbeziehung /
Eine Mutter / Die Vergewaltigung*
Drei Stücke und eine Nachbemerkung zu Franca Rame
Rotbuch 301. 96 Seiten. DM 10

Rotbücher, eine Auswahl

Dacia Maraini, *Winterschlaf*
Zwölf Erzählungen. Rotbuch 292. 128 Seiten. DM 14

Dacia Maraini, *Zug nach Helsinki*
Roman aus der Reihe. 252 Seiten. DM 29

P. Kammerer/E. Krippendorff, *Reisebuch Italien 1*
Über das Lesen von Landschaften und Städten
Rotbuch 209. 224 Seiten. DM 12

P. Kammerer/E. Krippendorff, *Reisebuch Italien 2*
Rotbuch 251. 224 Seiten. DM 15

Kurt Bartsch, *Weihnacht ist und Wotan reitet*
Märchenhafte Gedichte. Rotbuch 311. 88 Seiten. DM 12

Friedrich Christian Delius
Einige Argumente zur Verteidigung der Gemüseesser
Rotbuch 306. 96 Seiten. DM 11

Cora Stephan, *Ganz entspannt im Supermarkt*
Liebe und Leben im ausgehenden 20. Jahrhundert
Rotbuch 300. 144 Seiten. DM 14

Astrid Eichstedt/Bernd Polster, *Wie die Wilden*
Tänze auf der Höhe ihrer Zeit
Großformat mit vielen Bildern. 144 Seiten. DM 34

Über unser vollständiges Programm informiert
Sie alljährlich unser Almanach »Das kleine Rotbuch«
Rotbuch Verlag Potsdamer Str. 98 1000 Berlin 30